# 新しい
# 民法
# の
# 全条文

債権法・成年年齢・相続法・特別養子 改正

三省堂編修所［編］

三省堂

# はじめに

　民法は、私たち一般市民にとって最も身近な法律です。日常生活のあらゆる場面が民法によってルール化されているといっても過言ではありません。それが、「民法は私法の一般法である」といわれる所以です。

　市民ルールの基本である民法は、明治31年に施行されて以来、抜本的な見直しがなされないままとなっていました。しかし、時代が21世紀に入り、インターネットが急速に普及し、グローバル化の波が押し寄せると、それに伴って、市民社会のあり方も過去に例を見ないほどの変貌を遂げました。その変化は、今後もまだまだ止まる気配はありません。

　そうした背景のもと、市民の基本ルールである民法も、かつてないほどの大きな改正を迎えることとなりました。

　まずは平成29年、契約のルールを刷新するため、民法の債権部分に関する大規模な法改正が行われました。「債権法改正」と呼ばれるものが、それです。これは、経済社会の変化に対応するための改正です。

　次に、翌平成30年には、成年年齢を20歳から18歳に引き下げる改正が行われました。選挙権が18歳から与えられることとなった公職選挙法改正に合わせ、民法上の成年年齢も同様に引き下げられたのです。さらに同年、相続のあり方を大きく変える「相続法改正」も行われました。故人の配偶者が従来の住まいに住み続けるための居住権の保護、故人の介護等に貢献した一定の親族への金銭請求権の容認、事業承継を円滑化するための遺留分侵害に対する規定の見直しなどを内容とするものです。

　そして令和元年、特別養子縁組における特別養子の年齢制限を6歳から15歳に緩和する改正が行われました。これは、児童養護施設に入所している小・中学生も同制度の利用を可能とすることで、深刻な社会問題である児童虐待の防止に資するための改正です。

　本書は、これら3年連続4回にわたる民法改正のすべてを織り込んだ民法の全条文集です。改正の内容が多岐にわたるため、法律の専門家はもちろん、一般市民も無関心でいることはできません。

　本書が、令和時代の新しい民法を知るための1冊として、広く読者のみなさまのお役に立てれば幸いです。

三省堂編修所

# 凡　例

　本書は、(a)債権法改正〔平成 29 年 6 月 2 日法律第 44 号〕、(b)成年年齢改正〔平成 30 年 6 月 20 日法律第 59 号〕、(c)相続法改正〔平成 30 年 7 月 13 日法律第 72 号〕、(d)特別養子改正〔令和元年 6 月 14 日法律第 34 号〕のすべてを織り込んだ民法の全条文集です。

　これらの民法改正のうち、(a)・(c)については、2020 年 4 月 1 日までに完全施行となります。(b)の成年年齢改正は 2022 年 4 月 1 日施行となるため、関係条文には 22.4.1 と、(d)の特別養子改正は公布の日から起算して 1 年を超えない範囲内において政令で定める日から施行となるため、関係条文には 1年内 と、それぞれ注記しました。

## 《本書における表記方法の概要》
① 2017 年以降に新設された章・節等は、見出しに☆を付しました。
② 2017 年以降に新設された条文および全文が改正された条文には、☆を付した上で、条文見出し及び条数を色刷りとしました。
③改正された条文は条数を、改正または追加された条文見出しはその条文見出しを、それぞれ色刷りとしました。
④旧条文は、新条文の直後に、グレーの網かけをして掲載しました。さらに、改正により削除されることとなった条文には、★を付しました。
⑤債権法改正については、条数変更のため、新旧条文の対照のみでは表示しきれない場合があります。それらの条文については、色刷りで「⇨対応条項」と表示した上で、適宜注記を付しました。その際、旧法（債権法改正前）は「旧民」、新法（債権法改正後）は「新民」と省略表記してあります。また、項は①②…、号は(1)(2)…と表しました。
⑥条文中の括弧書きについては、活字を少し小さめにして、条文の骨格をわかりやすく表示してあります。

## 《条文見出し索引について》
　本書では、条文に付されている見出しを 50 音順に配列し、そこから該当条の位置を探し当てることができる索引を設けました。新設条文や全部改正された条文には、☆を付して色刷りとしました。

# 新しい民法の全条文
## 債権法・成年年齢・相続法・特別養子改正

### 巻頭付録

条文見出し索引 ..................... *10*

### 第1編 総則

**第1章** 通則（§1・2）.................. *26*
**第2章** 人 ................................ *26*
　第1節　権利能力（§3）
　第2節　意思能力（§3の2）
　第3節　行為能力（§4-21）
　第4節　住所（§22-24）
　第5節　不在者の財産の管理及び失踪
　　の宣告（§25-32）
　第6節　同時死亡の推定（§32の2）
**第3章** 法人（§33-84）................ *31*
**第4章** 物（§85-89）.................. *32*
**第5章** 法律行為 ....................... *32*
　第1節　総則（§90-92）
　第2節　意思表示（§93-98の2）
　第3節　代理（§99-118）
　第4節　無効及び取消し（§119-126）
　第5節　条件及び期限（§127-137）
**第6章** 期間の計算（§138-143）..... *41*
**第7章** 時効 ............................. *41*
　第1節　総則（§144-161）
　第2節　取得時効（§162-165）
　第3節　消滅時効（§166-174）

### 第2編 物権

**第1章** 総則（§175-179）............ *50*
**第2章** 占有権 ......................... *50*
　第1節　占有権の取得（§180-187）
　第2節　占有権の効力（§188-202）
　第3節　占有権の消滅（§203・204）
　第4節　準占有（§205）
**第3章** 所有権 ......................... *53*
　第1節　所有権の限界
　　第1款　所有権の内容及び範囲
　　　（§206-208）
　　第2款　相隣関係（§209-238）
　第2節　所有権の取得（§239-248）
　第3節　共有（§249-264）
**第4章** 地上権（§265-269の2）..... *58*
**第5章** 永小作権（§270-279）....... *59*
**第6章** 地役権（§280-294）.......... *60*
**第7章** 留置権（§295-302）.......... *61*
**第8章** 先取特権 ....................... *62*
　第1節　総則（§303-305）
　第2節　先取特権の種類
　　第1款　一般の先取特権（§306-310）
　　第2款　動産の先取特権（§311-324）
　　第3款　不動産の先取特権（§325-328）
　第3節　先取特権の順位（§329-332）

第4節　先取特権の効力（§333-341）

第9章　質権........................................66
第1節　総則（§342-351）
第2節　動産質（§352-355）
第3節　不動産質（§356-361）
第4節　権利質（§362-368）

第10章　抵当権........................................69
第1節　総則（§369-372）
第2節　抵当権の効力（§373-395）
第3節　抵当権の消滅（§396-398）
第4節　根抵当（§398の2-398の22）

## 第3編　債　権

第1章　総則........................................80
第1節　債権の目的（§399-411）
第2節　債権の効力
第1款　債務不履行の責任等（§412-422の2）
第2款　債権者代位権（§423-423の7）
第3款　詐害行為取消権
第1目　詐害行為取消権の要件（§424-424の5）
第2目　詐害行為取消権の行使の方法等（§424の6-424の9）
第3目　詐害行為取消権の行使の効果（§425-425の4）
第4目　詐害行為取消権の期間の制限（§426）
第3節　多数当事者の債権及び債務
第1款　総則（§427）
第2款　不可分債権及び不可分債務（§428-431）
第3款　連帯債権（§432-435の2）
第4款　連帯債務（§436-445）
第5款　保証債務
第1目　総則（§446-465）

第2目　個人根保証契約（§465の2-465の5）
第3目　事業に係る債務についての保証契約の特則（§465の6-465の10）
第4節　債権の譲渡（§466-469）
第5節　債務の引受け
第1款　併存的債務引受（§470・471）
第2款　免責的債務引受（§472-472の4）
第6節　債権の消滅
第1款　弁済
第1目　総則（§473-493）
第2目　弁済の目的物の供託（§494-498）
第3目　弁済による代位（§499-504）
第2款　相殺（§505-512の2）
第3款　更改（§513-518）
第4款　免除（§519）
第5款　混同（§520）
第7節　有価証券
第1款　指図証券（§520の2-520の12）
第2款　記名式所持人払証券（§520の13-520の18）
第3款　その他の記名証券（§520の19）
第4款　無記名証券（§520の20）

第2章　契約........................................118
第1節　総則
第1款　契約の成立（§521-532）
第2款　契約の効力（§533-539）
第3款　契約上の地位の移転（§539の2）
第4款　契約の解除（§540-548）
第5款　定型約款（§548の2-548の4）
第2節　贈与（§549-554）
第3節　売買

第1款　総則（§555-559）
第2款　売買の効力（§560-578）
第3款　買戻し（§579-585）
第4節　交換（§586）
第5節　消費貸借（§587-592）
第6節　使用貸借（§593-600）
第7節　賃貸借
第1款　総則（§601-604）
第2款　賃貸借の効力（§605-616）
第3款　賃貸借の終了（§616の2-622）
第4款　敷金（§622の2）
第8節　雇用（§623-631）
第9節　請負（§632-642）
第10節　委任（§643-656）
第11節　寄託（§657-666）
第12節　組合（§667-688）
第13節　終身定期金（§689-694）
第14節　和解（§695・696）
第3章　事務管理（§697-702）............... *152*
第4章　不当利得（§703-708）............... *152*
第5章　不法行為（§709-724の2）......... *153*

## 第4編　親　　族

第1章　総則（§725-730）....................... *158*
第2章　婚姻..................................................... *158*
第1節　婚姻の成立
第1款　婚姻の要件（§731-741）
第2款　婚姻の無効及び取消し
　　（§742-749）
第2節　婚姻の効力（§750-754）
第3節　夫婦財産制
第1款　総則（§755-759）
第2款　法定財産制（§760-762）
第4節　離婚
第1款　協議上の離婚（§763-769）
第2款　裁判上の離婚（§770・771）

第3章　親子............................................. *162*
第1節　実子（§772-791）
第2節　養子
第1款　縁組の要件（§792-801）
第2款　縁組の無効及び取消し
　　（§802-808）
第3款　縁組の効力（§809・810）
第4款　離縁（§811-817）
第5款　特別養子（§817の2-817の11）
第4章　親権............................................. *169*
第1節　総則（§818・819）
第2節　親権の効力（§820-833）
第3節　親権の喪失（§834-837）
第5章　後見............................................. *171*
第1節　後見の開始（§838）
第2節　後見の機関
第1款　後見人（§839-847）
第2款　後見監督人（§848-852）
第3節　後見の事務（§853-869）
第4節　後見の終了（§870-875）
第6章　保佐及び補助........................... *177*
第1節　保佐（§876-876の5）
第2節　補助（§876の6-876の10）
第7章　扶養（§877-881）........................ *178*

## 第5編　相　　続

第1章　総則（§882-885）........................ *182*
第2章　相続人（§886-895）..................... *182*
第3章　相続の効力 ............................... *183*
第1節　総則（§896-899の2）
第2節　相続分（§900-905）
第3節　遺産の分割（§906-914）
第4章　相続の承認及び放棄............... *187*
第1節　総則（§915-919）
第2節　相続の承認
第1款　単純承認（§920・921）

第2款　限定承認（§922-937）

第3節　相続の放棄（§938-940）

**第5章　財産分離**（§941-950）............... *190*

**第6章　相続人の不存在**（§951-959）... *192*

**第7章　遺言**............................................. *193*

第1節　総則（§960-966）

第2節　遺言の方式

第1款　普通の方式（§967-975）

第2款　特別の方式（§976-984）

第3節　遺言の効力（§985-1003）

第4節　遺言の執行（§1004-1021）

第5節　遺言の撤回及び取消し（§1022-1027）

**第8章　配偶者の居住の権利**............... *202*

第1節　配偶者居住権（§1028-1036）

第2節　配偶者短期居住権（§1037-1041）

**第9章　遺留分**（§1042-1049）.................. *204*

**第10章　特別の寄与**（§1050）............... *207*

## 改正附則

**附　則**（平成29年6月2日法律第44号）

**附　則**〔抄〕（平成30年6月20日法律第59号）

**附　則**〔抄〕（平成30年7月13日法律第72号）

**附　則**〔抄〕（令和元年5月17日法律第2号）

**附　則**〔抄〕（令和元年6月14日法律第34号）

巻頭付録

# 条文見出し索引

　本索引は、条文に付されている見出しを50音順に配列し、その見出しから該当条文を発見するためのものです。
　たとえば、損害賠償に関する規定がどのあたりに散在しているか、親権に関する規定がどのあたりに集中しているかなど、参照したい条文の大まかな位置関係を知るために使用するケースを想定しています。
　なお、新設条文や全部改正された条文には、☆を付した上で色刷りとしました。

# ◉ 条文見出し索引 ◉

☆は、新設条文または全部改正条文を意味します。

## あ

| ☆相手方の抗弁 | 423条の4 |
|---|---|
| 悪意の受益者の返還義務等 | 704条 |
| 悪意の占有者による果実の返還等 | 190条 |

## い

| 遺言関係者の署名及び押印 | 980条 |
|---|---|
| 遺言執行者が数人ある場合の任務の執行 | 1017条 |
| 遺言執行者に対する就職の催告 | 1008条 |
| 遺言執行者の解任及び辞任 | 1019条 |
| 遺言執行者の欠格事由 | 1009条 |
| 遺言執行者の権利義務 | 1012条 |
| ☆遺言執行者の行為の効果 | 1015条 |
| 遺言執行者の指定 | 1006条 |
| 遺言執行者の選任 | 1010条 |
| 遺言執行者の任務の開始 | 1007条 |
| ☆遺言執行者の復任権 | 1016条 |
| 遺言執行者の報酬 | 1018条 |
| 遺言書の検認 | 1004条 |
| 遺言書又は遺贈の目的物の破棄 | 1024条 |
| 遺言による推定相続人の廃除 | 893条 |
| 遺言による相続分の指定 | 902条 |
| 遺言による担保責任の定め | 914条 |
| 遺言能力 | 961条 |
| 遺言の効力の発生時期 | 985条 |
| 遺言の執行に関する費用の負担 | 1021条 |
| 遺言の執行の妨害行為の禁止 | 1013条 |
| 遺言の撤回 | 1022条 |
| 遺言の撤回権の放棄の禁止 | 1026条 |
| 遺言の方式 | 960条 |
| 遺産の分割によって受けた債権についての担保責任 | 912条 |
| 遺産の分割の基準 | 906条 |
| 遺産の分割の協議又は審判等 | 907条 |
| 遺産の分割の効力 | 909条 |
| 遺産の分割の方法の指定及び遺産の分割の禁止 | 908条 |
| 遺産の分割前に遺産に属する財産が処分された場合の遺産の範囲 | 906条の2 |

| 遺産の分割前における預貯金債権の行使 | 909条の2 |
|---|---|
| 遺失物の拾得 | 240条 |
| 意思表示の効力発生時期等 | 97条 |
| 意思表示の受領能力 | 98条の2 |
| 囲障の設置 | 225条 |
| 囲障の設置及び保存の費用 | 226条 |
| 囲障の設置等に関する慣習 | 228条 |
| 遺贈義務者による費用の償還請求 | 993条 |
| ☆遺贈義務者の引渡義務 | 998条 |
| 遺贈の承認及び放棄の撤回及び取消し | 989条 |
| 遺贈の物上代位 | 999条 |
| 遺贈の放棄 | 986条 |
| 遺贈の無効又は失効の場合の財産の帰属 | 995条 |
| ☆委託を受けた保証人が弁済期前に弁済等をした場合の求償権 | 459条の2 |
| 委託を受けた保証人の求償権 | 459条 |
| 委託を受けた保証人の事前の求償権 | 460条 |
| 委託を受けない保証人の求償権 | 462条 |
| 一部弁済による代位 | 502条 |
| 一般の先取特権 | 306条 |
| 一般の先取特権の効力 | 335条 |
| 一般の先取特権の順位 | 329条 |
| 一般の先取特権の対抗力 | 336条 |
| ☆移転した権利が契約の内容に適合しない場合における売主の担保責任 | 565条 |
| 委任 | 643条 |
| 委任及び後見人の規定の準用 | 852条 |
| 委任及び親権の規定の準用 | 869条 |
| 委任の解除 | 651条 |
| 委任の解除の効力 | 652条 |
| 委任の規定の準用 | 665条、671条、701条、831条、874条、1020条 |
| 委任の終了後の処分 | 654条 |
| 委任の終了事由 | 653条 |
| 委任の終了の対抗要件 | 655条 |
| 遺留分侵害額請求権の期間の制限 | 1048条 |
| 遺留分侵害額の請求 | 1046条 |
| 遺留分の帰属及びその割合 | 1042条 |
| 遺留分の放棄 | 1049条 |
| 遺留分を算定するための財産の価額 | 1043条 |

## う

| | |
|---|---|
| 請負 | 632 条 |
| ☆請負人の担保責任の制限 | 636 条 |
| 受取証書の交付請求 | 486 条 |
| 雨水を隣地に注ぐ工作物の設置の禁止 | 218 条 |
| 売主による代金の供託の請求 | 578 条 |
| 運輸の先取特権 | 318 条 |

## え

| | |
|---|---|
| 永小作権に関する慣習 | 277 条 |
| 永小作権の譲渡又は土地の賃貸 | 272 条 |
| 永小作権の消滅請求 | 276 条 |
| 永小作権の存続期間 | 278 条 |
| 永小作権の内容 | 270 条 |
| 永小作権の放棄 | 275 条 |
| 永小作人による土地の変更の制限 | 271 条 |
| 縁組による親族関係の発生 | 727 条 |
| 縁組の届出の受理 | 800 条 |
| 縁組の取消し | 803 条 |
| 縁組の無効 | 802 条 |

## か

| | |
|---|---|
| 外国に在る日本人間の縁組の方式 | 801 条 |
| 外国に在る日本人間の婚姻の方式 | 741 条 |
| 外国に在る日本人の遺言の方式 | 984 条 |
| 外国法人 | 35 条 |
| 外国法人の登記 | 37 条 |
| 解釈の基準 | 2 条 |
| 解除権者の故意による目的物の損傷等による解除権の消滅 | 548 条 |
| 解除権の行使 | 540 条 |
| 解除権の不可分性 | 544 条 |
| 解除の効果 | 545 条 |
| ☆買主の損害賠償請求及び解除権の行使 | 564 条 |
| 買主の代金減額請求権 | 563 条 |
| ☆買主の追完請求権 | 562 条 |
| 買戻権の代位行使 | 582 条 |
| 買戻しの期間 | 580 条 |
| 買戻しの実行 | 583 条 |
| 買戻しの特約 | 579 条 |
| 買戻しの特約の対抗力 | 581 条 |
| 価額の償還 | 592 条 |
| 加工 | 246 条 |
| 過失相殺 | 418 条 |
| 果実の帰属 | 89 条 |
| 果実の帰属及び代金の利息の支払 | 575 条 |

| | |
|---|---|
| ☆貸主の引渡義務等 | 590 条 |
| 貸主の引渡義務等 | 596 条 |
| ☆過大な代物弁済等の特則 | 424 条の 4 |
| 可分債権又は可分債務への変更 | 431 条 |
| ☆仮差押え等による時効の完成猶予 | 149 条 |
| 仮住所 | 24 条 |
| ☆借主による収去等 | 599 条 |
| 借主による使用及び収益 | 594 条 |
| 過料 | 1005 条 |
| 監護及び教育の権利義務 | 820 条 |
| 監護の状況 | 817 条の 8 |
| ☆元本、利息及び費用を支払うべき場合の充当 | 489 条 |
| 管理権喪失の審判 | 835 条 |
| 管理者による事務管理の継続 | 700 条 |
| 管理者による費用の償還請求等 | 702 条 |
| 管理者の通知義務 | 699 条 |
| 管理人の改任 | 26 条 |
| 管理人の権限 | 28 条 |
| 管理人の職務 | 27 条 |
| 管理人の担保提供及び報酬 | 29 条 |

## き

| | |
|---|---|
| 期間の起算 | 139 条 |
| 期間の計算の通則 | 138 条 |
| 期間の定めのある雇用の解除 | 626 条 |
| 期間の定めのある賃貸借の解約をする権利の留保 | 618 条 |
| 期間の定めのない雇用の解約の申入れ | 627 条 |
| 期間の定めのない賃貸借の解約の申入れ | 617 条 |
| 期間の満了 | 141 条 |
| ☆期間満了等による使用貸借の終了 | 597 条 |
| 期限の到来の効果 | 135 条 |
| 期限の利益及びその放棄 | 136 条 |
| 期限の利益の喪失 | 137 条 |
| 期限前の債務等の弁済 | 930 条 |
| 期限前の弁済 | 706 条 |
| 既成条件 | 131 条 |
| 寄託 | 657 条 |
| 寄託者による損害賠償 | 661 条 |
| 寄託者による返還請求等 | 662 条 |
| ☆寄託物受取り前の寄託者による寄託の解除等 | 657 条の 2 |
| 寄託物の使用及び第三者による保管 | 658 条 |
| 寄託物の返還の時期 | 663 条 |
| 寄託物の返還の場所 | 664 条 |
| 基本原則 | 1 条 |
| ☆記名式所持人払証券の質入れ | 520 条の 17 |

・11・

条文見出し索引

| | | | | |
|---|---|---|---|
| ☆記名式所持人払証券の譲渡 | 520条の13 | 共有物の分割請求 | 256条 |
| ☆記名式所持人払証券の譲渡における債務者の | | 共有物の分割への参加 | 260条 |
| 抗弁の制限 | 520条の16 | 共有物の変更 | 251条 |
| ☆記名式所持人払証券の所持人の権利の推定 | | 共有持分の買戻特約付売買 | 584条 |
| | 520条の14 | 共有持分の割合の推定 | 250条 |
| ☆記名式所持人払証券の善意取得 | 520条の15 | 虚偽表示 | 94条 |
| 共益費用の先取特権 | 307条 | ☆居住建物の修繕等 | 1033条 |
| 境界線付近の掘削に関する注意義務 | 238条 | ☆居住建物の費用の負担 | 1034条 |
| 境界線付近の掘削の制限 | 237条 | ☆居住建物の返還等 | 1035条、1040条 |
| 境界線付近の建築に関する慣習 | 236条 | 居所 | 23条 |
| 境界線付近の建築の制限 | 234条 | 居所の指定 | 821条 |
| 境界標等の共有の推定 | 229条 | 寄与分 | 904条の2 |
| 境界標の設置 | 223条 | 緊急事務管理 | 698条 |
| 境界標の設置及び保存の費用 | 224条 | 近親者間の婚姻の禁止 | 734条 |
| 協議上の離縁等 | 811条 | 近親者に対する損害の賠償 | 711条 |
| 協議上の離婚 | 763条 | 金銭債権 | 402条 |
| 協議上の離婚の規定の準用 | 771条 | 金銭債務の特則 | 419条 |
| ☆協議を行う旨の合意による時効の完成猶予 | | 金銭出資の不履行の責任 | 669条 |
| | 151条 | | |

**く**

| | | | |
|---|---|---|---|
| ☆強制執行等による時効の完成猶予及び更新 | | 組合員である清算人の辞任及び解任 | 687条 |
| | 148条 | ☆組合員の加入 | 677条の2 |
| ☆供託 | 494条 | 組合員の組合の業務及び財産状況に関する検査 | |
| ☆供託に適しない物等 | 497条 | | 673条 |
| 供託の方法 | 495条 | 組合員の除名 | 680条 |
| 供託物の還付請求等 | 498条 | 組合員の損益分配の割合 | 674条 |
| 供託物の取戻し | 496条 | 組合員の脱退 | 678条 |
| 共同遺言の禁止 | 975条 | ☆組合員の1人についての意思表示の無効等 | |
| 共同相続における権利の承継の対抗要件 | | | 667条の3 |
| | 899条の2 | 組合員の持分の処分及び組合財産の分割 | 676条 |
| 共同相続人間の担保責任 | 911条 | 組合契約 | 667条 |
| 共同相続人の限定承認 | 923条 | 組合契約の解除の効力 | 684条 |
| 共同相続の効力 | 898条 | ☆組合財産に対する組合員の債権者の権利の行 | |
| 共同抵当における代位の付記登記 | 393条 | 使の禁止 | 677条 |
| 共同抵当における代価の配当 | 392条 | 組合財産の共有 | 668条 |
| 共同根抵当 | 398条の16 | 組合の解散事由 | 682条 |
| 共同根抵当の変更等 | 398条の17 | 組合の解散の請求 | 683条 |
| 共同不法行為者の責任 | 719条 | 組合の債権者の権利の行使 | 675条 |
| 共同保証人間の求償権 | 465条 | 組合の清算及び清算人の選任 | 685条 |
| 業務執行組合員の辞任及び解任 | 672条 | ☆組合の代理 | 670条の2 |
| 業務の決定及び執行の方法 | 670条 | | |
| 共有に関する債権の弁済 | 259条 | | |

**け**

| | | | |
|---|---|---|---|
| 共有の障壁の高さを増す工事 | 231条 | | |
| 共有の性質を有しない入会権 | 294条 | 競売における担保責任等 | 568条 |
| 共有の性質を有する入会権 | 263条 | 競売の申立ての通知 | 385条 |
| 共有物に関する証書 | 262条 | ☆契約締結時の情報の提供義務 | 465条の10 |
| 共有物に関する負担 | 253条 | 契約による質物の処分の禁止 | 349条 |
| 共有物についての債権 | 254条 | 契約の解除と同時履行 | 546条 |
| 共有物の管理 | 252条 | | |
| 共有物の使用 | 249条 | | |

• 12 •

| | |
|---|---|
| ☆契約の成立と方式 | 522条 |
| ☆契約の締結及び内容の自由 | 521条 |
| 権限外の行為の表見代理 | 110条 |
| 権限の定めのない代理人の権限 | 103条 |
| 検索の抗弁 | 453条 |
| 現実の引渡し及び簡易の引渡し | 182条 |
| 減収による解除 | 610条 |
| 減収による賃料の減額請求 | 609条 |
| ☆原状回復の義務 | 121条の2 |
| 懸賞広告 | 529条 |
| ☆懸賞広告の撤回の方法 | 530条 |
| 懸賞広告の報酬を受ける権利 | 531条 |
| 限定承認 | 922条 |
| 限定承認者による管理 | 926条 |
| 限定承認の方式 | 924条 |
| 限定承認をしたときの権利義務 | 925条 |
| ☆権利移転の対抗要件に係る売主の義務 | 560条 |
| 権利質の目的等 | 362条 |
| 権利を主張する者がない場合 | 958条の2 |
| 権利を取得することができない等のおそれがある場合の買主による代金の支払の拒絶 | 576条 |

## こ

| | |
|---|---|
| ☆合意による不動産の賃貸人たる地位の移転 | 605条の3 |
| ☆合意による弁済の充当 | 490条 |
| 更改 | 513条 |
| 更改後の債務への担保の移転 | 518条 |
| 工業労務の先取特権 | 324条 |
| 後見開始の審判 | 7条 |
| 後見開始の審判の取消し | 10条 |
| 後見監督人の欠格事由 | 850条 |
| 後見監督人の職務 | 851条 |
| 後見監督人の選任 | 849条 |
| 後見監督人の同意を要する行為 | 864条 |
| 後見に関して生じた債権の消滅時効 | 875条 |
| 後見人が被後見人を養子とする縁組 | 794条 |
| 後見人と被後見人との間の無許可縁組の取消し | 806条 |
| 後見人の解任 | 846条 |
| 後見人の欠格事由 | 847条 |
| 後見人の辞任 | 844条 |
| 後見人の被後見人に対する債権又は債務の申出義務 | 855条 |
| 後見人の報酬 | 862条 |
| 後見の計算 | 870条 |
| 後見の事務の監督 | 863条 |

| | |
|---|---|
| 公告期間内に申出をしなかった相続債権者及び受遺者 | 935条 |
| 公告期間満了後の弁済 | 929条 |
| 公告期間満了前の弁済の拒絶 | 928条 |
| 工作物等の収去等 | 269条、279条 |
| 公示による意思表示 | 98条 |
| 公序良俗 | 90条 |
| 公正証書遺言 | 969条 |
| 公正証書遺言の方式の特則 | 969条の2 |
| ☆公正証書の作成と求償権についての保証の効力 | 465条の8 |
| ☆公正証書の作成と保証の効力 | 465条の6 |
| ☆公正証書の作成と保証の効力に関する規定の適用除外 | 465条の9 |
| 公道に至るための他の土地の通行権 | 210条 |
| 子及びその代襲者等の相続権 | 887条 |
| 小作料の減免 | 274条 |
| 個人貸金等根保証契約の元本確定期日 | 465条の3 |
| 個人根保証契約の元本の確定事由 | 465条の4 |
| 個人根保証契約の保証人の責任等 | 465条の2 |
| 子に代わる親権の行使 | 833条 |
| 子の氏 | 790条 |
| 子の氏の変更 | 791条 |
| 子の監護をすべき者の同意のない縁組等の取消し | 806条の3 |
| 子の利益のための特別の必要性 | 817条の7 |
| 雇用 | 623条 |
| 雇用関係の先取特権 | 308条 |
| 雇用の解除の効力 | 630条 |
| 雇用の更新の推定等 | 629条 |
| 暦による期間の計算 | 143条 |
| ☆婚姻適齢 | 731条 |
| 婚姻の規定の準用 | 764条、799条、812条 |
| 婚姻の届出 | 739条 |
| 婚姻の届出の受理 | 740条 |
| 婚姻の取消し | 743条 |
| 婚姻の取消し等の規定の準用 | 808条 |
| 婚姻の取消しの効力 | 748条 |
| 婚姻の無効 | 742条 |
| 婚姻費用の分担 | 760条 |
| ☆混合寄託 | 665条の2 |
| 混同 | 179条 |
| 混和 | 245条 |

## さ

| | |
|---|---|
| 債権者代位権の要件 | 423条 |
| 債権者による債権証書の交付等 | 503条 |

| | | | |
|---|---|---|---|
| 債権者による担保の喪失等 | 504条 | 裁判による共有物の分割 | 258条 |
| 債権者の交替による更改 | 515条 | ☆債務者の受けた反対給付に関する受益者の権利 | |
| ☆債権者の責めに帰すべき事由による場合 | | | 425条の2 |
| | 543条 | 債務者の危険負担等 | 536条 |
| 債権者のみなし承諾 | 384条 | 債務者の交替による更改 | 514条 |
| ☆債権者への支払又は引渡し | | 債務者の抗弁 | 539条 |
| | 423条の3、424条の9 | ☆債務者の取立てその他の処分の権限等 | |
| 債権証書の返還請求 | 487条 | | 423条の5 |
| 債権等の消滅時効 | 166条 | 債務の不存在を知ってした弁済 | 705条 |
| 債権の遺贈の物上代位 | 1001条 | ☆債務不履行による損害賠償 | 415条 |
| 債権の売主の担保責任 | 569条 | 詐害行為取消請求 | 424条 |
| 債権の譲渡性 | 466条 | ☆詐害行為取消請求を受けた転得者の権利 | |
| ☆債権の譲渡における債務者の抗弁 | 468条 | | 425条の4 |
| ☆債権の譲渡における相殺権 | 469条 | ☆詐害行為の取消しの範囲 | 424条の8 |
| 債権の譲渡の対抗要件 | 467条 | 先取特権と第三取得者 | 333条 |
| 債権の目的 | 399条 | 先取特権と動産質権との競合 | 334条 |
| 債権を目的とする質権の対抗要件 | 364条 | 先取特権の内容 | 303条 |
| ☆催告によらない解除 | 542条 | 先取特権の不可分性 | 305条 |
| 催告による解除 | 541条 | 詐欺又は強迫 | 96条 |
| 催告による解除権の消滅 | 547条 | 詐欺又は強迫による婚姻の取消し | 747条 |
| ☆催告による時効の完成猶予 | 150条 | ☆錯誤 | 95条 |
| 催告の抗弁 | 452条 | 差押禁止債権を受働債権とする相殺の禁止 | |
| 催告の抗弁及び検索の抗弁の効果 | 455条 | | 510条 |
| 再婚禁止期間 | 733条 | 差押えを受けた債権の第三債務者の弁済 | 481条 |
| 再婚禁止期間内にした婚姻の取消し | 746条 | 差押えを受けた債権を受働債権とする相殺の禁 | |
| 財産以外の損害の賠償 | 710条 | 止 | 511条 |
| 財産に関する権限のみを有する未成年後見人 | | ☆指図証券喪失の場合の権利行使方法 | |
| | 868条 | | 520条の12 |
| 財産の管理及び代表 | 824条、859条 | ☆指図証券の裏書の方式 | 520条の3 |
| 財産の管理者の変更及び共有財産の分割の対抗 | | ☆指図証券の規定の準用 | 520条の18 |
| 要件 | 759条 | ☆指図証券の債務者の調査の権利等 | 520条の10 |
| 財産の管理における注意義務 | 827条 | ☆指図証券の質入れ | 520条の7 |
| 財産の管理について生じた親子間の債権の消滅 | | ☆指図証券の譲渡 | 520条の2 |
| 時効 | 832条 | ☆指図証券の譲渡における債務者の抗弁の制限 | |
| 財産の管理の計算 | 828条 | | 520条の6 |
| 財産の調査及び目録の作成 | 853条 | ☆指図証券の所持人の権利の推定 | 520条の4 |
| ☆財産の返還又は価額の償還の請求 | 424条の6 | ☆指図証券の善意取得 | 520条の5 |
| 財産の目録の作成前の権限 | 854条 | ☆指図証券の喪失 | 520条の11 |
| 財産分与 | 768条 | ☆指図証券の提示と履行遅滞 | 520条の9 |
| 財産分離の効力 | 942条 | ☆指図証券の弁済の場所 | 520条の8 |
| 財産分離の請求後の相続財産の管理 | 943条 | 指図による占有移転 | 184条 |
| 財産分離の請求後の相続人による管理 | 944条 | 残余財産の国庫への帰属 | 959条 |
| 財産分離の請求の防止等 | 949条 | | |
| 祭祀に関する権利の承継 | 897条 | | |
| 在船者の遺言 | 978条 | し | |
| ☆裁判上の請求等による時効の完成猶予及び更 | | | |
| 新 | 147条 | 死因贈与 | 554条 |
| 裁判上の離縁 | 814条 | 時効により消滅した債権を自働債権とする相殺 | |
| 裁判上の離婚 | 770条 | | 508条 |
| | | 時効の援用 | 145条 |

・14・

| | | | |
|---|---|---|---|
| ☆時効の完成猶予又は更新の効力が及ぶ者の範囲 | 153 条 | ☆受益者の債権の回復 | 425 条の 3 |
| 時効の効力 | 144 条 | 受寄者の通知義務等 | 660 条 |
| 時効の利益の放棄 | 146 条 | ☆主たる債務者が期限の利益を喪失した場合における情報の提供義務 | 458 条の 3 |
| 自己契約及び双方代理等 | 108 条 | 主たる債務者が保証人に対して償還をする場合 | 461 条 |
| 支出金額の予定及び後見の事務の費用 | 861 条 | | |
| 自然水流に対する妨害の禁止 | 214 条 | 主たる債務者について生じた事由の効力 | 457 条 |
| 質権者による債権の取立て等 | 366 条 | ☆主たる債務の履行状況に関する情報の提供義務 | 458 条の 2 |
| 質権設定者による代理占有の禁止 | 345 条 | 受任者による受取物の引渡し等 | 646 条 |
| 質権の設定 | 344 条 | 受任者による費用等の償還請求等 | 650 条 |
| 質権の内容 | 342 条 | 受任者による費用の前払請求 | 649 条 |
| 質権の被担保債権の範囲 | 346 条 | 受任者による報告 | 645 条 |
| 質権の目的 | 343 条 | 受任者の金銭の消費についての責任 | 647 条 |
| 質物の占有の回復 | 353 条 | 受任者の注意義務 | 644 条 |
| 質物の留置 | 347 条 | 受任者の報酬 | 648 条 |
| 実方との親族関係の終了 | 817 条の 9 | 種苗又は肥料の供給の先取特権 | 322 条 |
| 失踪の宣告 | 30 条 | 主物及び従物 | 87 条 |
| 失踪の宣告の効力 | 31 条 | 受領権者以外の者に対する弁済 | 479 条 |
| 失踪の宣告の取消し | 32 条 | 受領権者としての外観を有する者に対する弁済 | 478 条 |
| ☆指定した行為をする期間の定めのある懸賞広告 | 529 条の 2 | ☆受領遅滞 | 413 条 |
| ☆指定した行為をする期間の定めのない懸賞広告 | 529 条の 3 | 種類債権 | 401 条 |
| 辞任した後見人による新たな後見人の選任の請求 | 845 条 | 準委任 | 656 条 |
| | | 準共有 | 264 条 |
| 自筆証書遺言 | 968 条 | 準消費貸借 | 588 条 |
| 死亡の危急に迫った者の遺言 | 976 条 | 準正 | 789 条 |
| 事務管理 | 697 条 | 承役地の時効取得による地役権の消滅 | 289 条 |
| ☆借用物受取り前の貸主による使用貸借の解除 | 593 条の 2 | 承役地の所有者の工作物の使用 | 288 条 |
| | | 承役地の所有者の工作物の設置義務等 | 286 条 |
| 借用物の費用の負担 | 595 条 | 償還をする資力のない者の負担部分の分担 | 444 条 |
| 受遺者に対する遺贈の承認又は放棄の催告 | 987 条 | | |
| 受遺者に対する弁済 | 931 条 | 条件が成就した場合の効果 | 127 条 |
| 受遺者による果実の取得 | 992 条 | 条件の成就の妨害等 | 130 条 |
| 受遺者による担保の請求 | 991 条 | 条件の成否未定の間における相手方の利益の侵害の禁止 | 128 条 |
| 受遺者の死亡による遺贈の失効 | 994 条 | 条件の成否未定の間における権利の処分等 | 129 条 |
| 受遺者の相続人による遺贈の承認又は放棄 | 988 条 | | |
| 受遺者又は受贈者の負担額 | 1047 条 | 使用者等の責任 | 715 条 |
| 十五歳未満の者を養子とする縁組 | 797 条 | 使用者についての破産手続の開始による解約の申入れ | 631 条 |
| 重婚の禁止 | 732 条 | 使用者の権利の譲渡の制限等 | 625 条 |
| 住所 | 22 条 | 使用貸借 | 593 条 |
| 終身定期金契約 | 689 条 | ☆使用貸借及び賃貸借の規定の準用 | 1036 条 |
| 終身定期金契約の解除 | 691 条 | ☆使用貸借等の規定の準用 | 1041 条 |
| 終身定期金契約の解除と同時履行 | 692 条 | ☆使用貸借の解除 | 598 条 |
| 終身定期金債権の存続の宣告 | 693 条 | ☆使用貸借の規定の準用 | 622 条 |
| 終身定期金の遺贈 | 694 条 | 承諾の期間の定めのある申込み | 523 条 |
| 終身定期金の計算 | 690 条 | 承諾の期間の定めのない申込み | 525 条 |

条文見出し索引

| | |
|---|---|
| ☆承諾の通知を必要としない場合における契約の成立時期 | 527 条 |
| ☆譲渡制限の意思表示がされた債権に係る債務者の供託 | 466 条の 2 |
| ☆譲渡制限の意思表示がされた債権の差押え | 466 条の 4 |
| 証人及び立会人の欠格事由 | 974 条 |
| ☆承認による時効の更新 | 152 条 |
| ☆消費寄託 | 666 条 |
| 消費貸借 | 587 条 |
| ☆将来債権の譲渡性 | 466 条の 6 |
| 職業の許可 | 823 条 |
| 署名又は押印が不能の場合 | 981 条 |
| ☆書面でする消費貸借等 | 587 条の 2 |
| 書面によらない贈与の解除 | 550 条 |
| 所有権以外の財産権の取得時効 | 163 条 |
| 所有権の取得時効 | 162 条 |
| 所有権の内容 | 206 条 |
| 資力のない共同相続人がある場合の担保責任の分担 | 913 条 |
| 親権者 | 818 条 |
| 親権喪失、親権停止又は管理権喪失の審判の取消し | 836 条 |
| 親権喪失の審判 | 834 条 |
| 親権停止の審判 | 834 条の 2 |
| 親権又は管理権の辞任及び回復 | 837 条 |
| 親族間の扶け合い | 730 条 |
| 親族の範囲 | 725 条 |
| 親等の計算 | 726 条 |
| 審判相互の関係 | 19 条 |
| ☆審判による配偶者居住権の取得 | 1029 条 |
| 心裡留保 | 93 条 |

## す

| | |
|---|---|
| 随意条件 | 134 条 |
| 推定相続人の廃除 | 892 条 |
| 推定相続人の廃除に関する審判確定前の遺産の管理 | 895 条 |
| 推定相続人の廃除の取消し | 894 条 |
| 水流に関する工作物の修繕等 | 216 条 |
| 水流の障害の除去 | 215 条 |
| 水流の変更 | 219 条 |
| 数個の給付をすべき場合の充当 | 491 条 |
| 数人の保証人がある場合 | 456 条 |

## せ

| | |
|---|---|
| ☆成果等に対する報酬 | 648 条の 2 |

| | |
|---|---|
| 制限行為能力者の相手方の催告権 | 20 条 |
| 制限行為能力者の詐術 | 21 条 |
| ☆清算人の業務の決定及び執行の方法 | 686 条 |
| 清算人の職務及び権限並びに残余財産の分割方法 | 688 条 |
| 生存配偶者の復氏等 | 751 条 |
| 正当防衛及び緊急避難 | 720 条 |
| 成年 | 4 条 |
| 成年後見人が数人ある場合の権限の行使等 | 859 条の 2 |
| 成年後見人による郵便物等の管理 | 860 条の 2 |
| 成年後見人の選任 | 843 条 |
| 成年の子の認知 | 782 条 |
| 成年被後見人及び成年後見人 | 8 条 |
| 成年被後見人の遺言 | 973 条 |
| 成年被後見人の意思の尊重及び身上の配慮 | 858 条 |
| 成年被後見人の居住用不動産の処分についての許可 | 859 条の 3 |
| 成年被後見人の婚姻 | 738 条 |
| 成年被後見人の死亡後の成年後見人の権限 | 873 条の 2 |
| 成年被後見人の法律行為 | 9 条 |
| 責任能力 | 712 条 |
| 責任無能力者の監督義務者等の責任 | 714 条 |
| 堰の設置及び使用 | 222 条 |
| 設定行為に別段の定めがある場合等 | 359 条 |
| 善意の占有者による果実の取得等 | 189 条 |
| 選択権の移転 | 408 条 |
| 選択権の行使 | 407 条 |
| 選択債権における選択権の帰属 | 406 条 |
| 選択の効力 | 411 条 |
| 船舶遭難者の遺言 | 979 条 |
| 占有回収の訴え | 200 条 |
| 占有改定 | 183 条 |
| 占有権の取得 | 180 条 |
| 占有権の消滅事由 | 203 条 |
| 占有者による損害賠償 | 191 条 |
| 占有者による費用の償還請求 | 196 条 |
| 占有の訴え | 197 条 |
| 占有の訴えの提起期間 | 201 条 |
| 占有の承継 | 187 条 |
| 占有の性質の変更 | 185 条 |
| 占有の喪失による留置権の消滅 | 302 条 |
| 占有の態様等に関する推定 | 186 条 |
| 占有の中止等による取得時効の中断 | 164 条 |
| 占有物について行使する権利の適法の推定 | 188 条 |
| 占有保持の訴え | 198 条 |

· 16 ·

| | |
|---|---|
| 占有保全の訴え | 199 条 |

## そ

| | |
|---|---|
| ☆相殺の充当 | 512 条 |
| 相殺の方法及び効力 | 506 条 |
| 相殺の要件等 | 505 条 |
| 葬式費用の先取特権 | 309 条 |
| 相続開始の原因 | 882 条 |
| 相続開始の場所 | 883 条 |
| 相続回復請求権 | 884 条 |
| 相続債権者及び受遺者に対する公告及び催告 | |
| | 927 条 |
| 相続債権者及び受遺者に対する弁済 | |
| | 947 条、957 条 |
| 相続債権者及び受遺者の換価手続への参加 | |
| | 933 条 |
| 相続債権者又は受遺者の請求による財産分離 | |
| | 941 条 |
| 相続財産に関する時効の完成猶予 | 160 条 |
| 相続財産に関する費用 | 885 条 |
| 相続財産に属しない権利の遺贈 | 996 条 |
| 相続財産の管理 | 918 条 |
| 相続財産の管理人の選任 | 952 条 |
| 相続財産の管理人の代理権の消滅 | 956 条 |
| 相続財産の管理人の報告 | 954 条 |
| 相続財産の目録の作成 | 1011 条 |
| 相続財産法人の成立 | 951 条 |
| 相続財産法人の不成立 | 955 条 |
| 相続に関する胎児の権利能力 | 886 条 |
| 相続人が数人ある場合の相続財産の管理人 | |
| | 936 条 |
| 相続人に関する規定の準用 | 965 条 |
| 相続人の欠格事由 | 891 条 |
| 相続人の固有財産からの弁済 | 948 条 |
| 相続人の債権者の請求による財産分離 | 950 条 |
| 相続人の捜索の公告 | 958 条 |
| 相続の一般的効力 | 896 条 |
| 相続の開始後に認知された者の価額の支払請求 | |
| 権 | 910 条 |
| 相続の承認及び放棄の撤回及び取消し | 919 条 |
| 相続の承認又は放棄をすべき期間 | 915 条 |
| 相続の放棄の効力 | 939 条 |
| 相続の放棄の方式 | 938 条 |
| 相続の放棄をした者による管理 | 940 条 |
| 相続分の指定がある場合の債権者の権利の行使 | |
| | 902 条の 2 |
| 相続分の取戻権 | 905 条 |
| ☆相対的効力の原則 | 435 条の 2 |

| | |
|---|---|
| 相対的効力の原則 | 441 条 |
| ☆相当の対価を得てした財産の処分行為の特則 | |
| | 424 条の 2 |
| 贈与 | 549 条 |
| 贈与者の引渡義務等 | 551 条 |
| 相隣関係の規定の準用 | 267 条 |
| 相隣者の 1 人による囲障の設置 | 227 条 |
| 即時取得 | 192 条 |
| 即時取得の規定の準用 | 319 条 |
| ☆損害賠償及び費用の償還の請求権についての | |
| 期間の制限 | 664 条の 2 |
| 損害賠償及び費用の償還の請求権についての期 | |
| 間の制限 | 600 条 |
| 損害賠償請求権に関する胎児の権利能力 | 721 条 |
| 損害賠償による代位 | 422 条 |
| 損害賠償の範囲 | 416 条 |
| 損害賠償の方法 | 417 条 |
| 損害賠償の方法、中間利息の控除及び過失相殺 | |
| | 722 条 |
| 尊属又は年長者を養子とすることの禁止 | 793 条 |

## た

| | |
|---|---|
| ☆代位行使の範囲 | 423 条の 2 |
| 代価弁済 | 378 条 |
| 代金の支払期限 | 573 条 |
| 代金の支払場所 | 574 条 |
| 第三者が無償で子に与えた財産の管理 | 830 条 |
| 第三者の権利の確定 | 538 条 |
| 第三者の選択権 | 409 条 |
| 第三者のためにする契約 | 537 条 |
| 第三者の弁済 | 474 条 |
| 胎児又は死亡した子の認知 | 783 条 |
| 代襲相続人の相続分 | 901 条 |
| ☆代償請求権 | 422 条の 2 |
| 代物弁済 | 482 条 |
| 代理権授与の表示による表見代理等 | 109 条 |
| ☆代理権消滅後の表見代理等 | 112 条 |
| 代理権の消滅事由 | 111 条 |
| ☆代理権の濫用 | 107 条 |
| 代理行為の瑕疵 | 101 条 |
| 代理行為の要件及び効果 | 99 条 |
| 代理占有 | 181 条 |
| 代理占有権の消滅事由 | 204 条 |
| ☆代理人の行為能力 | 102 条 |
| ☆脱退した組合員の責任等 | 680 条の 2 |
| 脱退した組合員の持分の払戻し | 681 条 |
| ☆他人の権利の売買における売主の義務 | 561 条 |
| 他人の債務の弁済 | 707 条 |

・17・

| | |
|---|---|
| ☆他の組合員の債務不履行 | 667条の2 |
| 他の担保の供与 | 451条 |
| 短期賃貸借 | 602条 |
| 短期賃貸借の更新 | 603条 |
| 単純承認の効力 | 920条 |
| 単独行為の無権代理 | 118条 |
| 担保責任を負わない旨の特約 | 572条 |
| 担保の供与による留置権の消滅 | 301条 |

## ち

| | |
|---|---|
| 地役権の時効取得 | 283条 |
| 地役権の消滅時効 | 291条 |
| 地役権の内容 | 280条 |
| 地役権の不可分性 | 282条 |
| 地役権の付従性 | 281条 |
| 遅延した承諾の効力 | 524条 |
| 地下又は空間を目的とする地上権 | 269条の2 |
| 竹木の枝の切除及び根の切取り | 233条 |
| 地上権の存続期間 | 268条 |
| 地上権の内容 | 265条 |
| 地代 | 266条 |
| 父を定めることを目的とする訴え | 773条 |
| 嫡出子の身分の取得 | 809条 |
| 嫡出の承認 | 776条 |
| 嫡出の推定 | 772条 |
| 嫡出の否認 | 774条 |
| 嫡出否認の訴え | 775条 |
| 嫡出否認の訴えの出訴期間 | 777条 |
| ☆中間利息の控除 | 417条の2 |
| ☆注文者が受ける利益の割合に応じた報酬 | |
| | 634条 |
| 注文者についての破産手続の開始による解除 | |
| | 642条 |
| 注文者による契約の解除 | 641条 |
| 注文者の責任 | 716条 |
| 懲戒 | 822条 |
| 直系姻族間の婚姻の禁止 | 735条 |
| 直系尊属及び兄弟姉妹の相続権 | 889条 |
| ☆賃借権の譲渡及び転貸の制限 | 612条 |
| ☆賃借人による修繕 | 607条の2 |
| 賃借人による使用及び収益 | 616条 |
| 賃借人による費用の償還請求 | 608条 |
| 賃借人の意思に反する保存行為 | 607条 |
| ☆賃借人の原状回復義務 | 621条 |
| 賃借人の通知義務 | 615条 |
| 賃借物の一部滅失等による賃料の減額等 | 611条 |
| ☆賃借物の全部滅失等による賃貸借の終了 | |
| | 616条の2 |

| | |
|---|---|
| 賃貸借 | 601条 |
| 賃貸借に関する規定の準用 | 273条 |
| 賃貸借の解除の効力 | 620条 |
| 賃貸借の更新の推定等 | 619条 |
| 賃貸借の存続期間 | 604条 |
| 賃貸人による修繕等 | 606条 |
| 賃料の支払時期 | 614条 |

## つ

| | |
|---|---|
| 追認の要件 | 124条 |
| 通水用工作物の使用 | 221条 |
| ☆通知を怠った保証人の求償の制限等 | 463条 |
| 通知を怠った連帯債務者の求償の制限 | 443条 |

## て

| | |
|---|---|
| 定義 | 85条 |
| 定期金債権の消滅時効 | 168条 |
| 定期贈与 | 552条 |
| ☆定型約款の合意 | 548条の2 |
| ☆定型約款の内容の表示 | 548条の3 |
| ☆定型約款の変更 | 548条の4 |
| 抵当権者の同意の登記がある場合の賃貸借の対抗力 | 387条 |
| 抵当権消滅請求 | 379条 |
| 抵当権消滅請求の効果 | 386条 |
| 抵当権消滅請求の時期 | 382条 |
| 抵当権消滅請求の手続 | 383条 |
| ☆抵当権等がある場合の買主による費用の償還請求 | 570条 |
| 抵当権等の登記がある場合の買主による代金の支払の拒絶 | 577条 |
| 抵当権に関する規定の準用 | 341条 |
| 抵当権の規定の準用 | 361条 |
| 抵当権の効力の及ぶ範囲 | 370条 |
| 抵当権の順位 | 373条 |
| 抵当権の順位の譲渡又は放棄と根抵当権の譲渡又は一部譲渡 | 398条の15 |
| 抵当権の順位の変更 | 374条 |
| 抵当権の消滅時効 | 396条 |
| 抵当権の処分 | 376条 |
| 抵当権の処分の対抗要件 | 377条 |
| 抵当権の内容 | 369条 |
| 抵当権の被担保債権の範囲 | 375条 |
| 抵当権の目的である地上権等の放棄 | 398条 |
| 抵当建物使用者の引渡しの猶予 | 395条 |
| 抵当地の上の建物の競売 | 389条 |
| 抵当不動産以外の財産からの弁済 | 394条 |

| | |
|---|---|
| 抵当不動産の時効取得による抵当権の消滅 | |
| | 397 条 |
| 抵当不動産の第三取得者による買受け | 390 条 |
| 抵当不動産の第三取得者による費用の償還請求 | |
| | 391 条 |
| 撤回された遺言の効力 | 1025 条 |
| 手付 | 557 条 |
| 天災等による時効の完成猶予 | 161 条 |
| 転質 | 348 条 |
| 伝染病隔離者の遺言 | 977 条 |
| 転貸の効果 | 613 条 |
| ☆転得者に対する詐害行為取消請求 | 424 条の 5 |
| 天然果実及び法定果実 | 88 条 |

**と**

| | |
|---|---|
| 同一順位の先取特権 | 332 条 |
| 登記 | 36 条 |
| ☆登記又は登録の請求権を保全するための債権 者代位権 | |
| | 423 条の 7 |
| 同居、協力及び扶助の義務 | 752 条 |
| 登記をした不動産保存又は不動産工事の先取特 権 | |
| | 339 条 |
| 動産質権の実行 | 354 条 |
| 動産質権の順位 | 355 条 |
| 動産質の対抗要件 | 352 条 |
| 動産に関する物権の譲渡の対抗要件 | 178 条 |
| 動産の先取特権 | 311 条 |
| 動産の先取特権の順位 | 330 条 |
| 動産の付合 | 243 条 |
| 動産売買の先取特権 | 321 条 |
| 動産保存の先取特権 | 320 条 |
| 同種の給付を目的とする数個の債務がある場合 の充当 | |
| | 488 条 |
| 同時履行の抗弁 | 533 条 |
| 盗品又は遺失物の回復 | 193 条 |
| 動物の占有者等の責任 | 718 条 |
| 動物の占有による権利の取得 | 195 条 |
| 特定財産に関する遺言の執行 | 1014 条 |
| ☆特定の債権者に対する担保の供与等の特則 | |
| | 424 条の 3 |
| 特定物の現状による引渡し | 483 条 |
| 特定物の引渡しの場合の注意義務 | 400 条 |
| 特別縁故者に対する相続財産の分与 | 958 条の 3 |
| 特別受益者の相続分 | 903 条 |
| 特別の方式による遺言の効力 | 983 条 |
| 特別養子縁組の成立 | 817 条の 2 |
| 特別養子縁組の離縁 | 817 条の 10 |
| 土地所有権の範囲 | 207 条 |

| | |
|---|---|
| 土地の工作物等の占有者及び所有者の責任 | |
| | 717 条 |
| 取消し及び追認の方法 | 123 条 |
| 取消権者 | 120 条 |
| 取消権の期間の制限 | 126 条 |
| 取消しの効果 | 121 条 |
| 取り消すことができる行為の追認 | 122 条 |
| 取り消すことができる債務の保証 | 449 条 |

**に**

| | |
|---|---|
| 日常の家事に関する債務の連帯責任 | 761 条 |
| 日用品供給の先取特権 | 310 条 |
| 任意規定と異なる意思表示 | 91 条 |
| 任意規定と異なる慣習 | 92 条 |
| 任意代理人による復代理人の選任 | 104 条 |
| 認知 | 779 条 |
| 認知後の子の監護に関する事項の定め等 | 788 条 |
| 認知に対する反対の事実の主張 | 786 条 |
| 認知の訴え | 787 条 |
| 認知能力 | 780 条 |
| 認知の効力 | 784 条 |
| 認知の取消しの禁止 | 785 条 |
| 認知の方式 | 781 条 |
| ☆認容判決の効力が及ぶ者の範囲 | 425 条 |

**ね**

| | |
|---|---|
| 根抵当権 | 398 条の 2 |
| 根抵当権者又は債務者の会社分割 | 398 条の 10 |
| 根抵当権者又は債務者の合併 | 398 条の 9 |
| 根抵当権者又は債務者の相続 | 398 条の 8 |
| 根抵当権の一部譲渡 | 398 条の 13 |
| 根抵当権の元本確定期日の定め | 398 条の 6 |
| 根抵当権の元本の確定事由 | 398 条の 20 |
| 根抵当権の元本の確定請求 | 398 条の 19 |
| 根抵当権の共有 | 398 条の 14 |
| 根抵当権の極度額の減額請求 | 398 条の 21 |
| 根抵当権の極度額の変更 | 398 条の 5 |
| 根抵当権の譲渡 | 398 条の 12 |
| 根抵当権の消滅請求 | 398 条の 22 |
| 根抵当権の処分 | 398 条の 11 |
| 根抵当権の被担保債権の譲渡等 | 398 条の 7 |
| 根抵当権の被担保債権の範囲 | 398 条の 3 |
| 根抵当権の被担保債権の範囲及び債務者の変更 | |
| | 398 条の 4 |

## の

農業労務の先取特権　　　　　　　　323 条

## は

☆配偶者居住権　　　　　　　　　1028 条
☆配偶者居住権の取得による配偶者短期居住権
　の消滅　　　　　　　　　　　　1039 条
☆配偶者居住権の存続期間　　　　1030 条
☆配偶者居住権の登記等　　　　　1031 条
☆配偶者短期居住権　　　　　　　1037 条
☆配偶者による使用　　　　　　　1038 条
☆配偶者による使用及び収益　　　1032 条
配偶者のある者が未成年者を養子とする縁組
　　　　　　　　　　　　　　　　795 条
配偶者のある者の縁組　　　　　　796 条
配偶者の相続権　　　　　　　　　890 条
配偶者の同意のない縁組等の取消し　806 条の 2
賠償額の予定　　　　　　　　　　420 条
排水のための低地の通水　　　　　220 条
売買　　　　　　　　　　　　　　555 条
売買契約に関する費用　　　　　　558 条
売買の一方の予約　　　　　　　　556 条
☆判決で確定した権利の消滅時効　169 条

## ひ

被後見人が包括財産を取得した場合についての
　準用　　　　　　　　　　　　　856 条
被後見人の遺言の制限　　　　　　966 条
被後見人の財産等の譲受けの取消し　866 条
☆被告及び訴訟告知　　　　　　424 条の 7
☆被代位権利の行使に係る訴えを提起した場合
　の訴訟告知　　　　　　　　　423 条の 6
☆人の生命又は身体の侵害による損害賠償請求
　権の消滅時効　　　　　　　　　167 条
☆人の生命又は身体を害する不法行為による損
　害賠償請求権の消滅時効　　　724 条の 2
被保佐人及び保佐人　　　　　　　12 条
被補助人及び補助人　　　　　　　16 条
秘密証書遺言　　　　　　　　　　970 条
秘密証書遺言の方式の特則　　　　972 条
費用の負担についての慣習　　　　217 条

## ふ

夫婦間における財産の帰属　　　　762 条
夫婦間の契約の取消権　　　　　　754 条

夫婦間の権利の時効の完成猶予　　159 条
夫婦財産契約の対抗要件　　　　　756 条
夫婦である養親と未成年者との離縁　811 条の 2
夫婦の氏　　　　　　　　　　　　750 条
夫婦の財産関係　　　　　　　　　755 条
夫婦の財産関係の変更の制限等　　758 条
☆不可分債権　　　　　　　　　　428 条
不可分債権者の 1 人との間の更改又は免除
　　　　　　　　　　　　　　　　429 条
☆不可分債務　　　　　　　　　　430 条
☆復受任者の選任等　　　　　　644 条の 2
復代理人の権限等　　　　　　　　106 条
付合、混和又は加工に伴う償金の請求　248 条
付合、混和又は加工の効果　　　　247 条
不在者の財産の管理　　　　　　　25 条
不在者の財産の管理人に関する規定の準用
　　　　　　　　　　　　　　　　953 条
負担付遺贈　　　　　　　　　　1002 条
負担付遺贈に係る遺言の取消し　1027 条
負担付遺贈の受遺者の免責　　　1003 条
負担付贈与　　　　　　　　　　　553 条
普通の方式による遺言の規定の準用　982 条
普通の方式による遺言の種類　　　967 条
物権の設定及び移転　　　　　　　176 条
物権の創設　　　　　　　　　　　175 条
物上代位　　　　　　　　　　　　304 条
物上代位の規定の準用　　　　　　946 条
物上保証人の求償権　　　　　　　351 条
不適法な婚姻の取消し　　　　　　744 条
不適齢者の婚姻の取消し　　　　　745 条
不動産及び動産　　　　　　　　　86 条
不動産工事の先取特権　　　　　　327 条
不動産工事の先取特権の登記　　　338 条
不動産質権者による管理の費用等の負担　357 条
不動産質権者による使用及び収益　356 条
不動産質権者による利息の請求の禁止　358 条
不動産質権の存続期間　　　　　　360 条
不動産賃借権の対抗力　　　　　　605 条
不動産賃貸の先取特権　　　　　　312 条
不動産賃貸の先取特権の被担保債権の範囲
　　　　　　　　　　　　　　　　315 条
不動産賃貸の先取特権の目的物の範囲　313 条
不動産に関する物権の変動の対抗要件　177 条
不動産についての財産分離の対抗要件　945 条
不動産の先取特権　　　　　　　　325 条
不動産の先取特権の順位　　　　　331 条
☆不動産の賃借人による妨害の停止の請求等
　　　　　　　　　　　　　　　605 条の 4
☆不動産の賃貸人たる地位の移転　605 条の 2

・20・

| | |
|---|---|
| 不動産の付合 | 242 条 |
| 不動産売買の先取特権 | 328 条 |
| 不動産売買の先取特権の登記 | 340 条 |
| 不動産保存の先取特権 | 326 条 |
| 不動産保存の先取特権の登記 | 337 条 |
| 不当な弁済をした限定承認者の責任等 | 934 条 |
| 不当利得の返還義務 | 703 条 |
| 不能条件 | 133 条 |
| 不能による選択債権の特定 | 410 条 |
| 不法原因給付 | 708 条 |
| ☆不法行為等により生じた債権を受働債権とする相殺の禁止 | 509 条 |
| 不法行為による損害賠償 | 709 条 |
| ☆不法行為による損害賠償請求権の消滅時効 | 724 条 |
| 不法条件 | 132 条 |
| 父母による未成年後見人の選任の請求 | 841 条 |
| 父母の一方が共同の名義でした行為の効力 | 825 条 |
| 父母の同意 | 817 条の 6 |
| 扶養義務者 | 877 条 |
| 扶養請求権の処分の禁止 | 881 条 |
| 扶養に関する協議又は審判の変更又は取消し | 880 条 |
| 扶養の順位 | 878 条 |
| 扶養の程度又は方法 | 879 条 |
| 分割債権及び分割債務 | 427 条 |
| 分割における共有者の担保責任 | 261 条 |

**へ**

| | |
|---|---|
| ☆併存的債務引受における引受人の抗弁等 | 471 条 |
| ☆併存的債務引受の要件及び効果 | 470 条 |
| 返還金に対する利息の支払等 | 873 条 |
| 返還の時期 | 591 条 |
| ☆弁済 | 473 条 |
| 弁済として引き渡した物の消費又は譲渡がされた場合の弁済の効力等 | 476 条 |
| 弁済として引き渡した物の取戻し | 475 条 |
| 弁済による代位の効果 | 501 条 |
| 弁済による代位の要件 | 499 条 |
| 弁済のための相続財産の換価 | 932 条 |
| 弁済の提供の効果 | 492 条 |
| 弁済の提供の方法 | 493 条 |
| 弁済の場所及び時間 | 484 条 |
| 弁済の費用 | 485 条 |

**ほ**

| | |
|---|---|
| 包括遺贈及び特定遺贈 | 964 条 |
| 包括受遺者の権利義務 | 990 条 |
| 方式に欠ける秘密証書遺言の効力 | 971 条 |
| 報酬の支払時期 | 624 条、633 条 |
| 法人の成立等 | 33 条 |
| 法人の能力 | 34 条 |
| 法定相続分 | 900 条 |
| 法定代理人による復代理人の選任 | 105 条 |
| 法定単純承認 | 921 条 |
| 法定単純承認の事由がある場合の相続債権者 | 937 条 |
| 法定地上権 | 388 条 |
| 法定追認 | 125 条 |
| 法定利率 | 404 条 |
| 保佐開始の審判 | 11 条 |
| 保佐開始の審判等の取消し | 14 条 |
| 保佐監督人 | 876 条の 3 |
| 保佐人及び臨時保佐人の選任等 | 876 条の 2 |
| 保佐人に代理権を付与する旨の審判 | 876 条の 4 |
| 保佐人の同意を要する行為等 | 13 条 |
| 保佐の開始 | 876 条 |
| 保佐の事務及び保佐人の任務の終了等 | 876 条の 5 |
| 保証債務の範囲 | 447 条 |
| ☆保証に係る公正証書の方式の特則 | 465 条の 7 |
| ☆保証人が法人である根保証契約の求償権 | 465 条の 5 |
| 保証人の責任等 | 446 条 |
| 保証人の負担と主たる債務の目的又は態様 | 448 条 |
| 保証人の要件 | 450 条 |
| 補助開始の審判 | 15 条 |
| 補助開始の審判等の取消し | 18 条 |
| 補助監督人 | 876 条の 8 |
| 補助人及び臨時補助人の選任等 | 876 条の 7 |
| 補助人に代理権を付与する旨の審判 | 876 条の 9 |
| 補助人の同意を要する旨の審判等 | 17 条 |
| 補助の開始 | 876 条の 6 |
| 補助の事務及び補助人の任務の終了等 | 876 条の 10 |
| 本権の訴えとの関係 | 202 条 |
| 本人のためにすることを示さない意思表示 | 100 条 |

**ま**

| | |
|---|---|
| 埋蔵物の発見 | 241 条 |

前の遺言と後の遺言との抵触等　　1023 条

## み

未成年後見監督人の指定　　848 条
未成年後見人が数人ある場合の権限の行使等
　　857 条の 2
未成年後見人の指定　　839 条
未成年後見人の選任　　840 条
未成年者の営業の許可　　6 条
未成年者の法律行為　　5 条
未成年者又は成年被後見人と時効の完成猶予
　　158 条
未成年者を養子とする縁組　　798 条
未成年被後見人と未成年後見人等との間の契約
　等の取消し　　872 条
未成年被後見人に代わる親権の行使　　867 条
未成年被後見人の身上の監護に関する権利義務
　　857 条

## む

無権代理　　113 条
無権代理行為の追認　　116 条
無権代理人の責任　　117 条
無権代理の相手方の催告権　　114 条
無権代理の相手方の取消権　　115 条
無効な行為の追認　　119 条
無主物の帰属　　239 条
無報酬の受寄者の注意義務　　659 条

## め

名誉毀損における原状回復　　723 条
☆免責的債務引受における引受人の求償権
　　472 条の 3
☆免責的債務引受における引受人の抗弁等
　　472 条の 2
☆免責的債務引受による担保の移転　472 条の 4
☆免責的債務引受の要件及び効果　　472 条

## も

☆申込者の死亡等　　526 条
申込みに変更を加えた承諾　　528 条
☆目的物の種類又は品質に関する担保責任の期
　間の制限　　566 条、637 条
☆目的物の滅失等についての危険の移転　567 条
持分の放棄及び共有者の死亡　　255 条

## や

やむを得ない事由による雇用の解除　　628 条

## ゆ

有償契約への準用　　559 条
優等懸賞広告　　532 条

## よ

養子が 15 歳未満である場合の離縁の訴えの当
　事者　　815 条
養子が尊属又は年長者である場合の縁組の取消
　し　　805 条
養子が未成年者である場合の無許可縁組の取消
　し　　807 条
養子となる者の年齢　　817 条の 5
養子の氏　　810 条
養親が 20 歳未満の者である場合の縁組の取消
　し　　804 条
養親子等の間の婚姻の禁止　　736 条
養親となる者の年齢　　792 条、817 条の 4
養親の夫婦共同縁組　　817 条の 3
用水地役権　　285 条
☆預金債権又は貯金債権に係る譲渡制限の意思
　表示の効力　　466 条の 5
☆預金又は貯金の口座に対する払込みによる弁
　済　　477 条

## り

利益相反行為　　826 条、860 条
離縁による実方との親族関係の回復817 条の 11
離縁による親族関係の終了　　729 条
離縁による復氏等　　816 条
離縁による復氏の際の権利の承継　　817 条
離縁の届出の受理　　813 条
履行期と履行遅滞　　412 条
☆履行遅滞中又は受領遅滞中の履行不能と帰責
　事由　　413 条の 2
履行地の異なる債務の相殺　　507 条
履行の強制　　414 条
☆履行の割合に応じた報酬　　624 条の 2
☆履行不能　　412 条の 2
離婚後の子の監護に関する事項の定め等 766 条
離婚等による姻族関係の終了　　728 条
離婚による復氏等　　767 条
離婚による復氏の際の権利の承継　　769 条

| | | |
|---|---|---|
| 離婚の規定の準用 | 749 条 | |
| 離婚の届出の受理 | 765 条 | |
| 離婚又は認知の場合の親権者 | 819 条 | |
| ☆利息 | 589 条 | |
| 利息の元本への組入れ | 405 条 | |
| 留置権及び先取特権の規定の準用 | 350 条 | |
| 留置権者による果実の収取 | 297 条 | |
| 留置権者による費用の償還請求 | 299 条 | |
| 留置権者による留置物の保管等 | 298 条 | |
| 留置権等の規定の準用 | 372 条 | |
| 留置権の行使と債権の消滅時効 | 300 条 | |
| 留置権の内容 | 295 条 | |
| 留置権の不可分性 | 296 条 | |
| 旅館宿泊の先取特権 | 317 条 | |
| 隣地の使用請求 | 209 条 | |

―――――――― る ――――――――

累積根抵当　　　　　　　　　398 条の 18

―――――――― れ ――――――――

☆連帯債権者による履行の請求等　　432 条

☆連帯債権者の 1 人との間の更改又は免除
　　　　　　　　　　　　　　　　433 条
☆連帯債権者の 1 人との間の混同　435 条
☆連帯債権者の 1 人との間の相殺　434 条
連帯債務者間の求償権　　　　　　442 条
連帯債務者に対する履行の請求　　436 条
連帯債務者の 1 人との間の更改　　438 条
連帯債務者の 1 人との間の混同　　440 条
☆連帯債務者の 1 人との間の免除等と求償権
　　　　　　　　　　　　　　　　445 条
連帯債務者の 1 人についての法律行為の無効等
　　　　　　　　　　　　　　　　437 条
連帯債務者の 1 人による相殺等　　439 条
連帯債務又は不可分債務の保証人の求償権
　　　　　　　　　　　　　　　　464 条
☆連帯保証人について生じた事由の効力 458 条
連帯保証の場合の特則　　　　　　454 条

―――――――― わ ――――――――

和解　　　　　　　　　　　　　　695 条
和解の効力　　　　　　　　　　　696 条

# 第 1 編 総則

# 第1章　通則

**（基本原則）**

**第1条**　私権は、公共の福祉に適合しなければならない。

②　権利の行使及び義務の履行は、信義に従い誠実に行わなければならない。

③　権利の濫用は、これを許さない。

**（解釈の基準）**

**第2条**　この法律は、個人の尊厳と両性の本質的平等を旨として、解釈しなければならない。

# 第2章　人

## 第1節　権利能力

**第3条**　私権の享有は、出生に始まる。

②　外国人は、法令又は条約の規定により禁止される場合を除き、私権を享有する。

## ☆第2節　意思能力

☆**第3条の2**　法律行為の当事者が意思表示をした時に意思能力を有しなかったときは、その法律行為は、無効とする。

## 第3節　行為能力

**（成年）**

**第4条** 22.4.1　年齢18歳をもって、成年とする。

> 第4条　年齢20歳をもって、成年とする。

**（未成年者の法律行為）**

**第5条**　未成年者が法律行為をするには、その法定代理人の同意を得なければならない。ただし、単に権利を得、又は義務を免れる法律行為については、この限りでない。

②　前項の規定に反する法律行為は、取り消すことができる。

③　第1項の規定にかかわらず、法定代理人が目的を定めて処分を許した財産は、その目的の範囲内において、未成年者が自由に処分することができる。目的を定めないで処分を許した財産を処分するときも、同様とする。

**（未成年者の営業の許可）**

**第6条**　1種又は数種の営業を許された未成年者は、その営業に関しては、成年者と同一の行為能力を有する。

②　前項の場合において、未成年者がその営業に堪えることができない事由があるときは、その法定代理人は、第4編（親族）の規定に従い、その許可を取り消し、又はこれを制限することができる。

**（後見開始の審判）**

**第7条**　精神上の障害により事理を弁識する能力を欠く常況にある者については、家庭裁判所は、本人、配偶者、4親等内の親族、未成年後見人、未成年後見監督人、保佐人、保佐監督人、補助人、補助監督人又は検察官の請求により、後見開始の審判をすることができる。

**（成年被後見人及び成年後見人）**

**第8条**　後見開始の審判を受けた者は、成年被後見人とし、これに成年後見人を付する。

**（成年被後見人の法律行為）**

**第9条**　成年被後見人の法律行為は、取り消すことができる。ただし、日用品の購入その他日常生活に関する行為については、この限りでない。

**（後見開始の審判の取消し）**

**第10条**　第7条に規定する原因が消滅したときは、家庭裁判所は、本人、配

偶者、4親等内の親族、後見人（未成年後見人及び成年後見人をいう。以下同じ。）、後見監督人（未成年後見監督人及び成年後見監督人をいう。以下同じ。）又は検察官の請求により、後見開始の審判を取り消さなければならない。

**（保佐開始の審判）**
**第11条** 精神上の障害により事理を弁識する能力が著しく不十分である者については、家庭裁判所は、本人、配偶者、4親等内の親族、後見人、後見監督人、補助人、補助監督人又は検察官の請求により、保佐開始の審判をすることができる。ただし、第7条に規定する原因がある者については、この限りでない。

**（被保佐人及び保佐人）**
**第12条** 保佐開始の審判を受けた者は、被保佐人とし、これに保佐人を付する。

**（保佐人の同意を要する行為等）**
**第13条** 被保佐人が次に掲げる行為をするには、その保佐人の同意を得なければならない。ただし、第9条ただし書に規定する行為については、この限りでない。
1 元本を領収し、又は利用すること。
2 借財又は保証をすること。
3 不動産その他重要な財産に関する権利の得喪を目的とする行為をすること。
4 訴訟行為をすること。
5 贈与、和解又は仲裁合意（仲裁法（平成15年法律第138号）第2条第1項に規定する仲裁合意をいう。）をすること。
6 相続の承認若しくは放棄又は遺産の分割をすること。
7 贈与の申込みを拒絶し、遺贈を放棄し、負担付贈与の申込みを承諾し、又は負担付遺贈を承認すること。
8 新築、改築、増築又は大修繕をすること。
9 第602条に定める期間を超える賃貸借をすること。
10 前各号に掲げる行為を制限行為能力者（未成年者、成年被後見人、被保佐人及び第17条第1項の審判を受けた被補助人をいう。以下同じ。）の法定代理人としてすること。
② 家庭裁判所は、第11条本文に規定する者又は保佐人若しくは保佐監督人の請求により、被保佐人が前項各号に掲げる行為以外の行為をする場合であってもその保佐人の同意を得なければならない旨の審判をすることができる。ただし、第9条ただし書に規定する行為については、この限りでない。
③ 保佐人の同意を得なければならない行為について、保佐人が被保佐人の利益を害するおそれがないにもかかわらず同意をしないときは、家庭裁判所は、被保佐人の請求により、保佐人の同意に代わる許可を与えることができる。
④ 保佐人の同意を得なければならない行為であって、その同意又はこれに代わる許可を得ないでしたものは、取り消すことができる。

第13条 〔1項10号は新設規定〕

**（保佐開始の審判等の取消し）**
**第14条** 第11条本文に規定する原因が消滅したときは、家庭裁判所は、本人、配偶者、4親等内の親族、未成年後見人、未成年後見監督人、保佐人、保佐監督人又は検察官の請求により、保佐開始の審判を取り消さなければならない。
② 家庭裁判所は、前項に規定する者の

請求により、前条第2項の審判の全部又は一部を取り消すことができる。

**（補助開始の審判）**

**第15条** 精神上の障害により事理を弁識する能力が不十分である者については、家庭裁判所は、本人、配偶者、4親等内の親族、後見人、後見監督人、保佐人、保佐監督人又は検察官の請求により、補助開始の審判をすることができる。ただし、第7条又は第11条本文に規定する原因がある者については、この限りでない。

② 本人以外の者の請求により補助開始の審判をするには、本人の同意がなければならない。

③ 補助開始の審判は、第17条第1項の審判又は第876条の9第1項の審判とともにしなければならない。

**（被補助人及び補助人）**

**第16条** 補助開始の審判を受けた者は、被補助人とし、これに補助人を付する。

**（補助人の同意を要する旨の審判等）**

**第17条** 家庭裁判所は、第15条第1項本文に規定する者又は補助人若しくは補助監督人の請求により、被補助人が特定の法律行為をするにはその補助人の同意を得なければならない旨の審判をすることができる。ただし、その審判によりその同意を得なければならないものとすることができる行為は、第13条第1項に規定する行為の一部に限る。

② 本人以外の者の請求により前項の審判をするには、本人の同意がなければならない。

③ 補助人の同意を得なければならない行為について、補助人が被補助人の利益を害するおそれがないにもかかわら

ず同意をしないときは、家庭裁判所は、被補助人の請求により、補助人の同意に代わる許可を与えることができる。

④ 補助人の同意を得なければならない行為であって、その同意又はこれに代わる許可を得ないでしたものは、取り消すことができる。

**（補助開始の審判等の取消し）**

**第18条** 第15条第1項本文に規定する原因が消滅したときは、家庭裁判所は、本人、配偶者、4親等内の親族、未成年後見人、未成年後見監督人、補助人、補助監督人又は検察官の請求により、補助開始の審判を取り消さなければならない。

② 家庭裁判所は、前項に規定する者の請求により、前条第1項の審判の全部又は一部を取り消すことができる。

③ 前条第1項の審判及び第876条の9第1項の審判をすべて取り消す場合には、家庭裁判所は、補助開始の審判を取り消さなければならない。

**（審判相互の関係）**

**第19条** 後見開始の審判をする場合において、本人が被保佐人又は被補助人であるときは、家庭裁判所は、その本人に係る保佐開始又は補助開始の審判を取り消さなければならない。

② 前項の規定は、保佐開始の審判をする場合において本人が成年被後見人若しくは被補助人であるとき、又は補助開始の審判をする場合において本人が成年被後見人若しくは被保佐人であるときについて準用する。

**（制限行為能力者の相手方の催告権）**

**第20条** 制限行為能力者の相手方は、その制限行為能力者が行為能力者（行為能力の制限を受けない者をいう。以下同

じ。）となった後、その者に対し、1箇月以上の期間を定めて、その期間内にその取り消すことができる行為を追認するかどうかを確答すべき旨の催告をすることができる。この場合において、その者がその期間内に確答を発しないときは、その行為を追認したものとみなす。

② 制限行為能力者の相手方が、制限行為能力者が行為能力者とならない間に、その法定代理人、保佐人又は補助人に対し、その権限内の行為について前項に規定する催告をした場合において、これらの者が同項の期間内に確答を発しないときも、同項後段と同様とする。

③ 特別の方式を要する行為については、前2項の期間内にその方式を具備した旨の通知を発しないときは、その行為を取り消したものとみなす。

④ 制限行為能力者の相手方は、被保佐人又は第17条第1項の審判を受けた被補助人に対しては、第1項の期間内にその保佐人又は補助人の追認を得るべき旨の催告をすることができる。この場合において、その被保佐人又は被補助人がその期間内にその追認を得た旨の通知を発しないときは、その行為を取り消したものとみなす。

第20条 制限行為能力者（未成年者、成年被後見人、被保佐人及び第17条第1項の審判を受けた被補助人をいう。以下同じ。）の相手方は、その制限行為能力者が行為能力者（行為能力の制限を受けない者をいう。以下同じ。）となった後、その者に対し、1箇月以上の期間を定めて、その期間内にその取り消すことができる行為を追認するかどうかを確答すべき旨の催告をすることができる。この場合において、その者がそ

の期間内に確答を発しないときは、その行為を追認したものとみなす。

②から④まで 〔同〕

**（制限行為能力者の詐術）**

第21条 制限行為能力者が行為能力者であることを信じさせるため詐術を用いたときは、その行為を取り消すことができない。

## 第4節 住所

**（住所）**

第22条 各人の生活の本拠をその者の住所とする。

**（居所）**

第23条 住所が知れない場合には、居所を住所とみなす。

② 日本に住所を有しない者は、その者が日本人又は外国人のいずれであるかを問わず、日本における居所をその者の住所とみなす。ただし、準拠法を定める法律に従いその者の住所地法によるべき場合は、この限りでない。

**（仮住所）**

第24条 ある行為について仮住所を選定したときは、その行為に関しては、その仮住所を住所とみなす。

## 第5節 不在者の財産の管理及び失踪の宣告

**（不在者の財産の管理）**

第25条 従来の住所又は居所を去った者（以下「不在者」という。）がその財産の管理人（以下この節において単に「管理人」という。）を置かなかったときは、家庭裁判所は、利害関係人又は検察官の請求により、その財産の管理について必要な処分を命ずることができる。本人の不在中に管理人の権限が消滅し

たときも、同様とする。

② 前項の規定による命令後、本人が管理人を置いたときは、家庭裁判所は、その管理人、利害関係人又は検察官の請求により、その命令を取り消さなければならない。

**（管理人の改任）**

**第26条** 不在者が管理人を置いた場合において、その不在者の生死が明らかでないときは、家庭裁判所は、利害関係人又は検察官の請求により、管理人を改任することができる。

**（管理人の職務）**

**第27条** 前2条の規定により家庭裁判所が選任した管理人は、その管理すべき財産の目録を作成しなければならない。この場合において、その費用は、不在者の財産の中から支弁する。

② 不在者の生死が明らかでない場合において、利害関係人又は検察官の請求があるときは、家庭裁判所は、不在者が置いた管理人にも、前項の目録の作成を命ずることができる。

③ 前2項に定めるもののほか、家庭裁判所は、管理人に対し、不在者の財産の保存に必要と認める処分を命ずることができる。

**（管理人の権限）**

**第28条** 管理人は、第103条に規定する権限を超える行為を必要とするときは、家庭裁判所の許可を得て、その行為をすることができる。不在者の生死が明らかでない場合において、その管理人が不在者が定めた権限を超える行為を必要とするときも、同様とする。

**（管理人の担保提供及び報酬）**

**第29条** 家庭裁判所は、管理人に財産の管理及び返還について相当の担保を立てさせることができる。

② 家庭裁判所は、管理人と不在者との関係その他の事情により、不在者の財産の中から、相当な報酬を管理人に与えることができる。

**（失踪の宣告）**

**第30条** 不在者の生死が7年間明らかでないときは、家庭裁判所は、利害関係人の請求により、失踪の宣告をすることができる。

② 戦地に臨んだ者、沈没した船舶の中に在った者その他死亡の原因となるべき危難に遭遇した者の生死が、それぞれ、戦争が止んだ後、船舶が沈没した後又はその他の危難が去った後1年間明らかでないときも、前項と同様とする。

**（失踪の宣告の効力）**

**第31条** 前条第1項の規定により失踪の宣告を受けた者は同項の期間が満了した時に、同条第2項の規定により失踪の宣告を受けた者はその危難が去った時に、死亡したものとみなす。

**（失踪の宣告の取消し）**

**第32条** 失踪者が生存すること又は前条に規定する時と異なる時に死亡したことの証明があったときは、家庭裁判所は、本人又は利害関係人の請求により、失踪の宣告を取り消さなければならない。この場合において、その取消しは、失踪の宣告後その取消し前に善意でした行為の効力に影響を及ぼさない。

② 失踪の宣告によって財産を得た者は、その取消しによって権利を失う。ただし、現に利益を受けている限度においてのみ、その財産を返還する義務を負う。

## 第6節 同時死亡の推定

**第32条の2** 数人の者が死亡した場合において、そのうちの1人が他の者の死亡後になお生存していたことが明らかでないときは、これらの者は、同時に死亡したものと推定する。

# 第3章 法人

**（法人の成立等）**

**第33条** 法人は、この法律その他の法律の規定によらなければ、成立しない。

② 学術、技芸、慈善、祭祀、宗教その他の公益を目的とする法人、営利事業を営むことを目的とする法人その他の法人の設立、組織、運営及び管理については、この法律その他の法律の定めるところによる。

**（法人の能力）**

**第34条** 法人は、法令の規定に従い、定款その他の基本約款で定められた目的の範囲内において、権利を有し、義務を負う。

**（外国法人）**

**第35条** 外国法人は、国、国の行政区画及び外国会社を除き、その成立を認許しない。ただし、法律又は条約の規定により認許された外国法人は、この限りでない。

② 前項の規定により認許された外国法人は、日本において成立する同種の法人と同一の私権を有する。ただし、外国人が享有することのできない権利及び法律又は条約中に特別の規定がある権利については、この限りでない。

**（登記）**

**第36条** 法人及び外国法人は、この法律その他の法令の定めるところにより、登記をするものとする。

**（外国法人の登記）**

**第37条** 外国法人（第35条第1項ただし書に規定する外国法人に限る。以下この条において同じ。）が日本に事務所を設けたときは、3週間以内に、その事務所の所在地において、次に掲げる事項を登記しなければならない。

1　外国法人の設立の準拠法
2　目的
3　名称
4　事務所の所在場所
5　存続期間を定めたときは、その定め
6　代表者の氏名及び住所

② 前項各号に掲げる事項に変更を生じたときは、3週間以内に、変更の登記をしなければならない。この場合において、登記前にあっては、その変更をもって第三者に対抗することができない。

③ 代表者の職務の執行を停止し、若しくはその職務を代行する者を選任する仮処分命令又はその仮処分命令を変更し、若しくは取り消す決定がされたときは、その登記をしなければならない。この場合においては、前項後段の規定を準用する。

④ 前2項の規定により登記すべき事項が外国において生じたときは、登記の期間は、その通知が到達した日から起算する。

⑤ 外国法人が初めて日本に事務所を設けたときは、その事務所の所在地において登記するまでは、第三者は、その法人の成立を否認することができる。

⑥ 外国法人が事務所を移転したときは、旧所在地においては3週間以内に移転

の登記をし、新所在地においては4週間以内に第1項各号に掲げる事項を登記しなければならない。

⑦　同一の登記所の管轄区域内において事務所を移転したときは、その移転を登記すれば足りる。

⑧　外国法人の代表者が、この条に規定する登記を怠ったときは、50万円以下の過料に処する。

**第38条から第84条まで　削除**

# 第4章　物

（定義）
**第85条**　この法律において「物」とは、有体物をいう。

（不動産及び動産）
**第86条**　土地及びその定着物は、不動産とする。

②　不動産以外の物は、すべて動産とする。

> 第86条　〔同〕
> ②　〔同〕
> ③　無記名債権は、動産とみなす。

（主物及び従物）
**第87条**　物の所有者が、その物の常用に供するため、自己の所有に属する他の物をこれに附属させたときは、その附属させた物を従物とする。

②　従物は、主物の処分に従う。

（天然果実及び法定果実）
**第88条**　物の用法に従い収取する産出物を天然果実とする。

②　物の使用の対価として受けるべき金銭その他の物を法定果実とする。

（果実の帰属）
**第89条**　天然果実は、その元物から分離する時に、これを収取する権利を有する者に帰属する。

②　法定果実は、これを収取する権利の存続期間に応じて、日割計算によりこれを取得する。

# 第5章　法律行為

## 第1節　総則

（公序良俗）
**第90条**　公の秩序又は善良の風俗に反する法律行為は、無効とする。

> 第90条　公の秩序又は善良の風俗に反する事項を目的とする法律行為は、無効とする。

（任意規定と異なる意思表示）
**第91条**　法律行為の当事者が法令中の公の秩序に関しない規定と異なる意思を表示したときは、その意思に従う。

（任意規定と異なる慣習）
**第92条**　法令中の公の秩序に関しない規定と異なる慣習がある場合において、法律行為の当事者がその慣習による意思を有しているものと認められるときは、その慣習に従う。

## 第2節　意思表示

（心裡留保）
**第93条**　意思表示は、表意者がその真意ではないことを知ってしたときであっても、そのためにその効力を妨げられない。ただし、相手方がその意思表示が表意者の真意ではないことを知り、又は知ることができたときは、その意思表示は、無効とする。

②　前項ただし書の規定による意思表示の無効は、善意の第三者に対抗することができない。

> 第93条　意思表示は、表意者がその真意ではないことを知ってしたときであっても、そのためにその効力を妨げられない。ただ

し、相手方が表意者の真意を知り、又は知ることができたときは、その意思表示は、無効とする。

〔2項は新設規定〕

**（虚偽表示）**

**第94条** 相手方と通じてした虚偽の意思表示は、無効とする。

② 前項の規定による意思表示の無効は、善意の第三者に対抗することができない。

☆**（錯誤）**

**第95条** 意思表示は、次に掲げる錯誤に基づくものであって、その錯誤が法律行為の目的及び取引上の社会通念に照らして重要なものであるときは、取り消すことができる。

1 意思表示に対応する意思を欠く錯誤

2 表意者が法律行為の基礎とした事情についてのその認識が真実に反する錯誤

② 前項第2号の規定による意思表示の取消しは、その事情が法律行為の基礎とされていることが表示されていたときに限り、することができる。

③ 錯誤が表意者の重大な過失によるものであった場合には、次に掲げる場合を除き、第1項の規定による意思表示の取消しをすることができない。

1 相手方が表意者に錯誤があることを知り、又は重大な過失によって知らなかったとき。

2 相手方が表意者と同一の錯誤に陥っていたとき。

④ 第1項の規定による意思表示の取消しは、善意でかつ過失がない第三者に対抗することができない。

第95条 意思表示は、法律行為の要素に錯

誤があったときは、無効とする。ただし、表意者に重大な過失があったときは、表意者は、自らその無効を主張することができない。

**（詐欺又は強迫）**

**第96条** 詐欺又は強迫による意思表示は、取り消すことができる。

② 相手方に対する意思表示について第三者が詐欺を行った場合においては、相手方がその事実を知り、又は知ることができたときに限り、その意思表示を取り消すことができる。

③ 前2項の規定による詐欺による意思表示の取消しは、善意でかつ過失がない第三者に対抗することができない。

第96条 〔同〕

② 相手方に対する意思表示について第三者が詐欺を行った場合においては、相手方がその事実を知っていたときに限り、その意思表示を取り消すことができる。

③ 前2項の規定による詐欺による意思表示の取消しは、善意の第三者に対抗することができない。

**（意思表示の効力発生時期等）**

**第97条** 意思表示は、その通知が相手方に到達した時からその効力を生ずる。

② 相手方が正当な理由なく意思表示の通知が到達することを妨げたときは、その通知は、通常到達すべきであった時に到達したものとみなす。

③ 意思表示は、表意者が通知を発した後に死亡し、意思能力を喪失し、又は行為能力の制限を受けたときであっても、そのためにその効力を妨げられない。

（隔地者に対する意思表示）

第97条 隔地者に対する意思表示は、その通知が相手方に到達した時からその効力を

> 生ずる。
>
> 〔2項は新設規定〕
>
> ② 隔地者に対する意思表示は、表意者が通知を発した後に死亡し、又は行為能力を喪失したときであっても、そのためにその効力を妨げられない。〔③に繰下げ〕

**（公示による意思表示）**

**第98条** 意思表示は、表意者が相手方を知ることができず、又はその所在を知ることができないときは、公示の方法によってすることができる。

② 前項の公示は、公示送達に関する民事訴訟法（平成8年法律第109号）の規定に従い、裁判所の掲示場に掲示し、かつ、その掲示があったことを官報に少なくとも1回掲載して行う。ただし、裁判所は、相当と認めるときは、官報への掲載に代えて、市役所、区役所、町村役場又はこれらに準ずる施設の掲示場に掲示すべきことを命ずることができる。

③ 公示による意思表示は、最後に官報に掲載した日又はその掲載に代わる掲示を始めた日から2週間を経過した時に、相手方に到達したものとみなす。ただし、表意者が相手方を知らないこと又はその所在を知らないことについて過失があったときは、到達の効力を生じない。

④ 公示に関する手続は、相手方を知ることができない場合には表意者の住所地の、相手方の所在を知ることができない場合には相手方の最後の住所地の簡易裁判所の管轄に属する。

⑤ 裁判所は、表意者に、公示に関する費用を予納させなければならない。

**（意思表示の受領能力）**

**第98条の2** 意思表示の相手方がその意思表示を受けた時に意思能力を有しなかったとき又は未成年者若しくは成年被後見人であったときは、その意思表示をもってその相手方に対抗することができない。ただし、次に掲げる者がその意思表示を知った後は、この限りでない。

1 相手方の法定代理人

2 意思能力を回復し、又は行為能力者となった相手方

> 第98条の2 意思表示の相手方がその意思表示を受けた時に未成年者又は成年被後見人であったときは、その意思表示をもってその相手方に対抗することができない。ただし、その法定代理人がその意思表示を知った後は、この限りでない。
>
> 〔1号・2号は新設規定〕

# 第3節 代理

**（代理行為の要件及び効果）**

**第99条** 代理人がその権限内において本人のためにすることを示してした意思表示は、本人に対して直接にその効力を生ずる。

② 前項の規定は、第三者が代理人に対してした意思表示について準用する。

**（本人のためにすることを示さない意思表示）**

**第100条** 代理人が本人のためにすることを示さないでした意思表示は、自己のためにしたものとみなす。ただし、相手方が、代理人が本人のためにすることを知り、又は知ることができたときは、前条第1項の規定を準用する。

**（代理行為の瑕疵）**

**第101条** 代理人が相手方に対してした意思表示の効力が意思の不存在、錯誤、詐欺、強迫又はある事情を知っていた

こと若しくは知らなかったことにつき過失があったことによって影響を受けるべき場合には、その事実の有無は、代理人について決するものとする。

② 相手方が代理人に対してした意思表示の効力が意思表示を受けた者がある事情を知っていたこと又は知らなかったことにつき過失があったことによって影響を受けるべき場合には、その事実の有無は、代理人について決するものとする。

③ 特定の法律行為をすることを委託された代理人がその行為をしたときは、本人は、自ら知っていた事情について代理人が知らなかったことを主張することができない。本人が過失によって知らなかった事情についても、同様とする。

> 第101条 意思表示の効力が意思の不存在、詐欺、強迫又はある事情を知っていたこと若しくは知らなかったことにつき過失があったことによって影響を受けるべき場合には、その事実の有無は、代理人について決するものとする。
> 〔2項は新設規定〕
> ② 特定の法律行為をすることを委託された場合において、代理人が本人の指図に従ってその行為をしたときは、本人は、自ら知っていた事情について代理人が知らなかったことを主張することができない。本人が過失によって知らなかった事情についても、同様とする。〔③に繰下げ〕

## ☆（代理人の行為能力）
**第102条** 制限行為能力者が代理人としてした行為は、行為能力の制限によっては取り消すことができない。ただし、制限行為能力者が他の制限行為能力者の法定代理人としてした行為について

は、この限りでない。

> 第102条 代理人は、行為能力者であることを要しない。

## （権限の定めのない代理人の権限）
**第103条** 権限の定めのない代理人は、次に掲げる行為のみをする権限を有する。
1 保存行為
2 代理の目的である物又は権利の性質を変えない範囲内において、その利用又は改良を目的とする行為

## （任意代理人による復代理人の選任）
**第104条** 委任による代理人は、本人の許諾を得たとき、又はやむを得ない事由があるときでなければ、復代理人を選任することができない。

> ★（復代理人を選任した代理人の責任）
> 第105条 代理人は、前条の規定により復代理人を選任したときは、その選任及び監督について、本人に対してその責任を負う。
> ② 代理人は、本人の指名に従って復代理人を選任したときは、前項の責任を負わない。ただし、その代理人が、復代理人が不適任又は不誠実であることを知りながら、その旨を本人に通知し又は復代理人を解任することを怠ったときは、この限りでない。

## （法定代理人による復代理人の選任）
**第105条** 法定代理人は、自己の責任で復代理人を選任することができる。この場合において、やむを得ない事由があるときは、本人に対してその選任及び監督についての責任のみを負う。

> 第106条 法定代理人は、自己の責任で復代理人を選任することができる。この場合において、やむを得ない事由があるときは、前条第1項の責任のみを負う。〔第105条に繰上げ〕

**（復代理人の権限等）**

**第106条** 復代理人は、その権限内の行為について、本人を代表する。

② 復代理人は、本人及び第三者に対して、その権限の範囲内において、代理人と同一の権利を有し、義務を負う。

> 第107条〔第106条に繰上げ〕
> ② 復代理人は、本人及び第三者に対して、代理人と同一の権利を有し、義務を負う。

☆**（代理権の濫用）**

**第107条** 代理人が自己又は第三者の利益を図る目的で代理権の範囲内の行為をした場合において、相手方がその目的を知り、又は知ることができたときは、その行為は、代理権を有しない者がした行為とみなす。

**（自己契約及び双方代理等）**

**第108条** 同一の法律行為について、相手方の代理人として、又は当事者双方の代理人としてした行為は、代理権を有しない者がした行為とみなす。ただし、債務の履行及び本人があらかじめ許諾した行為については、この限りでない。

② 前項本文に規定するもののほか、代理人と本人との利益が相反する行為については、代理権を有しない者がした行為とみなす。ただし、本人があらかじめ許諾した行為については、この限りでない。

> （自己契約及び双方代理）
> 第108条 同一の法律行為については、相手方の代理人となり、又は当事者双方の代理人となることはできない。ただし、債務の履行及び本人があらかじめ許諾した行為については、この限りでない。
> 〔2項は新設規定〕

**（代理権授与の表示による表見代理等）**

**第109条** 第三者に対して他人に代理権を与えた旨を表示した者は、その代理権の範囲内においてその他人が第三者との間でした行為について、その責任を負う。ただし、第三者が、その他人が代理権を与えられていないことを知り、又は過失によって知らなかったときは、この限りでない。

② 第三者に対して他人に代理権を与えた旨を表示した者は、その代理権の範囲内においてその他人が第三者との間で行為をしたとすれば前項の規定によりその責任を負うべき場合において、その他人が第三者との間でその代理権の範囲外の行為をしたときは、第三者がその行為についてその他人の代理権があると信ずべき正当な理由があるときに限り、その行為についての責任を負う。

> （代理権授与の表示による表見代理）
> 第109条〔同〕
> 〔2項は新設規定〕

**（権限外の行為の表見代理）**

**第110条** 前条第1項本文の規定は、代理人がその権限外の行為をした場合において、第三者が代理人の権限があると信ずべき正当な理由があるときについて準用する。

> 第110条 前条本文の規定は、代理人がその権限外の行為をした場合において、第三者が代理人の権限があると信ずべき正当な理由があるときについて準用する。

**（代理権の消滅事由）**

**第111条** 代理権は、次に掲げる事由によって消滅する。

1 本人の死亡

2 代理人の死亡又は代理人が破産手

続開始の決定若しくは後見開始の審
判を受けたこと。
② 委任による代理権は、前項各号に掲
げる事由のほか、委任の終了によって
消滅する。

☆（代理権消滅後の表見代理等）
第112条 他人に代理権を与えた者は、
代理権の消滅後にその代理権の範囲内
においてその他人が第三者との間でし
た行為について、代理権の消滅の事実
を知らなかった第三者に対してその責
任を負う。ただし、第三者が過失によ
ってその事実を知らなかったときは、
この限りでない。
② 他人に代理権を与えた者は、代理権
の消滅後に、その代理権の範囲内にお
いてその他人が第三者との間で行為を
したとすれば前項の規定によりその責
任を負うべき場合において、その他人
が第三者との間でその代理権の範囲外
の行為をしたときは、第三者がその行
為についてその他人の代理権があると
信ずべき正当な理由があるときに限り、
その行為についての責任を負う。

> （代理権消滅後の表見代理）
> 第112条 代理権の消滅は、善意の第三者に
> 対抗することができない。ただし、第三者
> が過失によってその事実を知らなかったと
> きは、この限りでない。

（無権代理）
第113条 代理権を有しない者が他人の
代理人としてした契約は、本人がその
追認をしなければ、本人に対してその
効力を生じない。
② 追認又はその拒絶は、相手方に対し
てしなければ、その相手方に対抗する
ことができない。ただし、相手方がそ
の事実を知ったときは、この限りでな

い。
（無権代理の相手方の催告権）
第114条 前条の場合において、相手方
は、本人に対し、相当の期間を定めて、
その期間内に追認をするかどうかを確
答すべき旨の催告をすることができる。
この場合において、本人がその期間内
に確答をしないときは、追認を拒絶し
たものとみなす。
（無権代理の相手方の取消権）
第115条 代理権を有しない者がした契
約は、本人が追認をしない間は、相手
方が取り消すことができる。ただし、
契約の時において代理権を有しないこ
とを相手方が知っていたときは、この
限りでない。
（無権代理行為の追認）
第116条 追認は、別段の意思表示がな
いときは、契約の時にさかのぼってそ
の効力を生ずる。ただし、第三者の権
利を害することはできない。
（無権代理人の責任）
第117条 他人の代理人として契約をし
た者は、自己の代理権を証明したとき、
又は本人の追認を得たときを除き、相
手方の選択に従い、相手方に対して履
行又は損害賠償の責任を負う。
② 前項の規定は、次に掲げる場合には、
適用しない。
　1 他人の代理人として契約をした者
　が代理権を有しないことを相手方が
　知っていたとき。
　2 他人の代理人として契約をした者
　が代理権を有しないことを相手方が
　過失によって知らなかったとき。た
　だし、他人の代理人として契約をし
　た者が自己に代理権がないことを知
　っていたときは、この限りでない。

3　他人の代理人として契約をした者が行為能力の制限を受けていたとき。

> 第117条　他人の代理人として契約をした者は、自己の代理権を証明することができず、かつ、本人の追認を得ることができなかったときは、相手方の選択に従い、相手方に対して履行又は損害賠償の責任を負う。
> ②　前項の規定は、他人の代理人として契約をした者が代理権を有しないことを相手方が知っていたとき、若しくは過失によって知らなかったとき、又は他人の代理人として契約をした者が行為能力を有しなかったときは、適用しない。

**（単独行為の無権代理）**
**第118条**　単独行為については、その行為の時において、相手方が、代理人と称する者が代理権を有しないで行為をすることに同意し、又はその代理権を争わなかったときに限り、第113条から前条までの規定を準用する。代理権を有しない者に対しその同意を得て単独行為をしたときも、同様とする。

# 第4節　無効及び取消し

**（無効な行為の追認）**
**第119条**　無効な行為は、追認によっても、その効力を生じない。ただし、当事者がその行為の無効であることを知って追認をしたときは、新たな行為をしたものとみなす。

**（取消権者）**
**第120条**　行為能力の制限によって取り消すことができる行為は、制限行為能力者（他の制限行為能力者の法定代理人としてした行為にあっては、当該他の制限行為能力者を含む。）又はその代理人、承継人若しくは同意をすることができる者に限り、取り消すことができる。

②　錯誤、詐欺又は強迫によって取り消すことができる行為は、瑕疵（かし）ある意思表示をした者又はその代理人若しくは承継人に限り、取り消すことができる。

> 第120条　行為能力の制限によって取り消すことができる行為は、制限行為能力者又はその代理人、承継人若しくは同意をすることができる者に限り、取り消すことができる。
> ②　詐欺又は強迫によって取り消すことができる行為は、瑕疵ある意思表示をした者又はその代理人若しくは承継人に限り、取り消すことができる。

**（取消しの効果）**
**第121条**　取り消された行為は、初めから無効であったものとみなす。

> 第121条　取り消された行為は、初めから無効であったものとみなす。ただし、制限行為能力者は、その行為によって現に利益を受けている限度において、返還の義務を負う。

⇨対応条項＝但書（新民121の2③）

☆**（原状回復の義務）**
**第121条の2**　無効な行為に基づく債務の履行として給付を受けた者は、相手方を原状に復させる義務を負う。

②　前項の規定にかかわらず、無効な無償行為に基づく債務の履行として給付を受けた者は、給付を受けた当時その行為が無効であること（給付を受けた後に前条の規定により初めから無効であったものとみなされた行為にあっては、給付を受けた当時その行為が取り消すことができるものであること）を知らなかったときは、その行為によって現に利益を受けている限度において、返還の義務を負う。

③　第1項の規定にかかわらず、行為の

時に意思能力を有しなかった者は、その行為によって現に利益を受けている限度において、返還の義務を負う。行為の時に制限行為能力者であった者についても、同様とする。

⇨対応条項＝３項（旧民121但）

**（取り消すことができる行為の追認）**

第**122**条　取り消すことができる行為は、第120条に規定する者が追認したときは、以後、取り消すことができない。

> 第122条　取り消すことができる行為は、第120条に規定する者が追認したときは、以後、取り消すことができない。ただし、追認によって第三者の権利を害することはできない。

**（取消し及び追認の方法）**

第**123**条　取り消すことができる行為の相手方が確定している場合には、その取消し又は追認は、相手方に対する意思表示によってする。

**（追認の要件）**

第**124**条　取り消すことができる行為の追認は、取消しの原因となっていた状況が消滅し、かつ、取消権を有することを知った後にしなければ、その効力を生じない。

②　次に掲げる場合には、前項の追認は、取消しの原因となっていた状況が消滅した後にすることを要しない。

1　法定代理人又は制限行為能力者の保佐人若しくは補助人が追認をするとき。

2　制限行為能力者（成年被後見人を除く。）が法定代理人、保佐人又は補助人の同意を得て追認をするとき。

> 第124条　追認は、取消しの原因となっていた状況が消滅した後にしなければ、その効力を生じない。

②　成年被後見人は、行為能力者となった後にその行為を了知したときは、その了知をした後でなければ、追認をすることができない。

③　前2項の規定は、法定代理人又は制限行為能力者の保佐人若しくは補助人が追認をする場合には、適用しない。

**（法定追認）**

第**125**条　追認をすることができる時以後に、取り消すことができる行為について次に掲げる事実があったときは、追認をしたものとみなす。ただし、異議をとどめたときは、この限りでない。

1　全部又は一部の履行

2　履行の請求

3　更改

4　担保の供与

5　取り消すことができる行為によって取得した権利の全部又は一部の譲渡

6　強制執行

> 第125条　前条の規定により追認をすることができる時以後に、取り消すことができる行為について次に掲げる事実があったときは、追認をしたものとみなす。ただし、異議をとどめたときは、この限りでない。
>
> 1から6まで〔同〕

**（取消権の期間の制限）**

第**126**条　取消権は、追認をすることができる時から5年間行使しないときは、時効によって消滅する。行為の時から20年を経過したときも、同様とする。

# 第5節　条件及び期限

**（条件が成就した場合の効果）**

第**127**条　停止条件付法律行為は、停止条件が成就した時からその効力を生ずる。

第1編　総則

② 解除条件付法律行為は、解除条件が成就した時からその効力を失う。

③ 当事者が条件が成就した場合の効果をその成就した時以前にさかのぼらせる意思を表示したときは、その意思に従う。

**（条件の成否未定の間における相手方の利益の侵害の禁止）**

**第128条** 条件付法律行為の各当事者は、条件の成否が未定である間は、条件が成就した場合にその法律行為から生ずべき相手方の利益を害することができない。

**（条件の成否未定の間における権利の処分等）**

**第129条** 条件の成否が未定である間における当事者の権利義務は、一般の規定に従い、処分し、相続し、若しくは保存し、又はそのために担保を供することができる。

**（条件の成就の妨害等）**

**第130条** 条件が成就することによって不利益を受ける当事者が故意にその条件の成就を妨げたときは、相手方は、その条件が成就したものとみなすことができる。

② 条件が成就することによって利益を受ける当事者が不正にその条件を成就させたときは、相手方は、その条件が成就しなかったものとみなすことができる。

（条件の成就の妨害）
第130条　〔2項は新設規定〕

**（既成条件）**

**第131条** 条件が法律行為の時に既に成就していた場合において、その条件が停止条件であるときはその法律行為は無効とし、その条件が解除条件であ

るときはその法律行為は無効とする。

② 条件が成就しないことが法律行為の時に既に確定していた場合において、その条件が停止条件であるときはその法律行為は無効とし、その条件が解除条件であるときはその法律行為は無条件とする。

③ 前2項に規定する場合において、当事者が条件が成就したこと又は成就しなかったことを知らない間は、第128条及び第129条の規定を準用する。

**（不法条件）**

**第132条** 不法な条件を付した法律行為は、無効とする。不法な行為をしないことを条件とするものも、同様とする。

**（不能条件）**

**第133条** 不能の停止条件を付した法律行為は、無効とする。

② 不能の解除条件を付した法律行為は、無条件とする。

**（随意条件）**

**第134条** 停止条件付法律行為は、その条件が単に債務者の意思のみに係るときは、無効とする。

**（期限の到来の効果）**

**第135条** 法律行為に始期を付したときは、その法律行為の履行は、期限が到来するまで、これを請求することができない。

② 法律行為に終期を付したときは、その法律行為の効力は、期限が到来した時に消滅する。

**（期限の利益及びその放棄）**

**第136条** 期限は、債務者の利益のために定めたものと推定する。

② 期限の利益は、放棄することができる。ただし、これによって相手方の利益を害することはできない。

**（期限の利益の喪失）**

**第137条** 次に掲げる場合には、債務者は、期限の利益を主張することができない。

1 債務者が破産手続開始の決定を受けたとき。

2 債務者が担保を減失させ、損傷させ、又は減少させたとき。

3 債務者が担保を供する義務を負う場合において、これを供しないとき。

## 第6章 期間の計算

**（期間の計算の通則）**

**第138条** 期間の計算方法は、法令若しくは裁判上の命令に特別の定めがある場合又は法律行為に別段の定めがある場合を除き、この章の規定に従う。

**（期間の起算）**

**第139条** 時間によって期間を定めたときは、その期間は、即時から起算する。

**第140条** 日、週、月又は年によって期間を定めたときは、期間の初日は、算入しない。ただし、その期間が午前零時から始まるときは、この限りでない。

**（期間の満了）**

**第141条** 前条の場合には、期間は、その末日の終了をもって満了する。

**第142条** 期間の末日が日曜日、国民の祝日に関する法律（昭和23年法律第178号）に規定する休日その他の休日に当たるときは、その日に取引をしない慣習がある場合に限り、期間は、その翌日に満了する。

**（暦による期間の計算）**

**第143条** 週、月又は年によって期間を定めたときは、その期間は、暦に従って計算する。

② 週、月又は年の初めから期間を起算

しないときは、その期間は、最後の週、月又は年においてその起算日に応当する日の前日に満了する。ただし、月又は年によって期間を定めた場合において、最後の月に応当する日がないときは、その月の末日に満了する。

## 第7章 時効

## 第1節 総則

**（時効の効力）**

**第144条** 時効の効力は、その起算日にさかのぼる。

**（時効の援用）**

**第145条** 時効は、当事者（消滅時効にあっては、保証人、物上保証人、第三取得者その他権利の消滅について正当な利益を有する者を含む。）が援用しなければ、裁判所がこれによって裁判をすることができない。

> 第145条 時効は、当事者が援用しなければ、裁判所がこれによって裁判をすることができない。

**（時効の利益の放棄）**

**第146条** 時効の利益は、あらかじめ放棄することができない。

☆**（裁判上の請求等による時効の完成猶予及び更新）**

**第147条** 次に掲げる事由がある場合には、その事由が終了する（確定判決又は確定判決と同一の効力を有するものによって権利が確定することなくその事由が終了した場合にあっては、その終了の時から6箇月を経過する）までの間は、時効は、完成しない。

1 裁判上の請求

2 支払督促

3 民事訴訟法第275条第1項の和解

又は民事調停法（昭和26年法律第222
号）若しくは家事事件手続法（平成
23年法律第52号）による調停
　　4　破産手続参加、再生手続参加又は
　　　更生手続参加
②　前項の場合において、確定判決又は
　確定判決と同一の効力を有するものに
　よって権利が確定したときは、時効は、
　同項各号に掲げる事由が終了した時か
　ら新たにその進行を始める。
　⇨対応条項＝1項（旧民147・149-152）、2項
　　（旧民157）

（時効の中断事由）
第147条　時効は、次に掲げる事由によって
　中断する。
　　1　請求
　　2　差押え、仮差押え又は仮処分
　　3　承認
⇨対応条項＝（新民147・148）

☆（強制執行等による時効の完成猶予及
　び更新）
第148条　次に掲げる事由がある場合に
　は、その事由が終了する（申立ての取下
　げ又は法律の規定に従わないことによる取
　消しによってその事由が終了した場合にあ
　っては、その終了の時から6箇月を経過す
　る）までの間は、時効は、完成しない。
　　1　強制執行
　　2　担保権の実行
　　3　民事執行法（昭和54年法律第4号）
　　　第195条に規定する担保権の実行と
　　　しての競売の例による競売
　　4　民事執行法第196条に規定する財
　　　産開示手続又は同法第204条に規定
　　　する第三者からの情報取得手続
②　前項の場合には、時効は、同項各号
　に掲げる事由が終了した時から新たに
　その進行を始める。ただし、申立ての

取下げ又は法律の規定に従わないこと
による取消しによってその事由が終了
した場合は、この限りでない。
　⇨対応条項＝（旧民147）、1項3号・4号（旧
　　民154）、2項（旧民154・157）

（時効の中断の効力が及ぶ者の範囲）
第148条　前条の規定による時効の中断は、
　その中断の事由が生じた当事者及びその承
　継人の間においてのみ、その効力を有する。
⇨対応条項＝（新民153②）

☆（仮差押え等による時効の完成猶予）
第149条　次に掲げる事由がある場合に
　は、その事由が終了した時から6箇月
　を経過するまでの間は、時効は、完成
　しない。
　　1　仮差押え
　　2　仮処分
　⇨対応条項＝（旧民154）

（裁判上の請求）
第149条　裁判上の請求は、訴えの却下又は
　取下げの場合には、時効の中断の効力を生
　じない。
⇨対応条項＝（新民147①柱書き括弧内）

☆（催告による時効の完成猶予）
第150条　催告があったときは、その時
　から6箇月を経過するまでの間は、時
　効は、完成しない。
②　催告によって時効の完成が猶予され
　ている間にされた再度の催告は、前項
　の規定による時効の完成猶予の効力を
　有しない。
　⇨対応条項＝（旧民153）

（支払督促）
第150条　支払督促は、債権者が民事訴訟法
　第392条に規定する期間内に仮執行の宣言
　の申立てをしないことによりその効力を失
　うときは、時効の中断の効力を生じない。
⇨対応条項＝（新民147①(2)）

☆（協議を行う旨の合意による時効の完成猶予）

第151条　権利についての協議を行う旨の合意が書面でされたときは、次に掲げる時のいずれか早い時までの間は、時効は、完成しない。

1　その合意があった時から1年を経過した時

2　その合意において当事者が協議を行う期間（1年に満たないものに限る。）を定めたときは、その期間を経過した時

3　当事者の一方から相手方に対して協議の続行を拒絶する旨の通知が書面でされたときは、その通知の時から6箇月を経過した時

② 前項の規定により時効の完成が猶予されている間にされた再度の同項の合意は、同項の規定による時効の完成猶予の効力を有する。ただし、その効力は、時効の完成が猶予されなかったとすれば時効が完成すべき時から通じて5年を超えることができない。

③ 催告によって時効の完成が猶予されている間にされた第1項の合意は、同項の規定による時効の完成猶予の効力を有しない。同項の規定により時効の完成が猶予されている間にされた催告についても、同様とする。

④ 第1項の合意がその内容を記録した電磁的記録（電子的方式、磁気的方式その他人の知覚によっては認識することができない方式で作られる記録であって、電子計算機による情報処理の用に供されるものをいう。以下同じ。）によってされたときは、その合意は、書面によってされたものとみなして、前3項の規定を適用する。

⑤ 前項の規定は、第1項第3号の通知についても準用する。

（和解及び調停の申立て）

第151条　和解の申立て又は民事調停法（昭和26年法律第222号）若しくは家事事件手続法（平成23年法律第52号）による調停の申立ては、相手方が出頭せず、又は和解若しくは調停が調わないときは、1箇月以内に訴えを提起しなければ、時効の中断の効力を生じない。

⇨対応条項＝（新民147①(3)）

☆（承認による時効の更新）

第152条　時効は、権利の承認があったときは、その時から新たにその進行を始める。

② 前項の承認をするには、相手方の権利についての処分につき行為能力の制限を受けていないこと又は権限があることを要しない。

⇨対応条項＝1項（旧民157）、2項（旧民156）

（破産手続参加等）

第152条　破産手続参加、再生手続参加又は更生手続参加は、債権者がその届出を取り下げ、又はその届出が却下されたときは、時効の中断の効力を生じない。

⇨対応条項＝（新民147①(4)）

☆（時効の完成猶予又は更新の効力が及ぶ者の範囲）

第153条　第147条又は第148条の規定による時効の完成猶予又は更新は、完成猶予又は更新の事由が生じた当事者及びその承継人の間においてのみ、その効力を有する。

② 第149条から第151条までの規定による時効の完成猶予は、完成猶予の事由が生じた当事者及びその承継人の間においてのみ、その効力を有する。

③ 前条の規定による時効の更新は、更

新の事由が生じた当事者及びその承継人の間においてのみ、その効力を有する。

⇨対応条項＝（旧民 148）

---

（催告）

第153条　催告は、6箇月以内に、裁判上の請求、支払督促の申立て、和解の申立て、民事調停法若しくは家事事件手続法による調停の申立て、破産手続参加、再生手続参加、更生手続参加、差押え、仮差押え又は仮処分をしなければ、時効の中断の効力を生じない。

⇨対応条項＝（新民 150）

---

☆第154条　第148条第1項各号又は第149条各号に掲げる事由に係る手続は、時効の利益を受ける者に対してしないときは、その者に通知をした後でなければ、第148条又は第149条の規定による時効の完成猶予又は更新の効力を生じない。

⇨対応条項＝（旧民 155）

---

（差押え、仮差押え及び仮処分）

第154条　差押え、仮差押え及び仮処分は、権利者の請求により又は法律の規定に従わないことにより取り消されたときは、時効の中断の効力を生じない。

⇨対応条項＝（新民 147 ①(3)(4)・148 ②但・149）

---

☆第155条から第157条まで　削除

第155条　差押え、仮差押え及び仮処分は、時効の利益を受ける者に対してしないときは、その者に通知をした後でなければ、時効の中断の効力を生じない。

⇨対応条項＝（新民 154）

---

（承認）

第156条　時効の中断の効力を生ずべき承認をするには、相手方の権利についての処分につき行為能力又は権限があることを要し

ない。

⇨対応条項＝（新民 152 ②）

---

（中断後の時効の進行）

第157条　中断した時効は、その中断の事由が終了した時から、新たにその進行を始める。

②　裁判上の請求によって中断した時効は、裁判が確定した時から、新たにその進行を始める。

⇨対応条項＝（新民 147 ②・148 ②・152 ①）

## （未成年者又は成年被後見人と時効の完成猶予）

第158条　時効の期間の満了前6箇月以内の間に未成年者又は成年被後見人に法定代理人がないときは、その未成年者若しくは成年被後見人が行為能力者となった時又は法定代理人が就職した時から6箇月を経過するまでの間は、その未成年者又は成年被後見人に対して、時効は、完成しない。

②　未成年者又は成年被後見人がその財産を管理する父、母又は後見人に対して権利を有するときは、その未成年者若しくは成年被後見人が行為能力者となった時又は後任の法定代理人が就職した時から6箇月を経過するまでの間は、その権利について、時効は、完成しない。

---

（未成年者又は成年被後見人と時効の停止）

第158条　〔同〕

---

## （夫婦間の権利の時効の完成猶予）

第159条　夫婦の一方が他の一方に対して有する権利については、婚姻の解消の時から6箇月を経過するまでの間は、時効は、完成しない。

---

（夫婦間の権利の時効の停止）

第159条　〔同〕

**（相続財産に関する時効の完成猶予）**

**第160条**　相続財産に関しては、相続人が確定した時、管理人が選任された時又は破産手続開始の決定があった時から6箇月を経過するまでの間は、時効は、完成しない。

> （相続財産に関する時効の停止）
>
> 第160条　〔同〕

**（天災等による時効の完成猶予）**

**第161条**　時効の期間の満了の時に当たり、天災その他避けることのできない事変のため第147条第1項各号又は第148条第1項各号に掲げる事由に係る手続を行うことができないときは、その障害が消滅した時から3箇月を経過するまでの間は、時効は、完成しない。

> （天災等による時効の停止）
>
> 第161条　時効の期間の満了の時に当たり、天災その他避けることのできない事変のため時効を中断することができないときは、その障害が消滅した時から2週間を経過するまでの間は、時効は、完成しない。

# 第2節　取得時効

**（所有権の取得時効）**

**第162条**　20年間、所有の意思をもって、平穏に、かつ、公然と他人の物を占有した者は、その所有権を取得する。

②　10年間、所有の意思をもって、平穏に、かつ、公然と他人の物を占有した者は、その占有の開始の時に、善意であり、かつ、過失がなかったときは、その所有権を取得する。

**（所有権以外の財産権の取得時効）**

**第163条**　所有権以外の財産権を、自己のためにする意思をもって、平穏に、かつ、公然と行使する者は、前条の区別に従い20年又は10年を経過した後、その権利を取得する。

**（占有の中止等による取得時効の中断）**

**第164条**　第162条の規定による時効は、占有者が任意にその占有を中止し、又は他人によってその占有を奪われたときは、中断する。

**第165条**　前条の規定は、第163条の場合について準用する。

# 第3節　消滅時効

**（債権等の消滅時効）**

**第166条**　債権は、次に掲げる場合には、時効によって消滅する。

1　債権者が権利を行使することができることを知った時から5年間行使しないとき。

2　権利を行使することができる時から10年間行使しないとき。

②　債権又は所有権以外の財産権は、権利を行使することができる時から20年間行使しないときは、時効によって消滅する。

③　前2項の規定は、始期付権利又は停止条件付権利の目的物を占有する第三者のために、その占有の開始の時から取得時効が進行することを妨げない。ただし、権利者は、その時効を更新するため、いつでも占有者の承認を求めることができる。

> ⇨対応条項＝1項（旧民167①）、2項（旧民167②）

> （消滅時効の進行等）
>
> 第166条　消滅時効は、権利を行使することができる時から進行する。
>
> 〔2項は新設規定〕
>
> ②　前項の規定は、始期付権利又は停止条件付権利の目的物を占有する第三者のために、その占有の開始の時から取得時効が進

行することを妨げない。ただし、権利者は、その時効を中断するため、いつでも占有者の承認を求めることができる。〔③に繰下げ〕

## ☆（人の生命又は身体の侵害による損害賠償請求権の消滅時効）

**第167条**　人の生命又は身体の侵害による損害賠償請求権の消滅時効についての前条第1項第2号の規定の適用については、同号中「10年間」とあるのは、「20年間」とする。

（債権等の消滅時効）

第167条　債権は、10年間行使しないときは、消滅する。

② 債権又は所有権以外の財産権は、20年間行使しないときは、消滅する。

⇨対応条項＝（新民166①②）

## （定期金債権の消滅時効）

**第168条**　定期金の債権は、次に掲げる場合には、時効によって消滅する。

1　債権者が定期金の債権から生ずる金銭その他の物の給付を目的とする各債権を行使することができることを知った時から10年間行使しないとき。

2　前号に規定する各債権を行使することができる時から20年間行使しないとき。

② 定期金の債権者は、時効の更新の証拠を得るため、いつでも、その債務者に対して承認書の交付を求めることができる。

第168条　定期金の債権は、第1回の弁済期から20年間行使しないときは、消滅する。最後の弁済期から10年間行使しないときも、同様とする。

② 定期金の債権者は、時効の中断の証拠を得るため、いつでも、その債務者に対して

承認書の交付を求めることができる。

## ☆（判決で確定した権利の消滅時効）

**第169条**　確定判決又は確定判決と同一の効力を有するものによって確定した権利については、10年より短い時効期間の定めがあるものであっても、その時効期間は、10年とする。

② 前項の規定は、確定の時に弁済期の到来していない債権については、適用しない。

⇨対応条項＝（旧民174の2）

（定期給付債権の短期消滅時効）

第169条　年又はこれより短い時期によって定めた金銭その他の物の給付を目的とする債権は、5年間行使しないときは、消滅する。

## ☆第170条から第174条まで　削除

（3年の短期消滅時効）

第170条　次に掲げる債権は、3年間行使しないときは、消滅する。ただし、第2号に掲げる債権の時効は、同号の工事が終了した時から起算する。

1　医師、助産師又は薬剤師の診療、助産又は調剤に関する債権

2　工事の設計、施工又は監理を業とする者の工事に関する債権

第171条　弁護士又は弁護士法人は事件が終了した時から、公証人はその職務を執行した時から3年を経過したときは、その職務に関して受け取った書類について、その責任を免れる。

（2年の短期消滅時効）

第172条　弁護士、弁護士法人又は公証人の職務に関する債権は、その原因となった事件が終了した時から2年間行使しないときは、消滅する。

② 前項の規定にかかわらず、同項の事件中の各事項が終了した時から5年を経過した

ときは、同項の期間内であっても、その事項に関する債権は、消滅する。

第173条　次に掲げる債権は、2年間行使しないときは、消滅する。

1　生産者、卸売商人又は小売商人が売却した産物又は商品の代価に係る債権

2　自己の技能を用い、注文を受けて、物を製作し又は自己の仕事場で他人のために仕事をすることを業とする者の仕事に関する債権

3　学芸又は技能の教育を行う者が生徒の教育、衣食又は寄宿の代価について有する債権

（1年の短期消滅時効）

第174条　次に掲げる債権は、1年間行使しないときは、消滅する。

1　月又はこれより短い時期によって定めた使用人の給料に係る債権

2　自己の労力の提供又は演芸を業とする者の報酬又はその供給した物の代価に係る債権

3　運送賃に係る債権

4　旅館、料理店、飲食店、貸席又は娯楽場の宿泊料、飲食料、席料、入場料、消費物の代価又は立替金に係る債権

5　動産の損料に係る債権

★（判決で確定した権利の消滅時効）

第174条の2　確定判決によって確定した権利については、10年より短い時効期間の定めがあるものであっても、その時効期間は、10年とする。裁判上の和解、調停その他確定判決と同一の効力を有するものによって確定した権利についても、同様とする。

②　前項の規定は、確定の時に弁済期の到来していない債権については、適用しない。

⇨対応条項＝（新民169）

・47・

第 2 編

# 物　権

# 第1章　総則

**（物権の創設）**

**第175条**　物権は、この法律その他の法律に定めるもののほか、創設することができない。

**（物権の設定及び移転）**

**第176条**　物権の設定及び移転は、当事者の意思表示のみによって、その効力を生ずる。

**（不動産に関する物権の変動の対抗要件）**

**第177条**　不動産に関する物権の得喪及び変更は、不動産登記法（平成16年法律第123号）その他の登記に関する法律の定めるところに従いその登記をしなければ、第三者に対抗することができない。

**（動産に関する物権の譲渡の対抗要件）**

**第178条**　動産に関する物権の譲渡は、その動産の引渡しがなければ、第三者に対抗することができない。

**（混同）**

**第179条**　同一物について所有権及び他の物権が同一人に帰属したときは、当該他の物権は、消滅する。ただし、その物又は当該他の物権が第三者の権利の目的であるときは、この限りでない。

②　所有権以外の物権及びこれを目的とする他の権利が同一人に帰属したときは、当該他の権利は、消滅する。この場合においては、前項ただし書の規定を準用する。

③　前2項の規定は、占有権については、適用しない。

# 第2章　占有権

## 第1節　占有権の取得

**（占有権の取得）**

**第180条**　占有権は、自己のためにする意思をもって物を所持することによって取得する。

**（代理占有）**

**第181条**　占有権は、代理人によって取得することができる。

**（現実の引渡し及び簡易の引渡し）**

**第182条**　占有権の譲渡は、占有物の引渡しによってする。

②　譲受人又はその代理人が現に占有物を所持する場合には、占有権の譲渡は、当事者の意思表示のみによってすることができる。

**（占有改定）**

**第183条**　代理人が自己の占有物を以後本人のために占有する意思を表示したときは、本人は、これによって占有権を取得する。

**（指図による占有移転）**

**第184条**　代理人によって占有をする場合において、本人がその代理人に対して以後第三者のためにその物を占有することを命じ、その第三者がこれを承諾したときは、その第三者は、占有権を取得する。

**（占有の性質の変更）**

**第185条**　権原の性質上占有者に所有の意思がないものとされる場合には、その占有者が、自己に占有をさせた者に対して所有の意思があることを表示し、又は新たな権原により更に所有の意思をもって占有を始めるのでなければ、占有の性質は、変わらない。

**（占有の態様等に関する推定）**

**第186条** 占有者は、所有の意思をもっ
て、善意で、平穏に、かつ、公然と占
有をするものと推定する。

② 前後の両時点において占有をした証
拠があるときは、占有は、その間継続
したものと推定する。

**（占有の承継）**

**第187条** 占有者の承継人は、その選択
に従い、自己の占有のみを主張し、又
は自己の占有に前の占有者の占有を併
せて主張することができる。

② 前の占有者の占有を併せて主張する
場合には、その瑕疵をも承継する。

## 第2節　占有権の効力

**（占有物について行使する権利の適法の
推定）**

**第188条** 占有者が占有物について行使
する権利は、適法に有するものと推定
する。

**（善意の占有者による果実の取得等）**

**第189条** 善意の占有者は、占有物から
生ずる果実を取得する。

② 善意の占有者が本権の訴えにおいて
敗訴したときは、その訴えの提起の時
から悪意の占有者とみなす。

**（悪意の占有者による果実の返還等）**

**第190条** 悪意の占有者は、果実を返還
し、かつ、既に消費し、過失によって
損傷し、又は収取を怠った果実の代価
を償還する義務を負う。

② 前項の規定は、暴行若しくは強迫又
は隠匿によって占有をしている者につ
いて準用する。

**（占有者による損害賠償）**

**第191条** 占有物が占有者の責めに帰す
べき事由によって滅失し、又は損傷し

たときは、その回復者に対し、悪意の
占有者はその損害の全部の賠償をする
義務を負い、善意の占有者はその滅失
又は損傷によって現に利益を受けてい
る限度において賠償をする義務を負う。
ただし、所有の意思のない占有者は、
善意であるときであっても、全部の賠
償をしなければならない。

**（即時取得）**

**第192条** 取引行為によって、平穏に、
かつ、公然と動産の占有を始めた者は、
善意であり、かつ、過失がないときは、
即時にその動産について行使する権利
を取得する。

**（盗品又は遺失物の回復）**

**第193条** 前条の場合において、占有物
が盗品又は遺失物であるときは、被害
者又は遺失者は、盗難又は遺失の時か
ら2年間、占有者に対してその物の回
復を請求することができる。

**第194条** 占有者が、盗品又は遺失物を、
競売若しくは公の市場において、又は
その物と同種の物を販売する商人から、
善意で買い受けたときは、被害者又は
遺失者は、占有者が支払った代価を弁
償しなければ、その物を回復すること
ができない。

**（動物の占有による権利の取得）**

**第195条** 家畜以外の動物で他人が飼育
していたものを占有する者は、その占
有の開始の時に善意であり、かつ、そ
の動物が飼主の占有を離れた時から1
箇月以内に飼主から回復の請求を受け
なかったときは、その動物について行
使する権利を取得する。

**（占有者による費用の償還請求）**

**第196条** 占有者が占有物を返還する場
合には、その物の保存のために支出し

た金額その他の必要費を回復者から償
還させることができる。ただし、占有
者が果実を取得したときは、通常の必
要費は、占有者の負担に帰する。

② 占有者が占有物の改良のために支出
した金額その他の有益費については、
その価格の増加が現存する場合に限り、
回復者の選択に従い、その支出した金
額又は増価額を償還させることができ
る。ただし、悪意の占有者に対しては、
裁判所は、回復者の請求により、その
償還について相当の期限を許与するこ
とができる。

**（占有の訴え）**

**第197条** 占有者は、次条から第202条
までの規定に従い、占有の訴えを提起
することができる。他人のために占有
をする者も、同様とする。

**（占有保持の訴え）**

**第198条** 占有者がその占有を妨害され
たときは、占有保持の訴えにより、そ
の妨害の停止及び損害の賠償を請求す
ることができる。

**（占有保全の訴え）**

**第199条** 占有者がその占有を妨害され
るおそれがあるときは、占有保全の訴
えにより、その妨害の予防又は損害賠
償の担保を請求することができる。

**（占有回収の訴え）**

**第200条** 占有者がその占有を奪われた
ときは、占有回収の訴えにより、その
物の返還及び損害の賠償を請求するこ
とができる。

② 占有回収の訴えは、占有を侵奪した
者の特定承継人に対して提起すること
ができない。ただし、その承継人が侵
奪の事実を知っていたときは、この限
りでない。

**（占有の訴えの提起期間）**

**第201条** 占有保持の訴えは、妨害の存
する間又はその消滅した後1年以内に
提起しなければならない。ただし、工
事により占有物に損害を生じた場合に
おいて、その工事に着手した時から1
年を経過し、又はその工事が完成した
ときは、これを提起することができな
い。

② 占有保全の訴えは、妨害の危険の存
する間は、提起することができる。こ
の場合において、工事により占有物に
損害を生ずるおそれがあるときは、前
項ただし書の規定を準用する。

③ 占有回収の訴えは、占有を奪われた
時から1年以内に提起しなければなら
ない。

**（本権の訴えとの関係）**

**第202条** 占有の訴えは本権の訴えを妨
げず、また、本権の訴えは占有の訴え
を妨げない。

② 占有の訴えについては、本権に関す
る理由に基づいて裁判をすることがで
きない。

# 第3節　占有権の消滅

**（占有権の消滅事由）**

**第203条** 占有権は、占有者が占有の意
思を放棄し、又は占有物の所持を失う
ことによって消滅する。ただし、占有
者が占有回収の訴えを提起したときは、
この限りでない。

**（代理占有権の消滅事由）**

**第204条** 代理人によって占有をする場
合には、占有権は、次に掲げる事由に
よって消滅する。

1　本人が代理人に占有をさせる意思
を放棄したこと。

2 代理人が本人に対して以後自己又は第三者のために占有物を所持する意思を表示したこと。

3 代理人が占有物の所持を失ったこと。

② 占有権は、代理権の消滅のみによっては、消滅しない。

## 第4節 準占有

**第205条** この章の規定は、自己のためにする意思をもって財産権の行使をする場合について準用する。

## 第3章 所有権

## 第1節 所有権の限界

### 第1款 所有権の内容及び範囲

（所有権の内容）
**第206条** 所有者は、法令の制限内において、自由にその所有物の使用、収益及び処分をする権利を有する。

（土地所有権の範囲）
**第207条** 土地の所有権は、法令の制限内において、その土地の上下に及ぶ。

**第208条** 削除

### 第2款 相隣関係

（隣地の使用請求）
**第209条** 土地の所有者は、境界又はその付近において障壁又は建物を築造し又は修繕するため必要な範囲内で、隣地の使用を請求することができる。ただし、隣人の承諾がなければ、その住家に立ち入ることはできない。

② 前項の場合において、隣人が損害を受けたときは、その償金を請求することができる。

（公道に至るための他の土地の通行権）
**第210条** 他の土地に囲まれて公道に通じない土地の所有者は、公道に至るため、その土地を囲んでいる他の土地を通行することができる。

② 池沼、河川、水路若しくは海を通らなければ公道に至ることができないとき、又は崖があって土地と公道とに著しい高低差があるときも、前項と同様とする。

**第211条** 前条の場合には、通行の場所及び方法は、同条の規定による通行権を有する者のために必要であり、かつ、他の土地のために損害が最も少ないものを選ばなければならない。

② 前条の規定による通行権を有する者は、必要があるときは、通路を開設することができる。

**第212条** 第210条の規定による通行権を有する者は、その通行する他の土地の損害に対して償金を支払わなければならない。ただし、通路の開設のために生じた損害に対するものを除き、1年ごとにその償金を支払うことができる。

**第213条** 分割によって公道に通じない土地が生じたときは、その土地の所有者は、公道に至るため、他の分割者の所有地のみを通行することができる。この場合においては、償金を支払うことを要しない。

② 前項の規定は、土地の所有者がその土地の一部を譲り渡した場合について準用する。

（自然水流に対する妨害の禁止）
**第214条** 土地の所有者は、隣地から水が自然に流れて来るのを妨げてはならない。

第2編 物権

・53・

**（水流の障害の除去）**

**第215条** 水流が天災その他避けることのできない事変により低地において閉塞したときは、高地の所有者は、自己の費用で、水流の障害を除去するため必要な工事をすることができる。

**（水流に関する工作物の修繕等）**

**第216条** 他の土地に貯水、排水又は引水のために設けられた工作物の破壊又は閉塞により、自己の土地に損害が及び、又は及ぶおそれがある場合には、その土地の所有者は、当該他の土地の所有者に、工作物の修繕若しくは障害の除去をさせ、又は必要があるときは予防工事をさせることができる。

**（費用の負担についての慣習）**

**第217条** 前2条の場合において、費用の負担について別段の慣習があるときは、その慣習に従う。

**（雨水を隣地に注ぐ工作物の設置の禁止）**

**第218条** 土地の所有者は、直接に雨水を隣地に注ぐ構造の屋根その他の工作物を設けてはならない。

**（水流の変更）**

**第219条** 溝、堀その他の水流地の所有者は、対岸の土地が他人の所有に属するときは、その水路又は幅員を変更してはならない。

② 両岸の土地が水流地の所有者に属するときは、その所有者は、水路及び幅員を変更することができる。ただし、水流が隣地と交わる地点において、自然の水路に戻さなければならない。

③ 前2項の規定と異なる慣習があるときは、その慣習に従う。

**（排水のための低地の通水）**

**第220条** 高地の所有者は、その高地が浸水した場合にこれを乾かすため、又は自家用若しくは農工業用の余水を排出するため、公の水流又は下水道に至るまで、低地に水を通過させることができる。この場合においては、低地のために損害が最も少ない場所及び方法を選ばなければならない。

**（通水用工作物の使用）**

**第221条** 土地の所有者は、その所有地の水を通過させるため、高地又は低地の所有者が設けた工作物を使用することができる。

② 前項の場合には、他人の工作物を使用する者は、その利益を受ける割合に応じて、工作物の設置及び保存の費用を分担しなければならない。

**（堰の設置及び使用）**

**第222条** 水流地の所有者は、堰を設ける必要がある場合には、対岸の土地が他人の所有に属するときであっても、その堰を対岸に付着させて設けることができる。ただし、これによって生じた損害に対して償金を支払わなければならない。

② 対岸の土地の所有者は、水流地の一部がその所有に属するときは、前項の堰を使用することができる。

③ 前条第2項の規定は、前項の場合について準用する。

**（境界標の設置）**

**第223条** 土地の所有者は、隣地の所有者と共同の費用で、境界標を設けることができる。

**（境界標の設置及び保存の費用）**

**第224条** 境界標の設置及び保存の費用は、相隣者が等しい割合で負担する。ただし、測量の費用は、その土地の広狭に応じて分担する。

（囲障の設置）

**第225条** 2棟の建物がその所有者を異にし、かつ、その間に空地があるときは、各所有者は、他の所有者と共同の費用で、その境界に囲障を設けることができる。

② 当事者間に協議が調わないときは、前項の囲障は、板塀又は竹垣その他これらに類する材料のものであって、かつ、高さ2メートルのものでなければならない。

（囲障の設置及び保存の費用）

**第226条** 前条の囲障の設置及び保存の費用は、相隣者が等しい割合で負担する。

（相隣者の1人による囲障の設置）

**第227条** 相隣者の1人は、第225条第2項に規定する材料より良好なものを用い、又は同項に規定する高さを増して囲障を設けることができる。ただし、これによって生ずる費用の増加額を負担しなければならない。

（囲障の設置等に関する慣習）

**第228条** 前3条の規定と異なる慣習があるときは、その慣習に従う。

（境界標等の共有の推定）

**第229条** 境界線上に設けた境界標、囲障、障壁、溝及び堀は、相隣者の共有に属するものと推定する。

**第230条** 1棟の建物の一部を構成する境界線上の障壁については、前条の規定は、適用しない。

② 高さの異なる2棟の隣接する建物を隔てる障壁の高さが、低い建物の高さを超えるときは、その障壁のうち低い建物を超える部分についても、前項と同様とする。ただし、防火障壁については、この限りでない。

（共有の障壁の高さを増す工事）

**第231条** 相隣者の1人は、共有の障壁の高さを増すことができる。ただし、その障壁がその工事に耐えないときは、自己の費用で、必要な工作を加え、又はその障壁を改築しなければならない。

② 前項の規定により障壁の高さを増したときは、その高さを増した部分は、その工事をした者の単独の所有に属する。

**第232条** 前条の場合において、隣人が損害を受けたときは、その償金を請求することができる。

（竹木の枝の切除及び根の切取り）

**第233条** 隣地の竹木の枝が境界線を越えるときは、その竹木の所有者に、その枝を切除させることができる。

② 隣地の竹木の根が境界線を越えるときは、その根を切り取ることができる。

（境界線付近の建築の制限）

**第234条** 建物を築造するには、境界線から50センチメートル以上の距離を保たなければならない。

② 前項の規定に違反して建築をしようとする者があるときは、隣地の所有者は、その建築を中止させ、又は変更させることができる。ただし、建築に着手した時から1年を経過し、又はその建物が完成した後は、損害賠償の請求のみをすることができる。

**第235条** 境界線から1メートル未満の距離において他人の宅地を見通すことのできる窓又は縁側（ベランダを含む。次項において同じ。）を設ける者は、目隠しを付けなければならない。

② 前項の距離は、窓又は縁側の最も隣地に近い点から垂直線によって境界線に至るまでを測定して算出する。

**（境界線付近の建築に関する慣習）**

第236条　前2条の規定と異なる慣習が
　あるときは、その慣習に従う。

**（境界線付近の掘削の制限）**

第237条　井戸、用水だめ、下水だめ又
　は肥料だめを掘るには境界線から2メー
　トル以上、池、穴蔵又はし尿だめを
　掘るには境界線から1メートル以上の
　距離を保たなければならない。

②　導水管を埋め、又は溝若しくは堀を
　掘るには、境界線からその深さの2分
　の1以上の距離を保たなければならな
　い。ただし、1メートルを超えること
　を要しない。

**（境界線付近の掘削に関する注意義務）**

第238条　境界線の付近において前条の
　工事をするときは、土砂の崩壊又は水
　若しくは汚液の漏出を防ぐため必要な
　注意をしなければならない。

## 第2節　所有権の取得

**（無主物の帰属）**

第239条　所有者のない動産は、所有の
　意思をもって占有することによって、
　その所有権を取得する。

②　所有者のない不動産は、国庫に帰属
　する。

**（遺失物の拾得）**

第240条　遺失物は、遺失物法（平成18
　年法律第73号）の定めるところに従い
　公告をした後3箇月以内にその所有者
　が判明しないときは、これを拾得した
　者がその所有権を取得する。

**（埋蔵物の発見）**

第241条　埋蔵物は、遺失物法の定める
　ところに従い公告をした後6箇月以内
　にその所有者が判明しないときは、こ
　れを発見した者がその所有権を取得す

る。ただし、他人の所有する物の中か
ら発見された埋蔵物については、これ
を発見した者及びその他人が等しい割
合でその所有権を取得する。

**（不動産の付合）**

第242条　不動産の所有者は、その不動
　産に従として付合した物の所有権を取
　得する。ただし、権原によってその物
　を附属させた他人の権利を妨げない。

**（動産の付合）**

第243条　所有者を異にする数個の動産
　が、付合により、損傷しなければ分離
　することができなくなったときは、そ
　の合成物の所有権は、主たる動産の所
　有者に帰属する。分離するのに過分の
　費用を要するときも、同様とする。

第244条　付合した動産について主従の
　区別をすることができないときは、各
　動産の所有者は、その付合の時におけ
　る価格の割合に応じてその合成物を共
　有する。

**（混和）**

第245条　前2条の規定は、所有者を異
　にする物が混和して識別することがで
　きなくなった場合について準用する。

**（加工）**

第246条　他人の動産に工作を加えた者
　（以下この条において「加工者」という。）
　があるときは、その加工物の所有権は、
　材料の所有者に帰属する。ただし、工
　作によって生じた価格が材料の価格を
　著しく超えるときは、加工者がその加
　工物の所有権を取得する。

②　前項に規定する場合において、加工
　者が材料の一部を供したときは、その
　価格に工作によって生じた価格を加え
　たものが他人の材料の価格を超える と
　きに限り、加工者がその加工物の所有

・56・

権を取得する。

**（付合、混和又は加工の効果）**

**第247条** 第242条から前条までの規定により物の所有権が消滅したときは、その物について存する他の権利も、消滅する。

② 前項に規定する場合において、物の所有者が、合成物、混和物又は加工物（以下この項において「合成物等」という。）の単独所有者となったときは、その物について存する他の権利は以後その合成物等について存し、物の所有者が合成物等の共有者となったときは、その物について存する他の権利は以後その持分について存する。

**（付合、混和又は加工に伴う償金の請求）**

**第248条** 第242条から前条までの規定の適用によって損失を受けた者は、第703条及び第704条の規定に従い、その償金を請求することができる。

## 第3節 共有

**（共有物の使用）**

**第249条** 各共有者は、共有物の全部について、その持分に応じた使用をすることができる。

**（共有持分の割合の推定）**

**第250条** 各共有者の持分は、相等しいものと推定する。

**（共有物の変更）**

**第251条** 各共有者は、他の共有者の同意を得なければ、共有物に変更を加えることができない。

**（共有物の管理）**

**第252条** 共有物の管理に関する事項は、前条の場合を除き、各共有者の持分の価格に従い、その過半数で決する。ただし、保存行為は、各共有者がすること

ができる。

**（共有物に関する負担）**

**第253条** 各共有者は、その持分に応じ、管理の費用を支払い、その他共有物に関する負担を負う。

② 共有者が1年以内に前項の義務を履行しないときは、他の共有者は、相当の償金を支払ってその者の持分を取得することができる。

**（共有物についての債権）**

**第254条** 共有者の1人が共有物について他の共有者に対して有する債権は、その特定承継人に対しても行使することができる。

**（持分の放棄及び共有者の死亡）**

**第255条** 共有者の1人が、その持分を放棄したとき、又は死亡して相続人がないときは、その持分は、他の共有者に帰属する。

**（共有物の分割請求）**

**第256条** 各共有者は、いつでも共有物の分割を請求することができる。ただし、5年を超えない期間内は分割をしない旨の契約をすることを妨げない。

② 前項ただし書の契約は、更新することができる。ただし、その期間は、更新の時から5年を超えることができない。

**第257条** 前条の規定は、第229条に規定する共有物については、適用しない。

**（裁判による共有物の分割）**

**第258条** 共有物の分割について共有者間に協議が調わないときは、その分割を裁判所に請求することができる。

② 前項の場合において、共有物の現物を分割することができないとき、又は分割によってその価格を著しく減少させるおそれがあるときは、裁判所は、

その競売を命ずることができる。

**（共有に関する債権の弁済）**

**第259条** 共有者の1人が他の共有者に対して共有に関する債権を有するときは、分割に際し、債務者に帰属すべき共有物の部分をもって、その弁済に充てることができる。

② 債権者は、前項の弁済を受けるため債務者に帰属すべき共有物の部分を売却する必要があるときは、その売却を請求することができる。

**（共有物の分割への参加）**

**第260条** 共有物について権利を有する者及び各共有者の債権者は、自己の費用で、分割に参加することができる。

② 前項の規定による参加の請求があったにもかかわらず、その請求をした者を参加させないで分割をしたときは、その分割は、その請求をした者に対抗することができない。

**（分割における共有者の担保責任）**

**第261条** 各共有者は、他の共有者が分割によって取得した物について、売主と同じく、その持分に応じて担保の責任を負う。

**（共有物に関する証書）**

**第262条** 分割が完了したときは、各分割者は、その取得した物に関する証書を保存しなければならない。

② 共有者の全員又はそのうちの数人に分割した物に関する証書は、その物の最大の部分を取得した者が保存しなければならない。

③ 前項の場合において、最大の部分を取得した者がないときは、分割者間の協議で証書の保存者を定める。協議が調わないときは、裁判所が、これを指定する。

④ 証書の保存者は、他の分割者の請求に応じて、その証書を使用させなければならない。

**（共有の性質を有する入会権）**

**第263条** 共有の性質を有する入会権については、各地方の慣習に従うほか、この節の規定を適用する。

**（準共有）**

**第264条** この節の規定は、数人で所有権以外の財産権を有する場合について準用する。ただし、法令に特別の定めがあるときは、この限りでない。

# 第4章　地上権

**（地上権の内容）**

**第265条** 地上権者は、他人の土地において工作物又は竹木を所有するため、その土地を使用する権利を有する。

**（地代）**

**第266条** 第274条から第276条までの規定は、地上権者が土地の所有者に定期の地代を支払わなければならない場合について準用する。

② 地代については、前項に規定するもののほか、その性質に反しない限り、賃貸借に関する規定を準用する。

**（相隣関係の規定の準用）**

**第267条** 前章第1節第2款（相隣関係）の規定は、地上権者間又は地上権者と土地の所有者との間について準用する。ただし、第229条の規定は、境界線上の工作物が地上権の設定後に設けられた場合に限り、地上権者について準用する。

**（地上権の存続期間）**

**第268条** 設定行為で地上権の存続期間を定めなかった場合において、別段の慣習がないときは、地上権者は、いつ

でもその権利を放棄することができる。ただし、地代を支払うべきときは、1年前に予告をし、又は期限の到来していない1年分の地代を支払わなければならない。

② 地上権者が前項の規定によりその権利を放棄しないときは、裁判所は、当事者の請求により、20年以上50年以下の範囲内において、工作物又は竹木の種類及び状況その他地上権の設定当時の事情を考慮して、その存続期間を定める。

**（工作物等の収去等）**

**第269条** 地上権者は、その権利が消滅した時に、土地を原状に復してその工作物及び竹木を収去することができる。ただし、土地の所有者が時価相当額を提供してこれを買い取る旨を通知したときは、地上権者は、正当な理由がなければ、これを拒むことができない。

② 前項の規定と異なる慣習があるときは、その慣習に従う。

**（地下又は空間を目的とする地上権）**

**第269条の2** 地下又は空間は、工作物を所有するため、上下の範囲を定めて地上権の目的とすることができる。この場合においては、設定行為で、地上権の行使のためにその土地の使用に制限を加えることができる。

② 前項の地上権は、第三者がその土地の使用又は収益をする権利を有する場合においても、その権利又はこれを目的とする権利を有するすべての者の承諾があるときは、設定することができる。この場合において、土地の使用又は収益をする権利を有する者は、その地上権の行使を妨げることができない。

# 第5章　永小作権

**（永小作権の内容）**

**第270条** 永小作人は、小作料を支払って他人の土地において耕作又は牧畜をする権利を有する。

**（永小作人による土地の変更の制限）**

**第271条** 永小作人は、土地に対して、回復することのできない損害を生ずべき変更を加えることができない。

**（永小作権の譲渡又は土地の賃貸）**

**第272条** 永小作人は、その権利を他人に譲り渡し、又はその権利の存続期間内において耕作若しくは牧畜のため土地を賃貸することができる。ただし、設定行為で禁じたときは、この限りでない。

**（賃貸借に関する規定の準用）**

**第273条** 永小作人の義務については、この章の規定及び設定行為で定めるもののほか、その性質に反しない限り、賃貸借に関する規定を準用する。

**（小作料の減免）**

**第274条** 永小作人は、不可抗力により収益について損失を受けたときであっても、小作料の免除又は減額を請求することができない。

**（永小作権の放棄）**

**第275条** 永小作人は、不可抗力によって、引き続き3年以上全く収益を得ず、又は5年以上小作料より少ない収益を得たときは、その権利を放棄することができる。

**（永小作権の消滅請求）**

**第276条** 永小作人が引き続き2年以上小作料の支払を怠ったときは、土地の所有者は、永小作権の消滅を請求することができる。

第2編　物権

（永小作権に関する慣習）

**第277条** 第271条から前条までの規定と異なる慣習があるときは、その慣習に従う。

（永小作権の存続期間）

**第278条** 永小作権の存続期間は、20年以上50年以下とする。設定行為で50年より長い期間を定めたときであっても、その期間は、50年とする。

② 永小作権の設定は、更新することができる。ただし、その存続期間は、更新の時から50年を超えることができない。

③ 設定行為で永小作権の存続期間を定めなかったときは、その期間は、別段の慣習がある場合を除き、30年とする。

（工作物等の収去等）

**第279条** 第269条の規定は、永小作権について準用する。

# 第6章　地役権

（地役権の内容）

**第280条** 地役権者は、設定行為で定めた目的に従い、他人の土地を自己の土地の便益に供する権利を有する。ただし、第3章第1節（所有権の限界）の規定（公の秩序に関するものに限る。）に違反しないものでなければならない。

（地役権の付従性）

**第281条** 地役権は、要役地（地役権者の土地であって、他人の土地から便益を受けるものをいう。以下同じ。）の所有権に従たるものとして、その所有権とともに移転し、又は要役地について存する他の権利の目的となるものとする。ただし、設定行為に別段の定めがあるときは、この限りでない。

② 地役権は、要役地から分離して譲り渡し、又は他の権利の目的とすることができない。

（地役権の不可分性）

**第282条** 土地の共有者の1人は、その持分につき、その土地のために又はその土地について存する地役権を消滅させることができない。

② 土地の分割又はその一部の譲渡の場合には、地役権は、その各部のために又はその各部について存する。ただし、地役権がその性質により土地の一部のみに関するときは、この限りでない。

（地役権の時効取得）

**第283条** 地役権は、継続的に行使され、かつ、外形上認識することができるものに限り、時効によって取得することができる。

**第284条** 土地の共有者の1人が時効によって地役権を取得したときは、他の共有者も、これを取得する。

② 共有者に対する時効の更新は、地役権を行使する各共有者に対してしなければ、その効力を生じない。

③ 地役権を行使する共有者が数人ある場合には、その1人について時効の完成猶予の事由があっても、時効は、各共有者のために進行する。

> 第284条 〔同〕
> ② 共有者に対する時効の中断は、地役権を行使する各共有者に対してしなければ、その効力を生じない。
> ③ 地役権を行使する共有者が数人ある場合には、その1人について時効の停止の原因があっても、時効は、各共有者のために進行する。

（用水地役権）

**第285条** 用水地役権の承役地（地役権者以外の者の土地であって、要役地の便益

に供されるものをいう。以下同じ。）におい、水が要役地及び承役地の需要に比して不足するときは、その各土地の需要に応じて、まずこれを生活用に供し、その残余を他の用途に供するものとする。ただし、設定行為に別段の定めがあるときは、この限りでない。

② 同一の承役地について数個の用水地役権を設定したときは、後の地役権者は、前の地役権者の水の使用を妨げてはならない。

**（承役地の所有者の工作物の設置義務等）**

**第286条** 設定行為又は設定後の契約により、承役地の所有者が自己の費用で地役権の行使のために工作物を設け、又はその修繕をする義務を負担したときは、承役地の所有者の特定承継人も、その義務を負担する。

**第287条** 承役地の所有者は、いつでも、地役権に必要な土地の部分の所有権を放棄して地役権者に移転し、これにより前条の義務を免れることができる。

**（承役地の所有者の工作物の使用）**

**第288条** 承役地の所有者は、地役権の行使を妨げない範囲内において、その行使のために承役地の上に設けられた工作物を使用することができる。

② 前項の場合には、承役地の所有者は、その利益を受ける割合に応じて、工作物の設置及び保存の費用を分担しなければならない。

**（承役地の時効取得による地役権の消滅）**

**第289条** 承役地の占有者が取得時効に必要な要件を具備する占有をしたときは、地役権は、これによって消滅する。

**第290条** 前条の規定による地役権の消滅時効は、地役権者がその権利を行使することによって中断する。

**（地役権の消滅時効）**

**第291条** 第166条第2項に規定する消滅時効の期間は、継続的でなく行使される地役権については最後の行使の時から起算し、継続的に行使される地役権についてはその行使を妨げる事実が生じた時から起算する。

> 第291条 第167条第2項に規定する消滅時効の期間は、継続的でなく行使される地役権については最後の行使の時から起算し、継続的に行使される地役権についてはその行使を妨げる事実が生じた時から起算する。

**第292条** 要役地が数人の共有に属する場合において、その1人のために時効の完成猶予又は更新があるときは、その完成猶予又は更新は、他の共有者のためにも、その効力を生ずる。

> 第292条 要役地が数人の共有に属する場合において、その1人のために時効の中断又は停止があるときは、その中断又は停止は、他の共有者のためにも、その効力を生ずる。

**第293条** 地役権者がその権利の一部を行使しないときは、その部分のみが時効によって消滅する。

**（共有の性質を有しない入会権）**

**第294条** 共有の性質を有しない入会権については、各地方の慣習に従うほか、この章の規定を準用する。

# 第7章 留置権

**（留置権の内容）**

**第295条** 他人の物の占有者は、その物に関して生じた債権を有するときは、その債権の弁済を受けるまで、その物を留置することができる。ただし、その債権が弁済期にないときは、この限りでない。

② 前項の規定は、占有が不法行為によって始まった場合には、適用しない。

**（留置権の不可分性）**

**第296条** 留置権者は、債権の全部の弁済を受けるまでは、留置物の全部についてその権利を行使することができる。

**（留置権者による果実の収取）**

**第297条** 留置権者は、留置物から生ずる果実を収取し、他の債権者に先立って、これを自己の債権の弁済に充当することができる。

② 前項の果実は、まず債権の利息に充当し、なお残余があるときは元本に充当しなければならない。

**（留置権者による留置物の保管等）**

**第298条** 留置権者は、善良な管理者の注意をもって、留置物を占有しなければならない。

② 留置権者は、債務者の承諾を得なければ、留置物を使用し、賃貸し、又は担保に供することができない。ただし、その物の保存に必要な使用をすることは、この限りでない。

③ 留置権者が前2項の規定に違反したときは、債務者は、留置権の消滅を請求することができる。

**（留置権者による費用の償還請求）**

**第299条** 留置権者は、留置物について必要費を支出したときは、所有者にその償還をさせることができる。

② 留置権者は、留置物について有益費を支出したときは、これによる価格の増加が現存する場合に限り、所有者の選択に従い、その支出した金額又は増価額を償還させることができる。ただし、裁判所は、所有者の請求により、その償還について相当の期限を許与することができる。

**（留置権の行使と債権の消滅時効）**

**第300条** 留置権の行使は、債権の消滅時効の進行を妨げない。

**（担保の供与による留置権の消滅）**

**第301条** 債務者は、相当の担保を供して、留置権の消滅を請求することができる。

**（占有の喪失による留置権の消滅）**

**第302条** 留置権は、留置権者が留置物の占有を失うことによって、消滅する。ただし、第298条第2項の規定により留置物を賃貸し、又は質権の目的としたときは、この限りでない。

# 第8章　先取特権

## 第1節　総則

**（先取特権の内容）**

**第303条** 先取特権者は、この法律その他の法律の規定に従い、その債務者の財産について、他の債権者に先立って自己の債権の弁済を受ける権利を有する。

**（物上代位）**

**第304条** 先取特権は、その目的物の売却、賃貸、滅失又は損傷によって債務者が受けるべき金銭その他の物に対しても、行使することができる。ただし、先取特権者は、その払渡し又は引渡しの前に差押えをしなければならない。

② 債務者が先取特権の目的物につき設定した物権の対価についても、前項と同様とする。

**（先取特権の不可分性）**

**第305条** 第296条の規定は、先取特権について準用する。

# 第2節　先取特権の種類

## 第1款　一般の先取特権

**（一般の先取特権）**

**第306条**　次に掲げる原因によって生じた債権を有する者は、債務者の総財産について先取特権を有する。

1　共益の費用
2　雇用関係
3　葬式の費用
4　日用品の供給

**（共益費用の先取特権）**

**第307条**　共益の費用の先取特権は、各債権者の共同の利益のためにされた債務者の財産の保存、清算又は配当に関する費用について存在する。

②　前項の費用のうちすべての債権者に有益でなかったものについては、先取特権は、その費用によって利益を受けた債権者に対してのみ存在する。

**（雇用関係の先取特権）**

**第308条**　雇用関係の先取特権は、給料その他債務者と使用人との間の雇用関係に基づいて生じた債権について存在する。

**（葬式費用の先取特権）**

**第309条**　葬式の費用の先取特権は、債務者のためにされた葬式の費用のうち相当な額について存在する。

②　前項の先取特権は、債務者がその扶養すべき親族のためにした葬式の費用のうち相当な額についても存在する。

**（日用品供給の先取特権）**

**第310条**　日用品の供給の先取特権は、債務者又はその扶養すべき同居の親族及びその家事使用人の生活に必要な最後の6箇月間の飲食料品、燃料及び電気の供給について存在する。

## 第2款　動産の先取特権

**（動産の先取特権）**

**第311条**　次に掲げる原因によって生じた債権を有する者は、債務者の特定の動産について先取特権を有する。

1　不動産の賃貸借
2　旅館の宿泊
3　旅客又は荷物の運輸
4　動産の保存
5　動産の売買
6　種苗又は肥料（蚕種又は蚕の飼養に供した桑葉を含む。以下同じ。）の供給
7　農業の労務
8　工業の労務

**（不動産賃貸の先取特権）**

**第312条**　不動産の賃貸の先取特権は、その不動産の賃料その他の賃貸借関係から生じた賃借人の債務に関し、賃借人の動産について存在する。

**（不動産賃貸の先取特権の目的物の範囲）**

**第313条**　土地の賃貸人の先取特権は、その土地又はその利用のための建物に備え付けられた動産、その土地の利用に供された動産及び賃借人が占有するその土地の果実について存在する。

②　建物の賃貸人の先取特権は、賃借人がその建物に備え付けた動産について存在する。

**第314条**　賃借権の譲渡又は転貸の場合には、賃貸人の先取特権は、譲受人又は転借人の動産にも及ぶ。譲渡人又は転貸人が受けるべき金銭についても、同様とする。

**（不動産賃貸の先取特権の被担保債権の範囲）**

**第315条**　賃借人の財産のすべてを清算

する場合には、賃貸人の先取特権は、前期、当期及び次期の賃料その他の債務並びに前期及び当期に生じた損害の賠償債務についてのみ存在する。

**第316条**　賃貸人は、第622条の2第1項に規定する敷金を受け取っている場合には、その敷金で弁済を受けない債権の部分についてのみ先取特権を有する。

> 第316条　賃貸人は、敷金を受け取っている場合には、その敷金で弁済を受けない債権の部分についてのみ先取特権を有する。

**（旅館宿泊の先取特権）**

**第317条**　旅館の宿泊の先取特権は、宿泊客が負担すべき宿泊料及び飲食料に関し、その旅館に在るその宿泊客の手荷物について存在する。

**（運輸の先取特権）**

**第318条**　運輸の先取特権は、旅客又は荷物の運送賃及び付随の費用に関し、運送人の占有する荷物について存在する。

**（即時取得の規定の準用）**

**第319条**　第192条から第195条までの規定は、第312条から前条までの規定による先取特権について準用する。

**（動産保存の先取特権）**

**第320条**　動産の保存の先取特権は、動産の保存のために要した費用又は動産に関する権利の保存、承認若しくは実行のために要した費用に関し、その動産について存在する。

**（動産売買の先取特権）**

**第321条**　動産の売買の先取特権は、動産の代価及びその利息に関し、その動産について存在する。

**（種苗又は肥料の供給の先取特権）**

**第322条**　種苗又は肥料の供給の先取特権は、種苗又は肥料の代価及びその利息に関し、その種苗又は肥料を用いた後1年以内にこれを用いた土地から生じた果実（蚕種又は蚕の飼養に供した桑葉の使用によって生じた物を含む。）について存在する。

**（農業労務の先取特権）**

**第323条**　農業の労務の先取特権は、その労務に従事する者の最後の1年間の賃金に関し、その労務によって生じた果実について存在する。

**（工業労務の先取特権）**

**第324条**　工業の労務の先取特権は、その労務に従事する者の最後の3箇月間の賃金に関し、その労務によって生じた製作物について存在する。

## 第3款　不動産の先取特権

**（不動産の先取特権）**

**第325条**　次に掲げる原因によって生じた債権を有する者は、債務者の特定の不動産について先取特権を有する。

1　不動産の保存

2　不動産の工事

3　不動産の売買

**（不動産保存の先取特権）**

**第326条**　不動産の保存の先取特権は、不動産の保存のために要した費用又は不動産に関する権利の保存、承認若しくは実行のために要した費用に関し、その不動産について存在する。

**（不動産工事の先取特権）**

**第327条**　不動産の工事の先取特権は、工事の設計、施工又は監理をする者が債務者の不動産に関してした工事の費用に関し、その不動産について存在する。

②　前項の先取特権は、工事によって生

じた不動産の価格の増加が現存する場合に限り、その増価額についてのみ存在する。

**（不動産売買の先取特権）**
**第328条** 不動産の売買の先取特権は、不動産の代価及びその利息に関し、その不動産について存在する。

## 第3節　先取特権の順位

**（一般の先取特権の順位）**
**第329条** 一般の先取特権が互いに競合する場合には、その優先権の順位は、第306条各号に掲げる順序に従う。

② 一般の先取特権と特別の先取特権とが競合する場合には、特別の先取特権は、一般の先取特権に優先する。ただし、共益の費用の先取特権は、その利益を受けたすべての債権者に対して優先する効力を有する。

**（動産の先取特権の順位）**
**第330条** 同一の動産について特別の先取特権が互いに競合する場合には、その優先権の順位は、次に掲げる順序に従う。この場合において、第2号に掲げる動産の保存の先取特権について数人の保存者があるときは、後の保存者が前の保存者に優先する。

1　不動産の賃貸、旅館の宿泊及び運輸の先取特権
2　動産の保存の先取特権
3　動産の売買、種苗又は肥料の供給、農業の労務及び工業の労務の先取特権

② 前項の場合において、第1順位の先取特権者は、その債権取得の時において第2順位又は第3順位の先取特権者があることを知っていたときは、これらの者に対して優先権を行使すること

ができない。第1順位の先取特権者のために物を保存した者に対しても、同様とする。

③ 果実に関しては、第一の順位は農業の労務に従事する者に、第2の順位は種苗又は肥料の供給者に、第3の順位は土地の賃貸人に属する。

**（不動産の先取特権の順位）**
**第331条** 同一の不動産について特別の先取特権が互いに競合する場合には、その優先権の順位は、第325条各号に掲げる順序に従う。

② 同一の不動産について売買が順次された場合には、売主相互間における不動産売買の先取特権の優先権の順位は、売買の前後による。

**（同一順位の先取特権）**
**第332条** 同一の目的物について同一順位の先取特権者が数人あるときは、各先取特権者は、その債権額の割合に応じて弁済を受ける。

## 第4節　先取特権の効力

**（先取特権と第三取得者）**
**第333条** 先取特権は、債務者がその目的である動産をその第三取得者に引き渡した後は、その動産について行使することができない。

**（先取特権と動産質権との競合）**
**第334条** 先取特権と動産質権とが競合する場合には、動産質権者は、第330条の規定による第1順位の先取特権者と同一の権利を有する。

**（一般の先取特権の効力）**
**第335条** 一般の先取特権者は、まず不動産以外の財産から弁済を受け、なお不足があるのでなければ、不動産から弁済を受けることができない。

・65・

② 一般の先取特権者は、不動産については、まず特別担保の目的とされていないものから弁済を受けなければならない。

③ 一般の先取特権者は、前２項の規定に従って配当に加入することを怠ったときは、その配当加入をしたならば弁済を受けることができた額については、登記をした第三者に対してその先取特権を行使することができない。

④ 前３項の規定は、不動産以外の財産の代価に先立って不動産の代価を配当し、又は他の不動産の代価に先立って特別担保の目的である不動産の代価を配当する場合には、適用しない。

**（一般の先取特権の対抗力）**

第**336**条 一般の先取特権は、不動産について登記をしなくても、特別担保を有しない債権者に対抗することができる。ただし、登記をした第三者に対しては、この限りでない。

**（不動産保存の先取特権の登記）**

第**337**条 不動産の保存の先取特権の効力を保存するためには、保存行為が完了した後直ちに登記をしなければならない。

**（不動産工事の先取特権の登記）**

第**338**条 不動産の工事の先取特権の効力を保存するためには、工事を始める前にその費用の予算額を登記しなければならない。この場合において、工事の費用が予算額を超えるときは、先取特権は、その超過額については存在しない。

② 工事によって生じた不動産の増価額は、配当加入の時に、裁判所が選任した鑑定人に評価させなければならない。

**（登記をした不動産保存又は不動産工事の先取特権）**

第**339**条 前２条の規定に従って登記をした先取特権は、抵当権に先立って行使することができる。

**（不動産売買の先取特権の登記）**

第**340**条 不動産の売買の先取特権の効力を保存するためには、売買契約と同時に、不動産の代価又はその利息の弁済がされていない旨を登記しなければならない。

**（抵当権に関する規定の準用）**

第**341**条 先取特権の効力については、この節に定めるもののほか、その性質に反しない限り、抵当権に関する規定を準用する。

# 第**9**章 質権

## 第**1**節 総則

**（質権の内容）**

第**342**条 質権者は、その債権の担保として債務者又は第三者から受け取った物を占有し、かつ、その物について他の債権者に先立って自己の債権の弁済を受ける権利を有する。

**（質権の目的）**

第**343**条 質権は、譲り渡すことができない物をその目的とすることができない。

**（質権の設定）**

第**344**条 質権の設定は、債権者にその目的物を引き渡すことによって、その効力を生ずる。

**（質権設定者による代理占有の禁止）**

第**345**条 質権者は、質権設定者に、自己に代わって質物の占有をさせることができない。

**（質権の被担保債権の範囲）**

**第346条** 質権は、元本、利息、違約金、質権の実行の費用、質物の保存の費用及び債務の不履行又は質物の隠れた瑕疵によって生じた損害の賠償を担保する。ただし、設定行為に別段の定めがあるときは、この限りでない。

**（質物の留置）**

**第347条** 質権者は、前条に規定する債権の弁済を受けるまでは、質物を留置することができる。ただし、この権利は、自己に対して優先権を有する債権者に対抗することができない。

**（転質）**

**第348条** 質権者は、その権利の存続期間内において、自己の責任で、質物について、転質をすることができる。この場合において、転質をしたことによって生じた損失については、不可抗力によるものであっても、その責任を負う。

**（契約による質物の処分の禁止）**

**第349条** 質権設定者は、設定行為又は債務の弁済期前の契約において、質権者に弁済として質物の所有権を取得させ、その他法律に定める方法によらないで質物を処分させることを約することができない。

**（留置権及び先取特権の規定の準用）**

**第350条** 第296条から第300条まで及び第304条の規定は、質権について準用する。

**（物上保証人の求償権）**

**第351条** 他人の債務を担保するため質権を設定した者は、その債務を弁済し、又は質権の実行によって質物の所有権を失ったときは、保証債務に関する規定に従い、債務者に対して求償権を有

する。

# 第2節　動産質

**（動産質の対抗要件）**

**第352条** 動産質権者は、継続して質物を占有しなければ、その質権をもって第三者に対抗することができない。

**（質物の占有の回復）**

**第353条** 動産質権者は、質物の占有を奪われたときは、占有回収の訴えによってのみ、その質物を回復することができる。

**（動産質権の実行）**

**第354条** 動産質権者は、その債権の弁済を受けないときは、正当な理由がある場合に限り、鑑定人の評価に従い質物をもって直ちに弁済に充てることを裁判所に請求することができる。この場合において、動産質権者は、あらかじめ、その請求をする旨を債務者に通知しなければならない。

**（動産質権の順位）**

**第355条** 同一の動産について数個の質権が設定されたときは、その質権の順位は、設定の前後による。

# 第3節　不動産質

**（不動産質権者による使用及び収益）**

**第356条** 不動産質権者は、質権の目的である不動産の用法に従い、その使用及び収益をすることができる。

**（不動産質権者による管理の費用等の負担）**

**第357条** 不動産質権者は、管理の費用を支払い、その他不動産に関する負担を負う。

**（不動産質権者による利息の請求の禁止）**

**第358条** 不動産質権者は、その債権の

第2編　物権

利息を請求することができない。

**（設定行為に別段の定めがある場合等）**

**第359条** 前3条の規定は、設定行為に別段の定めがあるとき、又は担保不動産収益執行（民事執行法第180条第2号に規定する担保不動産収益執行をいう。以下同じ。）の開始があったときは、適用しない。

> 第359条 前3条の規定は、設定行為に別段の定めがあるとき、又は担保不動産収益執行（民事執行法（昭和54年法律第4号）第180条第2号に規定する担保不動産収益執行をいう。以下同じ。）の開始があったときは、適用しない。

**（不動産質権の存続期間）**

**第360条** 不動産質権の存続期間は、10年を超えることができない。設定行為でこれより長い期間を定めたときであっても、その期間は、10年とする。

② 不動産質権の設定は、更新することができる。ただし、その存続期間は、更新の時から10年を超えることができない。

**（抵当権の規定の準用）**

**第361条** 不動産質権については、この節に定めるもののほか、その性質に反しない限り、次章（抵当権）の規定を準用する。

# 第4節　権利質

**（権利質の目的等）**

**第362条** 質権は、財産権をその目的とすることができる。

② 前項の質権については、この節に定めるもののほか、その性質に反しない限り、前3節（総則、動産質及び不動産質）の規定を準用する。

☆**第363条**　削除

> （債権質の設定）
>
> 第363条 債権であってこれを譲り渡すにはその証書を交付することを要するものを質権の目的とするときは、質権の設定は、その証書を交付することによって、その効力を生ずる。

⇨対応条項＝（新民520の17・520の20）

**（債権を目的とする質権の対抗要件）**

**第364条** 債権を目的とする質権の設定（現に発生していない債権を目的とするものを含む。）は、第467条の規定に従い、第三債務者にその質権の設定を通知し、又は第三債務者がこれを承諾しなければ、これをもって第三債務者その他の第三者に対抗することができない。

> （指名債権を目的とする質権の対抗要件）
>
> 第364条 指名債権を質権の目的としたときは、第467条の規定に従い、第三債務者に質権の設定を通知し、又は第三債務者がこれを承諾しなければ、これをもって第三債務者その他の第三者に対抗することができない。

☆**第365条**　削除

> （指図債権を目的とする質権の対抗要件）
>
> 第365条 指図債権を質権の目的としたときは、その証書に質権の設定の裏書をしなければ、これをもって第三者に対抗することができない。

⇨対応条項＝（新民520の7）

**（質権者による債権の取立て等）**

**第366条** 質権者は、質権の目的である債権を直接に取り立てることができる。

② 債権の目的物が金銭であるときは、質権者は、自己の債権額に対応する部分に限り、これを取り立てることができる。

③ 前項の債権の弁済期が質権者の債権の弁済期前に到来したときは、質権者

は、第三債務者にその弁済をすべき金額を供託させることができる。この場合において、質権は、その供託金について存在する。

④ 債権の目的物が金銭でないときは、質権者は、弁済として受けた物について質権を有する。

**第367条及び第368条** 削除

# 第10章 抵当権

## 第1節 総則

**（抵当権の内容）**

**第369条** 抵当権者は、債務者又は第三者が占有を移転しないで債務の担保に供した不動産について、他の債権者に先立って自己の債権の弁済を受ける権利を有する。

② 地上権及び永小作権も、抵当権の目的とすることができる。この場合においては、この章の規定を準用する。

**（抵当権の効力の及ぶ範囲）**

**第370条** 抵当権は、抵当地の上に存する建物を除き、その目的である不動産（以下「抵当不動産」という。）に付加して一体となっている物に及ぶ。ただし、設定行為に別段の定めがある場合及び債務者の行為について第424条第3項に規定する詐害行為取消請求をすることができる場合は、この限りでない。

> **第370条** 抵当権は、抵当地の上に存する建物を除き、その目的である不動産（以下「抵当不動産」という。）に付加して一体となっている物に及ぶ。ただし、設定行為に別段の定めがある場合及び第424条の規定により債権者が債務者の行為を取り消すことができる場合は、この限りでない。

**第371条** 抵当権は、その担保する債権について不履行があったときは、その後に生じた抵当不動産の果実に及ぶ。

**（留置権等の規定の準用）**

**第372条** 第296条、第304条及び第351条の規定は、抵当権について準用する。

## 第2節 抵当権の効力

**（抵当権の順位）**

**第373条** 同一の不動産について数個の抵当権が設定されたときは、その抵当権の順位は、登記の前後による。

**（抵当権の順位の変更）**

**第374条** 抵当権の順位は、各抵当権者の合意によって変更することができる。ただし、利害関係を有する者があるときは、その承諾を得なければならない。

② 前項の規定による順位の変更は、その登記をしなければ、その効力を生じない。

**（抵当権の被担保債権の範囲）**

**第375条** 抵当権者は、利息その他の定期金を請求する権利を有するときは、その満期となった最後の2年分についてのみ、その抵当権を行使することができる。ただし、それ以前の定期金についても、満期後に特別の登記をしたときは、その登記の時からその抵当権を行使することを妨げない。

② 前項の規定は、抵当権者が債務の不履行によって生じた損害の賠償を請求する権利を有する場合におけるその最後の2年分についても適用する。ただし、利息その他の定期金と通算して2年分を超えることができない。

**（抵当権の処分）**

**第376条** 抵当権者は、その抵当権を他の債権の担保とし、又は同一の債務者

に対する他の債権者の利益のためにその抵当権若しくはその順位を譲渡し、若しくは放棄することができる。

② 前項の場合において、抵当権者が数人のためにその抵当権の処分をしたときは、その処分の利益を受ける者の権利の順位は、抵当権の登記にした付記の前後による。

**（抵当権の処分の対抗要件）**

**第377条** 前条の場合には、第467条の規定に従い、主たる債務者に抵当権の処分を通知し、又は主たる債務者がこれを承諾しなければ、これをもって主たる債務者、保証人、抵当権設定者及びこれらの者の承継人に対抗することができない。

② 主たる債務者が前項の規定により通知を受け、又は承諾をしたときは、抵当権の処分の利益を受ける者の承諾を得ないでした弁済は、その受益者に対抗することができない。

**（代価弁済）**

**第378条** 抵当不動産について所有権又は地上権を買い受けた第三者が、抵当権者の請求に応じてその抵当権者にその代価を弁済したときは、抵当権は、その第三者のために消滅する。

**（抵当権消滅請求）**

**第379条** 抵当不動産の第三取得者は、第383条の定めるところにより、抵当権消滅請求をすることができる。

**第380条** 主たる債務者、保証人及びこれらの者の承継人は、抵当権消滅請求をすることができない。

**第381条** 抵当不動産の停止条件付第三取得者は、その停止条件の成否が未定である間は、抵当権消滅請求をすることができない。

**（抵当権消滅請求の時期）**

**第382条** 抵当不動産の第三取得者は、抵当権の実行としての競売による差押えの効力が発生する前に、抵当権消滅請求をしなければならない。

**（抵当権消滅請求の手続）**

**第383条** 抵当不動産の第三取得者は、抵当権消滅請求をするときは、登記をした各債権者に対し、次に掲げる書面を送付しなければならない。

1 取得の原因及び年月日、譲渡人及び取得者の氏名及び住所並びに抵当不動産の性質、所在及び代価その他取得者の負担を記載した書面

2 抵当不動産に関する登記事項証明書（現に効力を有する登記事項のすべてを証明したものに限る。）

3 債権者が2箇月以内に抵当権を実行して競売の申立てをしないときは、抵当不動産の第三取得者が第1号に規定する代価又は特に指定した金額を債権の順位に従って弁済し又は供託すべき旨を記載した書面

**（債権者のみなし承諾）**

**第384条** 次に掲げる場合には、前条各号に掲げる書面の送付を受けた債権者は、抵当不動産の第三取得者が同条第3号に掲げる書面に記載したところにより提供した同号の代価又は金額を承諾したものとみなす。

1 その債権者が前条各号に掲げる書面の送付を受けた後2箇月以内に抵当権を実行して競売の申立てをしないとき。

2 その債権者が前号の申立てを取り下げたとき。

3 第1号の申立てを却下する旨の決定が確定したとき。

4 第1号の申立てに基づく競売の手続を取り消す旨の決定（民事執行法第188条において準用する同法第63条第3項若しくは第68条の3第3項の規定又は同法第183条第1項第5号の謄本が提出された場合における同条第2項の規定による決定を除く。）が確定したとき。

**（競売の申立ての通知）**
**第385条** 第383条各号に掲げる書面の送付を受けた債権者は、前条第1号の申立てをするときは、同号の期間内に、債務者及び抵当不動産の譲渡人にその旨を通知しなければならない。

**（抵当権消滅請求の効果）**
**第386条** 登記をしたすべての債権者が抵当不動産の第三取得者の提供した代価又は金額を承諾し、かつ、抵当不動産の第三取得者がその承諾を得た代価又は金額を払い渡し又は供託したときは、抵当権は、消滅する。

**（抵当権者の同意の登記がある場合の賃貸借の対抗力）**
**第387条** 登記をした賃貸借は、その登記前に登記をした抵当権を有するすべての者が同意をし、かつ、その同意の登記があるときは、その同意をした抵当権者に対抗することができる。
② 抵当権者が前項の同意をするには、その抵当権を目的とする権利を有する者その他抵当権者の同意によって不利益を受けるべき者の承諾を得なければならない。

**（法定地上権）**
**第388条** 土地及びその上に存する建物が同一の所有者に属する場合において、その土地又は建物につき抵当権が設定され、その実行により所有者を異にするに至ったときは、その建物について、地上権が設定されたものとみなす。この場合において、地代は、当事者の請求により、裁判所が定める。

**（抵当地の上の建物の競売）**
**第389条** 抵当権の設定後に抵当地に建物が築造されたときは、抵当権者は、土地とともにその建物を競売することができる。ただし、その優先権は、土地の代価についてのみ行使することができる。
② 前項の規定は、その建物の所有者が抵当地を占有するについて抵当権者に対抗することができる権利を有する場合には、適用しない。

**（抵当不動産の第三取得者による買受け）**
**第390条** 抵当不動産の第三取得者は、その競売において買受人となることができる。

**（抵当不動産の第三取得者による費用の償還請求）**
**第391条** 抵当不動産の第三取得者は、抵当不動産について必要費又は有益費を支出したときは、第196条の区別に従い、抵当不動産の代価から、他の債権者より先にその償還を受けることができる。

**（共同抵当における代価の配当）**
**第392条** 債権者が同一の債権の担保として数個の不動産につき抵当権を有する場合において、同時にその代価を配当すべきときは、その各不動産の価額に応じて、その債権の負担を按分する。
② 債権者が同一の債権の担保として数個の不動産につき抵当権を有する場合において、ある不動産の代価のみを配当すべきときは、抵当権者は、その代価から債権の全部の弁済を受けることができる。この場合において、次順位

の抵当権者は、その弁済を受ける抵当権者が前項の規定に従い他の不動産の代価から弁済を受けるべき金額を限度として、その抵当権者に代位して抵当権を行使することができる。

**（共同抵当における代位の付記登記）**
**第393条**　前条第2項後段の規定により代位によって抵当権を行使する者は、その抵当権の登記にその代位を付記することができる。

**（抵当不動産以外の財産からの弁済）**
**第394条**　抵当権者は、抵当不動産の代価から弁済を受けない債権の部分についてのみ、他の財産から弁済を受けることができる。
②　前項の規定は、抵当不動産の代価に先立って他の財産の代価を配当すべき場合には、適用しない。この場合において、他の各債権者は、抵当権者に同項の規定による弁済を受けさせるため、抵当権者に配当すべき金額の供託を請求することができる。

**（抵当建物使用者の引渡しの猶予）**
**第395条**　抵当権者に対抗することができない賃貸借により抵当権の目的である建物の使用又は収益をする者であって次に掲げるもの（次項において「抵当建物使用者」という。）は、その建物の競売における買受人の買受けの時から6箇月を経過するまでは、その建物を買受人に引き渡すことを要しない。
　1　競売手続の開始前から使用又は収益をする者
　2　強制管理又は担保不動産収益執行の管理人が競売手続の開始後にした賃貸借により使用又は収益をする者
②　前項の規定は、買受人の買受けの時より後に同項の建物の使用をしたこと

の対価について、買受人が抵当建物使用者に対し相当の期間を定めてその1箇月分以上の支払の催告をし、その相当の期間内に履行がない場合には、適用しない。

# 第3節　抵当権の消滅

**（抵当権の消滅時効）**
**第396条**　抵当権は、債務者及び抵当権設定者に対しては、その担保する債権と同時でなければ、時効によって消滅しない。

**（抵当不動産の時効取得による抵当権の消滅）**
**第397条**　債務者又は抵当権設定者でない者が抵当不動産について取得時効に必要な要件を具備する占有をしたときは、抵当権は、これによって消滅する。

**（抵当権の目的である地上権等の放棄）**
**第398条**　地上権又は永小作権を抵当権の目的とした地上権者又は永小作人は、その権利を放棄しても、これをもって抵当権者に対抗することができない。

# 第4節　根抵当

**（根抵当権）**
**第398条の2**　抵当権は、設定行為で定めるところにより、一定の範囲に属する不特定の債権を極度額の限度において担保するためにも設定することができる。
②　前項の規定による抵当権（以下「根抵当権」という。）の担保すべき不特定の債権の範囲は、債務者との特定の継続的取引契約によって生ずるものその他債務者との一定の種類の取引によって生ずるものに限定して、定めなければならない。

③　特定の原因に基づいて債務者との間に継続して生ずる債権、手形上若しくは小切手上の請求権又は電子記録債権（電子記録債権法（平成19年法律第102号）第2条第1項に規定する電子記録債権をいう。次条第2項において同じ。）は、前項の規定にかかわらず、根抵当権の担保すべき債権とすることができる。

> 第398条の2　〔同〕
> ②　〔同〕
> ③　特定の原因に基づいて債務者との間に継続して生ずる債権又は手形上若しくは小切手上の請求権は、前項の規定にかかわらず、根抵当権の担保すべき債権とすることができる。

**（根抵当権の被担保債権の範囲）**

**第398条の3**　根抵当権者は、確定した元本並びに利息その他の定期金及び債務の不履行によって生じた損害の賠償の全部について、極度額を限度として、その根抵当権を行使することができる。

②　債務者との取引によらないで取得する手形上若しくは小切手上の請求権又は電子記録債権を根抵当権の担保すべき債権とした場合において、次に掲げる事由があったときは、その前に取得したものについてのみ、その根抵当権を行使することができる。ただし、その後に取得したものであっても、その事由を知らないで取得したものについては、これを行使することを妨げない。
　1　債務者の支払の停止
　2　債務者についての破産手続開始、再生手続開始、更生手続開始又は特別清算開始の申立て
　3　抵当不動産に対する競売の申立て又は滞納処分による差押え

> 第398条の3　〔同〕

> ②　債務者との取引によらないで取得する手形上又は小切手上の請求権を根抵当権の担保すべき債権とした場合において、次に掲げる事由があったときは、その前に取得したものについてのみ、その根抵当権を行使することができる。ただし、その後に取得したものであっても、その事由を知らないで取得したものについては、これを行使することを妨げない。
> 　1から3まで　〔同〕

**（根抵当権の被担保債権の範囲及び債務者の変更）**

**第398条の4**　元本の確定前においては、根抵当権の担保すべき債権の範囲の変更をすることができる。債務者の変更についても、同様とする。

②　前項の変更をするには、後順位の抵当権者その他の第三者の承諾を得ることを要しない。

③　第1項の変更について元本の確定前に登記をしなかったときは、その変更をしなかったものとみなす。

**（根抵当権の極度額の変更）**

**第398条の5**　根抵当権の極度額の変更は、利害関係を有する者の承諾を得なければ、することができない。

**（根抵当権の元本確定期日の定め）**

**第398条の6**　根抵当権の担保すべき元本については、その確定すべき期日を定め又は変更することができる。

②　第398条の4第2項の規定は、前項の場合について準用する。

③　第1項の期日は、これを定め又は変更した日から5年以内でなければならない。

④　第1項の期日の変更についてその変更前の期日より前に登記をしなかったときは、担保すべき元本は、その変更

前の期日に確定する。

**（根抵当権の被担保債権の譲渡等）**

**第398条の7**　元本の確定前に根抵当権者から債権を取得した者は、その債権について根抵当権を行使することができない。元本の確定前に債務者のために又は債務者に代わって弁済をした者も、同様とする。

② 　元本の確定前に債務の引受けがあったときは、根抵当権者は、引受人の債務について、その根抵当権を行使することができない。

③ 　元本の確定前に免責的債務引受があった場合における債権者は、第472条の4第1項の規定にかかわらず、根抵当権を引受人が負担する債務に移すことができない。

④ 　元本の確定前に債権者の交替による更改があった場合における更改前の債権者は、第518条第1項の規定にかかわらず、根抵当権を更改後の債務に移すことができない。元本の確定前に債務者の交替による更改があった場合における債権者も、同様とする。

> 第398条の7　〔同〕
>
> ②　〔同〕
>
> 〔3項は新設規定〕
>
> ③ 　元本の確定前に債権者又は債務者の交替による更改があったときは、その当事者は、第518条の規定にかかわらず、根抵当権を更改後の債務に移すことができない。〔④に繰下げ〕

**（根抵当権者又は債務者の相続）**

**第398条の8**　元本の確定前に根抵当権者について相続が開始したときは、根抵当権は、相続開始の時に存する債権のほか、相続人と根抵当権設定者との合意により定めた相続人が相続の開始

後に取得する債権を担保する。

② 　元本の確定前にその債務者について相続が開始したときは、根抵当権は、相続開始の時に存する債務のほか、根抵当権者と根抵当権設定者との合意により定めた相続人が相続の開始後に負担する債務を担保する。

③ 　第398条の4第2項の規定は、前2項の合意をする場合について準用する。

④ 　第1項及び第2項の合意について相続の開始後6箇月以内に登記をしないときは、担保すべき元本は、相続開始の時に確定したものとみなす。

**（根抵当権者又は債務者の合併）**

**第398条の9**　元本の確定前に根抵当権者について合併があったときは、根抵当権は、合併の時に存する債権のほか、合併後存続する法人又は合併によって設立された法人が合併後に取得する債権を担保する。

② 　元本の確定前にその債務者について合併があったときは、根抵当権は、合併の時に存する債務のほか、合併後存続する法人又は合併によって設立された法人が合併後に負担する債務を担保する。

③ 　前2項の場合には、根抵当権設定者は、担保すべき元本の確定を請求することができる。ただし、前項の場合において、その債務者が根抵当権設定者であるときは、この限りでない。

④ 　前項の規定による請求があったときは、担保すべき元本は、合併の時に確定したものとみなす。

⑤ 　第3項の規定による請求は、根抵当権設定者が合併のあったことを知った日から2週間を経過したときは、することができない。合併の日から1箇月

を経過したときも、同様とする。

**（根抵当権者又は債務者の会社分割）**

**第398条の10** 元本の確定前に根抵当権者を分割をする会社とする分割があったときは、根抵当権は、分割の時に存する債権のほか、分割をした会社及び分割により設立された会社又は当該分割をした会社がその事業に関して有する権利義務の全部又は一部を当該会社から承継した会社が分割後に取得する債権を担保する。

② 元本の確定前にその債務者を分割をする会社とする分割があったときは、根抵当権は、分割の時に存する債務のほか、分割をした会社及び分割により設立された会社又は当該分割をした会社がその事業に関して有する権利義務の全部又は一部を当該会社から承継した会社が分割後に負担する債務を担保する。

③ 前条第3項から第5項までの規定は、前2項の場合について準用する。

**（根抵当権の処分）**

**第398条の11** 元本の確定前においては、根抵当権者は、第376条第1項の規定による根抵当権の処分をすることができない。ただし、その根抵当権を他の債権の担保とすることを妨げない。

② 第377条第2項の規定は、前項ただし書の場合において元本の確定前にした弁済については、適用しない。

**（根抵当権の譲渡）**

**第398条の12** 元本の確定前においては、根抵当権者は、根抵当権設定者の承諾を得て、その根抵当権を譲り渡すことができる。

② 根抵当権者は、その根抵当権を2個の根抵当権に分割して、その一方を前項の規定により譲り渡すことができる。この場合において、その根抵当権を目的とする権利は、譲り渡した根抵当権について消滅する。

③ 前項の規定による譲渡をするには、その根抵当権を目的とする権利を有する者の承諾を得なければならない。

**（根抵当権の一部譲渡）**

**第398条の13** 元本の確定前においては、根抵当権者は、根抵当権設定者の承諾を得て、その根抵当権の一部譲渡（譲渡人が譲受人と根抵当権を共有するため、これを分割しないで譲り渡すことをいう。以下この節において同じ。）をすることができる。

**（根抵当権の共有）**

**第398条の14** 根抵当権の共有者は、それぞれその債権額の割合に応じて弁済を受ける。ただし、元本の確定前に、これと異なる割合を定め、又はある者が他の者に先立って弁済を受けるべきことを定めたときは、その定めに従う。

② 根抵当権の共有者は、他の共有者の同意を得て、第398条の12第1項の規定によりその権利を譲り渡すことができる。

**（抵当権の順位の譲渡又は放棄と根抵当権の譲渡又は一部譲渡）**

**第398条の15** 抵当権の順位の譲渡又は放棄を受けた根抵当権者が、その根抵当権の譲渡又は一部譲渡をしたときは、譲受人は、その順位の譲渡又は放棄の利益を受ける。

**（共同根抵当）**

**第398条の16** 第392条及び第393条の規定は、根抵当権については、その設定と同時に同一の債権の担保として数個の不動産につき根抵当権が設定され

た旨の登記をした場合に限り、適用する。

**（共同根抵当の変更等）**

**第398条の17** 前条の登記がされている根抵当権の担保すべき債権の範囲、債務者若しくは極度額の変更又はその譲渡若しくは一部譲渡は、その根抵当権が設定されているすべての不動産について登記をしなければ、その効力を生じない。

② 前条の登記がされている根抵当権の担保すべき元本は、1個の不動産についてのみ確定すべき事由が生じた場合においても、確定する。

**（累積根抵当）**

**第398条の18** 数個の不動産につき根抵当権を有する者は、第398条の16の場合を除き、各不動産の代価について、各極度額に至るまで優先権を行使することができる。

**（根抵当権の元本の確定請求）**

**第398条の19** 根抵当権設定者は、根抵当権の設定の時から3年を経過したときは、担保すべき元本の確定を請求することができる。この場合において、担保すべき元本は、その請求の時から2週間を経過することによって確定する。

② 根抵当権者は、いつでも、担保すべき元本の確定を請求することができる。この場合において、担保すべき元本は、その請求の時に確定する。

③ 前2項の規定は、担保すべき元本の確定すべき期日の定めがあるときは、適用しない。

**（根抵当権の元本の確定事由）**

**第398条の20** 次に掲げる場合には、根抵当権の担保すべき元本は、確定する。

1 根抵当権者が抵当不動産について競売若しくは担保不動産収益執行又は第372条において準用する第304条の規定による差押えを申し立てたとき。ただし、競売手続若しくは担保不動産収益執行手続の開始又は差押えがあったときに限る。

2 根抵当権者が抵当不動産に対して滞納処分による差押えをしたとき。

3 根抵当権者が抵当不動産に対する競売手続の開始又は滞納処分による差押えがあったことを知った時から2週間を経過したとき。

4 債務者又は根抵当権設定者が破産手続開始の決定を受けたとき。

② 前項第3号の競売手続の開始若しくは差押え又は同項第4号の破産手続開始の決定の効力が消滅したときは、担保すべき元本は、確定しなかったものとみなす。ただし、元本が確定したものとしてその根抵当権又はこれを目的とする権利を取得した者があるときは、この限りでない。

**（根抵当権の極度額の減額請求）**

**第398条の21** 元本の確定後においては、根抵当権設定者は、その根抵当権の極度額を、現に存する債務の額と以後2年間に生ずべき利息その他の定期金及び債務の不履行による損害賠償の額とを加えた額に減額することを請求することができる。

② 第398条の16の登記がされている根抵当権の極度額の減額については、前項の規定による請求は、そのうちの1個の不動産についてすれば足りる。

**（根抵当権の消滅請求）**

**第398条の22** 元本の確定後において現に存する債務の額が根抵当権の極度額

を超えるときは、他人の債務を担保す
るためその根抵当権を設定した者又は
抵当不動産について所有権、地上権、
永小作権若しくは第三者に対抗するこ
とができる賃借権を取得した第三者は、
その極度額に相当する金額を払い渡し
又は供託して、その根抵当権の消滅請
求をすることができる。この場合にお
いて、その払渡し又は供託は、弁済の
効力を有する。
② 第398条の16の登記がされている
根抵当権は、1個の不動産について前
項の消滅請求があったときは、消滅す
る。
③ 第380条及び第381条の規定は、第
1項の消滅請求について準用する。

# 第 3 編 債 権

# 第1章　総則

## 第1節　債権の目的

（債権の目的）

**第399条**　債権は、金銭に見積もることができないものであっても、その目的とすることができる。

（特定物の引渡しの場合の注意義務）

**第400条**　債権の目的が特定物の引渡しであるときは、債務者は、その引渡しをするまで、契約その他の債権の発生原因及び取引上の社会通念に照らして定まる善良な管理者の注意をもって、その物を保存しなければならない。

> 第400条　債権の目的が特定物の引渡しであるときは、債務者は、その引渡しをするまで、善良な管理者の注意をもって、その物を保存しなければならない。

（種類債権）

**第401条**　債権の目的物を種類のみで指定した場合において、法律行為の性質又は当事者の意思によってその品質を定めることができないときは、債務者は、中等の品質を有する物を給付しなければならない。

②　前項の場合において、債務者が物の給付をするのに必要な行為を完了し、又は債権者の同意を得てその給付すべき物を指定したときは、以後その物を債権の目的物とする。

（金銭債権）

**第402条**　債権の目的物が金銭であるときは、債務者は、その選択に従い、各種の通貨で弁済をすることができる。ただし、特定の種類の通貨の給付を債権の目的としたときは、この限りでない。

②　債権の目的物である特定の種類の通貨が弁済期に強制通用の効力を失っているときは、債務者は、他の通貨で弁済をしなければならない。

③　前2項の規定は、外国の通貨の給付を債権の目的とした場合について準用する。

**第403条**　外国の通貨で債権額を指定したときは、債務者は、履行地における為替相場により、日本の通貨で弁済をすることができる。

（法定利率）

**第404条**　利息を生ずべき債権について別段の意思表示がないときは、その利率は、その利息が生じた最初の時点における法定利率による。

②　法定利率は、年3パーセントとする。

③　前項の規定にかかわらず、法定利率は、法務省令で定めるところにより、3年を1期とし、1期ごとに、次項の規定により変動するものとする。

④　各期における法定利率は、この項の規定により法定利率に変動があった期のうち直近のもの（以下この項において「直近変動期」という。）における基準割合と当期における基準割合との差に相当する割合（その割合に1パーセント未満の端数があるときは、これを切り捨てる。）を直近変動期における法定利率に加算し、又は減算した割合とする。

⑤　前項に規定する「基準割合」とは、法務省令で定めるところにより、各期の初日の属する年の6年前の年の1月から前々年の12月までの各月における短期貸付けの平均利率（当該各月において銀行が新たに行った貸付け（貸付期間が1年未満のものに限る。）に係る利率の平均をいう。）の合計を60で除して計算した

割合（その割合に 0.1 パーセント未満の端数があるときは、これを切り捨てる。）として法務大臣が告示するものをいう。

> 第404条　利息を生ずべき債権について別段の意思表示がないときは、その利率は、年5分とする。
> 〔2項～5項は新設規定〕

**（利息の元本への組入れ）**

第405条　利息の支払が1年分以上延滞した場合において、債権者が催告をしても、債務者がその利息を支払わないときは、債権者は、これを元本に組み入れることができる。

**（選択債権における選択権の帰属）**

第406条　債権の目的が数個の給付の中から選択によって定まるときは、その選択権は、債務者に属する。

**（選択権の行使）**

第407条　前条の選択権は、相手方に対する意思表示によって行使する。

②　前項の意思表示は、相手方の承諾を得なければ、撤回することができない。

**（選択権の移転）**

第408条　債権が弁済期にある場合において、相手方から相当の期間を定めて催告をしても、選択権を有する当事者がその期間内に選択をしないときは、その選択権は、相手方に移転する。

**（第三者の選択権）**

第409条　第三者が選択をすべき場合には、その選択は、債権者又は債務者に対する意思表示によってする。

②　前項に規定する場合において、第三者が選択をすることができず、又は選択をする意思を有しないときは、選択権は、債務者に移転する。

**（不能による選択債権の特定）**

第410条　債権の目的である給付の中に不能のものがある場合において、その不能が選択権を有する者の過失によるものであるときは、債権は、その残存するものについて存在する。

> 第410条　債権の目的である給付の中に、初めから不能であるもの又は後に至って不能となったものがあるときは、債権は、その残存するものについて存在する。
> ②　選択権を有しない当事者の過失によって給付が不能となったときは、前項の規定は、適用しない。

**（選択の効力）**

第411条　選択は、債権の発生の時にさかのぼってその効力を生ずる。ただし、第三者の権利を害することはできない。

## 第2節　債権の効力

### 第1款　債務不履行の責任等

**（履行期と履行遅滞）**

第412条　債務の履行について確定期限があるときは、債務者は、その期限の到来した時から遅滞の責任を負う。

②　債務の履行について不確定期限があるときは、債務者は、その期限の到来した後に履行の請求を受けた時又はその期限の到来したことを知った時のいずれか早い時から遅滞の責任を負う。

③　債務の履行について期限を定めなかったときは、債務者は、履行の請求を受けた時から遅滞の責任を負う。

> 第412条　〔同〕
> ②　債務の履行について不確定期限があるときは、債務者は、その期限の到来したことを知った時から遅滞の責任を負う。
> ③　〔同〕

☆**（履行不能）**

第412条の2　債務の履行が契約その他

第3編　債権

の債務の発生原因及び取引上の社会通念に照らして不能であるときは、債権者は、その債務の履行を請求することができない。

② 契約に基づく債務の履行がその契約の成立の時に不能であったことは、第415条の規定によりその履行の不能によって生じた損害の賠償を請求することを妨げない。

## ☆（受領遅滞）

**第413条** 債権者が債務の履行を受けることを拒み、又は受けることができない場合において、その債務の目的が特定物の引渡しであるときは、債務者は、履行の提供をした時からその引渡しをするまで、自己の財産に対するのと同一の注意をもって、その物を保存すれば足りる。

② 債権者が債務の履行を受けることを拒み、又は受けることができないことによって、その履行の費用が増加したときは、その増加額は、債権者の負担とする。

> 第413条 債権者が債務の履行を受けることを拒み、又は受けることができないときは、その債権者は、履行の提供があった時から遅滞の責任を負う。

## ☆（履行遅滞中又は受領遅滞中の履行不能と帰責事由）

**第413条の2** 債務者がその債務について遅滞の責任を負っている間に当事者双方の責めに帰することができない事由によってその債務の履行が不能となったときは、その履行の不能は、債務者の責めに帰すべき事由によるものとみなす。

② 債権者が債務の履行を受けることを拒み、又は受けることができない場合において、履行の提供があった時以後に当事者双方の責めに帰することができない事由によってその債務の履行が不能となったときは、その履行の不能は、債権者の責めに帰すべき事由によるものとみなす。

## （履行の強制）

**第414条** 債務者が任意に債務の履行をしないときは、債権者は、民事執行法その他強制執行の手続に関する法令の規定に従い、直接強制、代替執行、間接強制その他の方法による履行の強制を裁判所に請求することができる。ただし、債務の性質がこれを許さないときは、この限りでない。

② 前項の規定は、損害賠償の請求を妨げない。

> 第414条 債務者が任意に債務の履行をしないときは、債権者は、その強制履行を裁判所に請求することができる。ただし、債務の性質がこれを許さないときは、この限りでない。
>
> ② 債務の性質が強制履行を許さない場合において、その債務が作為を目的とするときは、債権者は、債務者の費用で第三者にこれをさせることを裁判所に請求することができる。ただし、法律行為を目的とする債務については、裁判をもって債務者の意思表示に代えることができる。
>
> ③ 不作為を目的とする債務については、債務者の費用で、債務者がした行為の結果を除去し、又は将来のため適当な処分をすることを裁判所に請求することができる。
>
> ④ 前3項の規定は、損害賠償の請求を妨げない。〔②に繰上げ〕

## ☆（債務不履行による損害賠償）

**第415条** 債務者がその債務の本旨に従った履行をしないとき又は債務の履行

が不能であるときは、債権者は、これによって生じた損害の賠償を請求することができる。ただし、その債務の不履行が契約その他の債務の発生原因及び取引上の社会通念に照らして債務者の責めに帰することができない事由によるものであるときは、この限りでない。

② 前項の規定により損害賠償の請求をすることができる場合において、債権者は、次に掲げるときは、債務の履行に代わる損害賠償の請求をすることができる。

1 債務の履行が不能であるとき。
2 債務者がその債務の履行を拒絶する意思を明確に表示したとき。
3 債務が契約によって生じたものである場合において、その契約が解除され、又は債務の不履行による契約の解除権が発生したとき。

> 第415条　債務者がその債務の本旨に従った履行をしないときは、債権者は、これによって生じた損害の賠償を請求することができる。債務者の責めに帰すべき事由によって履行をすることができなくなったときも、同様とする。

**（損害賠償の範囲）**

**第416条**　債務の不履行に対する損害賠償の請求は、これによって通常生ずべき損害の賠償をさせることをその目的とする。

② 特別の事情によって生じた損害であっても、当事者がその事情を予見すべきであったときは、債権者は、その賠償を請求することができる。

> 第416条　〔同〕
> ② 特別の事情によって生じた損害であっても、当事者がその事情を予見し、又は予見

することができたときは、債権者は、その賠償を請求することができる。

**（損害賠償の方法）**

**第417条**　損害賠償は、別段の意思表示がないときは、金銭をもってその額を定める。

☆ **（中間利息の控除）**

**第417条の2**　将来において取得すべき利益についての損害賠償の額を定める場合において、その利益を取得すべき時までの利息相当額を控除するときは、その損害賠償の請求権が生じた時点における法定利率により、これをする。

② 将来において負担すべき費用についての損害賠償の額を定める場合において、その費用を負担すべき時までの利息相当額を控除するときも、前項と同様とする。

**（過失相殺）**

**第418条**　債務の不履行又はこれによる損害の発生若しくは拡大に関して債権者に過失があったときは、裁判所は、これを考慮して、損害賠償の責任及びその額を定める。

> 第418条　債務の不履行に関して債権者に過失があったときは、裁判所は、これを考慮して、損害賠償の責任及びその額を定める。

**（金銭債務の特則）**

**第419条**　金銭の給付を目的とする債務の不履行については、その損害賠償の額は、債務者が遅滞の責任を負った最初の時点における法定利率によって定める。ただし、約定利率が法定利率を超えるときは、約定利率による。

② 前項の損害賠償については、債権者は、損害の証明をすることを要しない。

③ 第1項の損害賠償については、債務者は、不可抗力をもって抗弁とするこ

とができない。

> 第419条 金銭の給付を目的とする債務の不
> 履行については、その損害賠償の額は、法
> 定利率によって定める。ただし、約定利率
> が法定利率を超えるときは、約定利率によ
> る。
> ②・③ 〔同〕

**（賠償額の予定）**

**第420条** 当事者は、債務の不履行につ
いて損害賠償の額を予定することがで
きる。

② 賠償額の予定は、履行の請求又は解
除権の行使を妨げない。

③ 違約金は、賠償額の予定と推定する。

> 第420条 当事者は、債務の不履行について
> 損害賠償の額を予定することができる。こ
> の場合において、裁判所は、その額を増減
> することができない。
> ②・③ 〔同〕

**第421条** 前条の規定は、当事者が金銭
でないものを損害の賠償に充てるべき
旨を予定した場合について準用する。

**（損害賠償による代位）**

**第422条** 債権者が、損害賠償として、
その債権の目的である物又は権利の価
額の全部の支払を受けたときは、債務
者は、その物又は権利について当然に
債権者に代位する。

☆**（代償請求権）**

**第422条の2** 債務者が、その債務の履
行が不能となったのと同一の原因によ
り債務の目的物の代償である権利又は
利益を取得したときは、債権者は、そ
の受けた損害の額の限度において、債
務者に対し、その権利の移転又はその
利益の償還を請求することができる。

## 第2款　債権者代位権

**（債権者代位権の要件）**

**第423条** 債権者は、自己の債権を保全
するため必要があるときは、債務者に
属する権利（以下「被代位権利」という。）
を行使することができる。ただし、債
務者の一身に専属する権利及び差押え
を禁じられた権利は、この限りでない。

② 債権者は、その債権の期限が到来し
ない間は、被代位権利を行使すること
ができない。ただし、保存行為は、こ
の限りでない。

③ 債権者は、その債権が強制執行によ
り実現することのできないものである
ときは、被代位権利を行使することが
できない。

> **（債権者代位権）**
> 第423条 債権者は、自己の債権を保全する
> ため、債務者に属する権利を行使すること
> ができる。ただし、債務者の一身に専属す
> る権利は、この限りでない。
> ② 債権者は、その債権の期限が到来しない
> 間は、裁判上の代位によらなければ、前項
> の権利を行使することができない。ただし、
> 保存行為は、この限りでない。
> 〔3項は新設規定〕

☆**（代位行使の範囲）**

**第423条の2** 債権者は、被代位権利を
行使する場合において、被代位権利の
目的が可分であるときは、自己の債権
の額の限度においてのみ、被代位権利
を行使することができる。

☆**（債権者への支払又は引渡し）**

**第423条の3** 債権者は、被代位権利を
行使する場合において、被代位権利が
金銭の支払又は動産の引渡しを目的と
するものであるときは、相手方に対し、

その支払又は引渡しを自己に対してすることを求めることができる。この場合において、相手方が債権者に対してその支払又は引渡しをしたときは、被代位権利は、これによって消滅する。

☆**（相手方の抗弁）**

**第423条の4**　債権者が被代位権利を行使したときは、相手方は、債務者に対して主張することができる抗弁をもって、債権者に対抗することができる。

☆**（債務者の取立てその他の処分の権限等）**

**第423条の5**　債権者が被代位権利を行使した場合であっても、債務者は、被代位権利について、自ら取立てその他の処分をすることを妨げられない。この場合においては、相手方も、被代位権利について、債務者に対して履行をすることを妨げられない。

☆**（被代位権利の行使に係る訴えを提起した場合の訴訟告知）**

**第423条の6**　債権者は、被代位権利の行使に係る訴えを提起したときは、遅滞なく、債務者に対し、訴訟告知をしなければならない。

☆**（登記又は登録の請求権を保全するための債権者代位権）**

**第423条の7**　登記又は登録をしなければ権利の得喪及び変更を第三者に対抗することができない財産を譲り受けた者は、その譲渡人が第三者に対して有する登記手続又は登録手続をすべきことを請求する権利を行使しないときは、その権利を行使することができる。この場合においては、前3条の規定を準用する。

## ☆第3款　詐害行為取消権

### ☆第1目　詐害行為取消権の要件

**（詐害行為取消請求）**

**第424条**　債権者は、債務者が債権者を害することを知ってした行為の取消しを裁判所に請求することができる。ただし、その行為によって利益を受けた者（以下この款において「受益者」という。）がその行為の時において債権者を害することを知らなかったときは、この限りでない。

② 　前項の規定は、財産権を目的としない行為については、適用しない。

③ 　債権者は、その債権が第1項に規定する行為の前の原因に基づいて生じたものである場合に限り、同項の規定による請求（以下「詐害行為取消請求」という。）をすることができる。

④ 　債権者は、その債権が強制執行により実現することのできないものであるときは、詐害行為取消請求をすることができない。

**（詐害行為取消権）**

**第424条**　債権者は、債務者が債権者を害することを知ってした法律行為の取消しを裁判所に請求することができる。ただし、その行為によって利益を受けた者又は転得者がその行為又は転得の時において債権者を害すべき事実を知らなかったときは、この限りでない。

② 　前項の規定は、財産権を目的としない法律行為については、適用しない。

〔3項・4項は新設規定〕

第3編　債権

☆（相当の対価を得てした財産の処分行為の特則）

**第424条の2** 債務者が、その有する財産を処分する行為をした場合において、受益者から相当の対価を取得しているときは、債権者は、次に掲げる要件のいずれにも該当する場合に限り、その行為について、詐害行為取消請求をすることができる。

1 その行為が、不動産の金銭への換価その他の当該処分による財産の種類の変更により、債務者において隠匿、無償の供与その他の債権者を害することとなる処分（以下この条において「隠匿等の処分」という。）をするおそれを現に生じさせるものであること。

2 債務者が、その行為の当時、対価として取得した金銭その他の財産について、隠匿等の処分をする意思を有していたこと。

3 受益者が、その行為の当時、債務者が隠匿等の処分をする意思を有していたことを知っていたこと。

☆（特定の債権者に対する担保の供与等の特則）

**第424条の3** 債務者がした既存の債務についての担保の供与又は債務の消滅に関する行為について、債権者は、次に掲げる要件のいずれにも該当する場合に限り、詐害行為取消請求をすることができる。

1 その行為が、債務者が支払不能（債務者が、支払能力を欠くために、その債務のうち弁済期にあるものにつき、一般的かつ継続的に弁済することができない状態をいう。次項第1号において同じ。）の時に行われたものであること。

2 その行為が、債務者と受益者とが通謀して他の債権者を害する意図をもって行われたものであること。

② 前項に規定する行為が、債務者の義務に属せず、又はその時期が債務者の義務に属しないものである場合において、次に掲げる要件のいずれにも該当するときは、債権者は、同項の規定にかかわらず、その行為について、詐害行為取消請求をすることができる。

1 その行為が、債務者が支払不能になる前30日以内に行われたものであること。

2 その行為が、債務者と受益者とが通謀して他の債権者を害する意図をもって行われたものであること。

☆（過大な代物弁済等の特則）

**第424条の4** 債務者がした債務の消滅に関する行為であって、受益者の受けた給付の価額がその行為によって消滅した債務の額より過大であるものについて、第424条に規定する要件に該当するときは、債権者は、前条第1項の規定にかかわらず、その消滅した債務の額に相当する部分以外の部分については、詐害行為取消請求をすることができる。

☆（転得者に対する詐害行為取消請求）

**第424条の5** 債権者は、受益者に対して詐害行為取消請求をすることができる場合において、受益者に移転した財産を転得した者があるときは、次の各号に掲げる区分に応じ、それぞれ当該各号に定める場合に限り、その転得者に対しても、詐害行為取消請求をすることができる。

1 その転得者が受益者から転得した者である場合 その転得者が、転得

の当時、債務者がした行為が債権者を害することを知っていたとき。

2 その転得者が他の転得者から転得した者である場合　その転得者及びその前に転得した全ての転得者が、それぞれの転得の当時、債務者がした行為が債権者を害することを知っていたとき。

### ☆第2目　詐害行為取消権の行使の方法等

☆**（財産の返還又は価額の償還の請求）**

**第424条の6**　債権者は、受益者に対する詐害行為取消請求において、債務者がした行為の取消しとともに、その行為によって受益者に移転した財産の返還を請求することができる。受益者がその財産の返還をすることが困難であるときは、債権者は、その価額の償還を請求することができる。

② 債権者は、転得者に対する詐害行為取消請求において、債務者がした行為の取消しとともに、転得者が転得した財産の返還を請求することができる。転得者がその財産の返還をすることが困難であるときは、債権者は、その価額の償還を請求することができる。

☆**（被告及び訴訟告知）**

**第424条の7**　詐害行為取消請求に係る訴えについては、次の各号に掲げる区分に応じ、それぞれ当該各号に定める者を被告とする。

1 受益者に対する詐害行為取消請求に係る訴え　受益者

2 転得者に対する詐害行為取消請求に係る訴え　その詐害行為取消請求の相手方である転得者

② 債権者は、詐害行為取消請求に係る訴えを提起したときは、遅滞なく、債務者に対し、訴訟告知をしなければならない。

☆**（詐害行為の取消しの範囲）**

**第424条の8**　債権者は、詐害行為取消請求をする場合において、債務者がした行為の目的が可分であるときは、自己の債権の額の限度においてのみ、その行為の取消しを請求することができる。

② 債権者が第424条の6第1項後段又は第2項後段の規定により価額の償還を請求する場合についても、前項と同様とする。

☆**（債権者への支払又は引渡し）**

**第424条の9**　債権者は、第424条の6第1項前段又は第2項前段の規定により受益者又は転得者に対して財産の返還を請求する場合において、その返還の請求が金銭の支払又は動産の引渡しを求めるものであるときは、受益者に対してその支払又は引渡しを、転得者に対してその引渡しを、自己に対してすることを求めることができる。この場合において、受益者又は転得者は、債権者に対してその支払又は引渡しをしたときは、債務者に対してその支払又は引渡しをすることを要しない。

② 債権者が第424条の6第1項後段又は第2項後段の規定により受益者又は転得者に対して価額の償還を請求する場合についても、前項と同様とする。

### ☆第3目　詐害行為取消権の行使の効果

☆**（認容判決の効力が及ぶ者の範囲）**

**第425条**　詐害行為取消請求を認容する確定判決は、債務者及びその全ての債

・87・

権者に対してもその効力を有する。

（詐害行為の取消しの効果）

第425条　前条の規定による取消しは、すべての債権者の利益のためにその効力を生ずる。

☆（債務者の受けた反対給付に関する受益者の権利）

第425条の2　債務者がした財産の処分に関する行為（債務の消滅に関する行為を除く。）が取り消されたときは、受益者は、債務者に対し、その財産を取得するためにした反対給付の返還を請求することができる。債務者がその反対給付の返還をすることが困難であるときは、受益者は、その価額の償還を請求することができる。

☆（受益者の債権の回復）

第425条の3　債務者がした債務の消滅に関する行為が取り消された場合（第424条の4の規定により取り消された場合を除く。）において、受益者が債務者から受けた給付を返還し、又はその価額を償還したときは、受益者の債務者に対する債権は、これによって原状に復する。

☆（詐害行為取消請求を受けた転得者の権利）

第425条の4　債務者がした行為が転得者に対する詐害行為取消請求によって取り消されたときは、その転得者は、次の各号に掲げる区分に応じ、それぞれ当該各号に定める権利を行使することができる。ただし、その転得者がその前者から財産を取得するためにした反対給付又はその前者から財産を取得することによって消滅した債権の価額を限度とする。

1　第425条の2に規定する行為が取り消された場合　その行為が受益者に対する詐害行為取消請求によって取り消されたとすれば同条の規定により生ずべき受益者の債務者に対する反対給付の返還請求権又はその価額の償還請求権

2　前条に規定する行為が取り消された場合（第424条の4の規定により取り消された場合を除く。）　その行為が受益者に対する詐害行為取消請求によって取り消されたとすれば前条の規定により回復すべき受益者の債務者に対する債権

☆第4目　詐害行為取消権の期間の制限

☆第426条　詐害行為取消請求に係る訴えは、債務者が債権者を害することを知って行為をしたことを債権者が知った時から2年を経過したときは、提起することができない。行為の時から10年を経過したときも、同様とする。

（詐害行為取消権の期間の制限）

第426条　第424条の規定による取消権は、債権者が取消しの原因を知った時から2年間行使しないときは、時効によって消滅する。行為の時から20年を経過したときも、同様とする。

# 第3節　多数当事者の債権及び債務

## 第1款　総則

（分割債権及び分割債務）

第427条　数人の債権者又は債務者がある場合において、別段の意思表示がないときは、各債権者又は各債務者は、それぞれ等しい割合で権利を有し、又

は義務を負う。

## 第2款　不可分債権及び不可分債務

☆ **（不可分債権）**

**第428条**　次款（連帯債権）の規定（第433条及び第435条の規定を除く。）は、債権の目的がその性質上不可分である場合において、数人の債権者があるときについて準用する。

> 第428条　債権の目的がその性質上又は当事者の意思表示によって不可分である場合において、数人の債権者があるときは、各債権者はすべての債権者のために履行を請求し、債務者はすべての債権者のために各債権者に対して履行をすることができる。

**（不可分債権者の1人との間の更改又は免除）**

**第429条**　不可分債権者の1人と債務者との間に更改又は免除があった場合においても、他の不可分債権者は、債務の全部の履行を請求することができる。この場合においては、その1人の不可分債権者がその権利を失わなければ分与されるべき利益を債務者に償還しなければならない。

> **（不可分債権者の1人について生じた事由等の効力）**
> 第429条　不可分債権者の1人と債務者との間に更改又は免除があった場合においても、他の不可分債権者は、債務の全部の履行を請求することができる。この場合においては、その1人の不可分債権者がその権利を失わなければ分与される利益を債務者に償還しなければならない。
> ②　前項に規定する場合のほか、不可分債権者の1人の行為又は1人について生じた事由は、他の不可分債権者に対してその効力

を生じない。

☆ **（不可分債務）**

**第430条**　第4款（連帯債務）の規定（第440条の規定を除く。）は、債務の目的がその性質上不可分である場合において、数人の債務者があるときについて準用する。

> 第430条　前条の規定及び次款（連帯債務）の規定（第434条から第440条までの規定を除く。）は、数人が不可分債務を負担する場合について準用する。

**（可分債権又は可分債務への変更）**

**第431条**　不可分債権が可分債権となったときは、各債権者は自己が権利を有する部分についてのみ履行を請求することができ、不可分債務が可分債務となったときは、各債務者はその負担部分についてのみ履行の責任を負う。

## ☆第3款　連帯債権

☆ **（連帯債権者による履行の請求等）**

**第432条**　債権の目的がその性質上可分である場合において、法令の規定又は当事者の意思表示によって数人が連帯して債権を有するときは、各債権者は、全ての債権者のために全部又は一部の履行を請求することができ、債務者は、全ての債権者のために各債権者に対して履行をすることができる。

☆ **（連帯債権者の1人との間の更改又は免除）**

**第433条**　連帯債権者の1人と債務者との間に更改又は免除があったときは、その連帯債権者がその権利を失わなければ分与されるべき利益に係る部分については、他の連帯債権者は、履行を請求することができない。

第3編　債権

☆（連帯債権者の1人との間の相殺）

**第434条** 債務者が連帯債権者の1人に対して債権を有する場合において、その債務者が相殺を援用したときは、その相殺は、他の連帯債権者に対しても、その効力を生ずる。

☆（連帯債権者の1人との間の混同）

**第435条** 連帯債権者の1人と債務者との間に混同があったときは、債務者は、弁済をしたものとみなす。

☆（相対的効力の原則）

**第435条の2** 第432条から前条までに規定する場合を除き、連帯債権者の1人の行為又は1人について生じた事由は、他の連帯債権者に対してその効力を生じない。ただし、他の連帯債権者の1人及び債務者が別段の意思を表示したときは、当該他の連帯債権者に対する効力は、その意思に従う。

## 第4款　連帯債務

（連帯債務者に対する履行の請求）

**第436条** 債務の目的がその性質上可分である場合において、法令の規定又は当事者の意思表示によって数人が連帯して債務を負担するときは、債権者は、その連帯債務者の1人に対し、又は同時に若しくは順次に全ての連帯債務者に対し、全部又は一部の履行を請求することができる。

> （履行の請求）
> **第432条** 数人が連帯債務を負担するときは、債権者は、その連帯債務者の1人に対し、又は同時に若しくは順次にすべての連帯債務者に対し、全部又は一部の履行を請求することができる。〔第436条に繰下げ〕

（連帯債務者の1人についての法律行為の無効等）

**第437条** 連帯債務者の1人について法律行為の無効又は取消しの原因があっても、他の連帯債務者の債務は、その効力を妨げられない。

> 第433条　〔第437条に繰下げ〕
> ★（連帯債務者の1人に対する履行の請求）
> **第434条** 連帯債務者の1人に対する履行の請求は、他の連帯債務者に対しても、その効力を生ずる。

（連帯債務者の1人との間の更改）

**第438条** 連帯債務者の1人と債権者との間に更改があったときは、債権は、全ての連帯債務者の利益のために消滅する。

> 第435条　連帯債務者の1人と債権者との間に更改があったときは、債権は、すべての連帯債務者の利益のために消滅する。〔第438条に繰下げ〕

（連帯債務者の1人による相殺等）

**第439条** 連帯債務者の1人が債権者に対して債権を有する場合において、その連帯債務者が相殺を援用したときは、債権は、全ての連帯債務者の利益のために消滅する。

② 前項の債権を有する連帯債務者が相殺を援用しない間は、その連帯債務者の負担部分の限度において、他の連帯債務者は、債権者に対して債務の履行を拒むことができる。

> 第436条　連帯債務者の1人が債権者に対して債権を有する場合において、その連帯債務者が相殺を援用したときは、債権は、すべての連帯債務者の利益のために消滅する。〔第439条に繰下げ〕
> ② 前項の債権を有する連帯債務者が相殺を援用しない間は、その連帯債務者の負担部

分についてのみ他の連帯債務者が相殺を援用することができる。

★（連帯債務者の１人に対する免除）

第437条　連帯債務者の１人に対してした債務の免除は、その連帯債務者の負担部分についてのみ、他の連帯債務者の利益のためにも、その効力を生ずる。

## （連帯債務者の１人との間の混同）

第440条　連帯債務者の１人と債権者との間に混同があったときは、その連帯債務者は、弁済をしたものとみなす。

第438条　〔第440条に繰下げ〕

- - - - - - - - - - - - - - - - - - - - - - - - - -

★（連帯債務者の１人についての時効の完成）

第439条　連帯債務者の１人のために時効が完成したときは、その連帯債務者の負担部分については、他の連帯債務者も、その義務を免れる。

## （相対的効力の原則）

第441条　第438条、第439条第１項及び前条に規定する場合を除き、連帯債務者の１人について生じた事由は、他の連帯債務者に対してその効力を生じない。ただし、債権者及び他の連帯債務者の１人が別段の意思を表示したときは、当該他の連帯債務者に対する効力は、その意思に従う。

第440条　第434条から前条までに規定する場合を除き、連帯債務者の１人について生じた事由は、他の連帯債務者に対してその効力を生じない。〔第441条に繰下げ〕

- - - - - - - - - - - - - - - - - - - - - - - - - -

★（連帯債務者についての破産手続の開始）

第441条　連帯債務者の全員又はそのうちの数人が破産手続開始の決定を受けたときは、債権者は、その債権の全額について各破産財団の配当に加入することができる。

## （連帯債務者間の求償権）

第442条　連帯債務者の１人が弁済をし、その他自己の財産をもって共同の免責

を得たときは、その連帯債務者は、その免責を得た額が自己の負担部分を超えるかどうかにかかわらず、他の連帯債務者に対し、その免責を得るために支出した財産の額（その財産の額が共同の免責を得た額を超える場合にあっては、その免責を得た額）のうち各自の負担部分に応じた額の求償権を有する。

② 前項の規定による求償は、弁済その他免責があった日以後の法定利息及び避けることができなかった費用その他の損害の賠償を包含する。

第442条　連帯債務者の１人が弁済をし、その他自己の財産をもって共同の免責を得たときは、その連帯債務者は、他の連帯債務者に対し、各自の負担部分について求償権を有する。

② 〔同〕

## （通知を怠った連帯債務者の求償の制限）

第443条　他の連帯債務者があることを知りながら、連帯債務者の１人が共同の免責を得ることを他の連帯債務者に通知しないで弁済をし、その他自己の財産をもって共同の免責を得た場合において、他の連帯債務者は、債権者に対抗することができる事由を有していたときは、その負担部分について、その事由をもってその免責を得た連帯債務者に対抗することができる。この場合において、相殺をもってその免責を得た連帯債務者に対抗したときは、その連帯債務者は、債権者に対し、相殺によって消滅すべきであった債務の履行を請求することができる。

② 弁済をし、その他自己の財産をもって共同の免責を得た連帯債務者が、他の連帯債務者があることを知りながらその免責を得たことを他の連帯債務者

に通知することを怠ったため、他の連帯債務者が善意で弁済その他自己の財産をもって免責を得るための行為をしたときは、当該他の連帯債務者は、その免責を得るための行為を有効であったものとみなすことができる。

> 第443条 連帯債務者の1人が債権者から履行の請求を受けたことを他の連帯債務者に通知しないで弁済をし、その他自己の財産をもって共同の免責を得た場合において、他の連帯債務者は、債権者に対抗することができる事由を有していたときは、その負担部分について、その事由をもってその免責を得た連帯債務者に対抗することができる。この場合において、相殺をもってその免責を得た連帯債務者に対抗したときは、過失のある連帯債務者は、債権者に対し、相殺によって消滅すべきであった債務の履行を請求することができる。
> ② 連帯債務者の1人が弁済をし、その他自己の財産をもって共同の免責を得たことを他の連帯債務者に通知することを怠ったため、他の連帯債務者が善意で弁済をし、その他有償の行為をもって免責を得たときは、その免責を得た連帯債務者は、自己の弁済その他免責のためにした行為を有効であったものとみなすことができる。

**（償還をする資力のない者の負担部分の分担）**

第444条 連帯債務者の中に償還をする資力のない者があるときは、その償還をすることができない部分は、求償者及び他の資力のある者の間で、各自の負担部分に応じて分割して負担する。

② 前項に規定する場合において、求償者及び他の資力のある者がいずれも負担部分を有しない者であるときは、その償還をすることができない部分は、

求償者及び他の資力のある者の間で、等しい割合で分割して負担する。

③ 前2項の規定にかかわらず、償還を受けることができないことについて求償者に過失があるときは、他の連帯債務者に対して分担を請求することができない。

> 第444条 連帯債務者の中に償還をする資力のない者があるときは、その償還をすることができない部分は、求償者及び他の資力のある者の間で、各自の負担部分に応じて分割して負担する。ただし、求償者に過失があるときは、他の連帯債務者に対して分担を請求することができない。
> 〔2項・3項は新設規定〕

☆ **（連帯債務者の1人との間の免除等と求償権）**

第445条 連帯債務者の1人に対して債務の免除がされ、又は連帯債務者の1人のために時効が完成した場合においても、他の連帯債務者は、その1人の連帯債務者に対し、第442条第1項の求償権を行使することができる。

> **（連帯の免除と弁済をする資力のない者の負担部分の分担）**
> 第445条 連帯債務者の1人が連帯の免除を得た場合において、他の連帯債務者の中に弁済をする資力のない者があるときは、債権者は、その資力のない者が弁済をすることができない部分のうち連帯の免除を得た者が負担すべき部分を負担する。

## 第5款 保証債務

### 第1目 総則

**（保証人の責任等）**

第446条 保証人は、主たる債務者がその債務を履行しないときに、その履行

をする責任を負う。

② 保証契約は、書面でしなければ、その効力を生じない。

③ 保証契約がその内容を記録した電磁的記録によってされたときは、その保証契約は、書面によってされたものとみなして、前項の規定を適用する。

> 第446条 〔同〕
>
> ② 〔同〕
>
> ③ 保証契約がその内容を記録した電磁的記録（電子的方式、磁気的方式その他人の知覚によっては認識することができない方式で作られる記録であって、電子計算機による情報処理の用に供されるものをいう。）によってされたときは、その保証契約は、書面によってされたものとみなして、前項の規定を適用する。

**（保証債務の範囲）**

**第447条** 保証債務は、主たる債務に関する利息、違約金、損害賠償その他その債務に従たるすべてのものを包含する。

② 保証人は、その保証債務についてのみ、違約金又は損害賠償の額を約定することができる。

**（保証人の負担と主たる債務の目的又は態様）**

**第448条** 保証人の負担が債務の目的又は態様において主たる債務より重いときは、これを主たる債務の限度に減縮する。

② 主たる債務の目的又は態様が保証契約の締結後に加重されたときであっても、保証人の負担は加重されない。

> （保証人の負担が主たる債務より重い場合）
>
> 第448条 〔2項は新設規定〕

**（取り消すことができる債務の保証）**

**第449条** 行為能力の制限によって取り消すことができる債務を保証した者は、保証契約の時においてその取消しの原因を知っていたときは、主たる債務の不履行の場合又はその債務の取消しの場合においてこれと同一の目的を有する独立の債務を負担したものと推定する。

**（保証人の要件）**

**第450条** 債務者が保証人を立てる義務を負う場合には、その保証人は、次に掲げる要件を具備する者でなければならない。

　1　行為能力者であること。

　2　弁済をする資力を有すること。

② 保証人が前項第2号に掲げる要件を欠くに至ったときは、債権者は、同項各号に掲げる要件を具備する者をもってこれに代えることを請求することができる。

③ 前2項の規定は、債権者が保証人を指名した場合には、適用しない。

**（他の担保の供与）**

**第451条** 債務者は、前条第1項各号に掲げる要件を具備する保証人を立てることができないときは、他の担保を供してこれに代えることができる。

**（催告の抗弁）**

**第452条** 債権者が保証人に債務の履行を請求したときは、保証人は、まず主たる債務者に催告をすべき旨を請求することができる。ただし、主たる債務者が破産手続開始の決定を受けたとき、又はその行方が知れないときは、この限りでない。

**（検索の抗弁）**

**第453条** 債権者が前条の規定に従い主たる債務者に催告をした後であっても、保証人が主たる債務者に弁済をする資

力があり、かつ、執行が容易であることを証明したときは、債権者は、まず主たる債務者の財産について執行をしなければならない。

**（連帯保証の場合の特則）**

**第454条** 保証人は、主たる債務者と連帯して債務を負担したときは、前2条の権利を有しない。

**（催告の抗弁及び検索の抗弁の効果）**

**第455条** 第452条又は第453条の規定により保証人の請求又は証明があったにもかかわらず、債権者が催告又は執行をすることを怠ったために主たる債務者から全部の弁済を得られなかったときは、保証人は、債権者が直ちに催告又は執行をすれば弁済を得ることができた限度において、その義務を免れる。

**（数人の保証人がある場合）**

**第456条** 数人の保証人がある場合には、それらの保証人が各別の行為により債務を負担したときであっても、第427条の規定を適用する。

**（主たる債務者について生じた事由の効力）**

**第457条** 主たる債務者に対する履行の請求その他の事由による時効の完成猶予及び更新は、保証人に対しても、その効力を生ずる。

② 保証人は、主たる債務者が主張することができる抗弁をもって債権者に対抗することができる。

③ 主たる債務者が債権者に対して相殺権、取消権又は解除権を有するときは、これらの権利の行使によって主たる債務者がその債務を免れるべき限度において、保証人は、債権者に対して債務の履行を拒むことができる。

> 第457条 主たる債務者に対する履行の請求その他の事由による時効の中断は、保証人に対しても、その効力を生ずる。
> ② 保証人は、主たる債務者の債権による相殺をもって債権者に対抗することができる。
> 〔3項は新設規定〕

☆**（連帯保証人について生じた事由の効力）**

**第458条** 第438条、第439条第1項、第440条及び第441条の規定は、主たる債務者と連帯して債務を負担する保証人について生じた事由について準用する。

> 第458条 第434条から第440条までの規定は、主たる債務者が保証人と連帯して債務を負担する場合について準用する。

☆**（主たる債務の履行状況に関する情報の提供義務）**

**第458条の2** 保証人が主たる債務者の委託を受けて保証をした場合において、保証人の請求があったときは、債権者は、保証人に対し、遅滞なく、主たる債務の元本及び主たる債務に関する利息、違約金、損害賠償その他その債務に従たる全てのものについての不履行の有無並びにこれらの残額及びそのうち弁済期が到来しているものの額に関する情報を提供しなければならない。

☆**（主たる債務者が期限の利益を喪失した場合における情報の提供義務）**

**第458条の3** 主たる債務者が期限の利益を有する場合において、その利益を喪失したときは、債権者は、保証人に対し、その利益の喪失を知った時から2箇月以内に、その旨を通知しなければならない。

② 前項の期間内に同項の通知をしなか

・94・

ったときは、債権者は、保証人に対し、主たる債務者が期限の利益を喪失した時から同項の通知を現にするまでに生じた遅延損害金（期限の利益を喪失しなかったとしても生ずべきものを除く。）に係る保証債務の履行を請求することができない。

③　前2項の規定は、保証人が法人である場合には、適用しない。

**（委託を受けた保証人の求償権）**

**第459条**　保証人が主たる債務者の委託を受けて保証をした場合において、主たる債務者に代わって弁済その他自己の財産をもって債務を消滅させる行為（以下「債務の消滅行為」という。）をしたときは、その保証人は、主たる債務者に対し、そのために支出した財産の額（その財産の額がその債務の消滅行為によって消滅した主たる債務の額を超える場合にあっては、その消滅した額）の求償権を有する。

②　第442条第2項の規定は、前項の場合について準用する。

> **第459条**　保証人が主たる債務者の委託を受けて保証をした場合において、過失なく債権者に弁済をすべき旨の裁判の言渡しを受け、又は主たる債務者に代わって弁済をし、その他自己の財産をもって債務を消滅させるべき行為をしたときは、その保証人は、主たる債務者に対して求償権を有する。
>
> ②　〔同〕
>
> ⇨対応条項＝1項前段（新民460(3)）

**☆（委託を受けた保証人が弁済期前に弁済等をした場合の求償権）**

**第459条の2**　保証人が主たる債務者の委託を受けて保証をした場合において、主たる債務の弁済期前に債務の消滅行為をしたときは、その保証人は、主た

る債務者に対し、主たる債務者がその当時利益を受けた限度において求償権を有する。この場合において、主たる債務者が債務の消滅行為の日以前に相殺の原因を有していたことを主張するときは、保証人は、債権者に対し、その相殺によって消滅すべきであった債務の履行を請求することができる。

②　前項の規定による求償は、主たる債務の弁済期以後の法定利息及びその弁済期以後に債務の消滅行為をしたとしても避けることができなかった費用その他の損害の賠償を包含する。

③　第1項の求償権は、主たる債務の弁済期以後でなければ、これを行使することができない。

**（委託を受けた保証人の事前の求償権）**

**第460条**　保証人は、主たる債務者の委託を受けて保証をした場合において、次に掲げるときは、主たる債務者に対して、あらかじめ、求償権を行使することができる。

1　主たる債務者が破産手続開始の決定を受け、かつ、債権者がその破産財団の配当に加入しないとき。

2　債務が弁済期にあるとき。ただし、保証契約の後に債権者が主たる債務者に許与した期限は、保証人に対抗することができない。

3　保証人が過失なく債権者に弁済をすべき旨の裁判の言渡しを受けたとき。

⇨対応条項＝3号（旧民459①前段）

> **第460条**　〔同〕
>
> 1・2　〔同〕
>
> 3　債務の弁済期が不確定で、かつ、その最長期をも確定することができない場合において、保証契約の後10年を経過し

たとき。

**（主たる債務者が保証人に対して償還をする場合）**

**第461条** 前条の規定により主たる債務者が保証人に対して償還をする場合において、債権者が全部の弁済を受けない間は、主たる債務者は、保証人に担保を供させ、又は保証人に対して自己に免責を得させることを請求することができる。

② 前項に規定する場合において、主たる債務者は、供託をし、担保を供し、又は保証人に免責を得させて、その償還の義務を免れることができる。

> 第461条 前2条の規定により主たる債務者が保証人に対して償還をする場合において、債権者が全部の弁済を受けない間は、主たる債務者は、保証人に担保を供させ、又は保証人に対して自己に免責を得させることを請求することができる。
>
> ② 〔同〕

**（委託を受けない保証人の求償権）**

**第462条** 第459条の2第1項の規定は、主たる債務者の委託を受けないで保証をした者が債務の消滅行為をした場合について準用する。

② 主たる債務者の意思に反して保証をした者は、主たる債務者が現に利益を受けている限度においてのみ求償権を有する。この場合において、主たる債務者が求償の日以前に相殺の原因を有していたことを主張するときは、保証人は、債権者に対し、その相殺によって消滅すべきであった債務の履行を請求することができる。

③ 第459条の2第3項の規定は、前2項に規定する保証人が主たる債務の弁済期前に債務の消滅行為をした場合に

おける求償権の行使について準用する。

> 第462条 主たる債務者の委託を受けないで保証をした者が弁済をし、その他自己の財産をもって主たる債務者にその債務を免れさせたときは、主たる債務者は、その当時利益を受けた限度において償還をしなければならない。
>
> ② 〔同〕
>
> 〔3項は新設規定〕

**☆（通知を怠った保証人の求償の制限等）**

**第463条** 保証人が主たる債務者の委託を受けて保証をした場合において、主たる債務者にあらかじめ通知しないで債務の消滅行為をしたときは、主たる債務者は、債権者に対抗することができた事由をもってその保証人に対抗することができる。この場合において、相殺をもってその保証人に対抗したときは、その保証人は、債権者に対し、相殺によって消滅すべきであった債務の履行を請求することができる。

② 保証人が主たる債務者の委託を受けて保証をした場合において、主たる債務者が債務の消滅行為をしたことを保証人に通知することを怠ったため、その保証人が善意で債務の消滅行為をしたときは、その保証人は、その債務の消滅行為を有効であったものとみなすことができる。

③ 保証人が債務の消滅行為をした後に主たる債務者が債務の消滅行為をした場合においては、保証人が主たる債務者の意思に反して保証をしたときのほか、保証人が債務の消滅行為をしたことを主たる債務者に通知することを怠ったため、主たる債務者が善意で債務の消滅行為をしたときも、主たる債務者は、その債務の消滅行為を有効であ

• 96 •

ったものとみなすことができる。

---

（通知を怠った保証人の求償の制限）

第463条　第443条の規定は、保証人について準用する。

② 保証人が主たる債務者の委託を受けて保証をした場合において、善意で弁済をし、その他自己の財産をもって債務を消滅させるべき行為をしたときは、第443条の規定は、主たる債務者についても準用する。

---

**（連帯債務又は不可分債務の保証人の求償権）**

第464条　連帯債務者又は不可分債務者の1人のために保証をした者は、他の債務者に対し、その負担部分のみについて求償権を有する。

**（共同保証人間の求償権）**

第465条　第442条から第444条までの規定は、数人の保証人がある場合において、そのうちの1人の保証人が、主たる債務が不可分であるため又は各保証人が全額を弁済すべき旨の特約があるため、その全額又は自己の負担部分を超える額を弁済したときについて準用する。

② 第462条の規定は、前項に規定する場合を除き、互いに連帯しない保証人の1人が全額又は自己の負担部分を超える額を弁済したときについて準用する。

### 第2目　個人根保証契約

**（個人根保証契約の保証人の責任等）**

第465条の2　一定の範囲に属する不特定の債務を主たる債務とする保証契約（以下「根保証契約」という。）であって保証人が法人でないもの（以下「個人根保証契約」という。）の保証人は、主たる債務の元本、主たる債務に関する利息、違約金、損害賠償その他その債務に従たる全てのもの及びその保証債務について約定された違約金又は損害賠償の額について、その全部に係る極度額を限度として、その履行をする責任を負う。

② 個人根保証契約は、前項に規定する極度額を定めなければ、その効力を生じない。

③ 第446条第2項及び第3項の規定は、個人根保証契約における第1項に規定する極度額の定めについて準用する。

---

（貸金等根保証契約の保証人の責任等）

第465条の2　一定の範囲に属する不特定の債務を主たる債務とする保証契約（以下「根保証契約」という。）であってその債務の範囲に金銭の貸渡し又は手形の割引を受けることによって負担する債務（以下「貸金等債務」という。）が含まれるもの（保証人が法人であるものを除く。以下「貸金等根保証契約」という。）の保証人は、主たる債務の元本、主たる債務に関する利息、違約金、損害賠償その他その債務に従たるすべてのもの及びその保証債務について約定された違約金又は損害賠償の額について、その全部に係る極度額を限度として、その履行をする責任を負う。

② 貸金等根保証契約は、前項に規定する極度額を定めなければ、その効力を生じない。

③ 第446条第2項及び第3項の規定は、貸金等根保証契約における第1項に規定する極度額の定めについて準用する。

---

**（個人貸金等根保証契約の元本確定期日）**

第465条の3　個人根保証契約であってその主たる債務の範囲に金銭の貸渡し又は手形の割引を受けることによって負担する債務（以下「貸金等債務」という。）が含まれるもの（以下「個人貸金等根保

証契約」という。）において主たる債務の元本の確定すべき期日（以下「元本確定期日」という。）の定めがある場合において、その元本確定期日がその個人貸金等根保証契約の締結の日から5年を経過する日より後の日と定められているときは、その元本確定期日の定めは、その効力を生じない。

② 個人貸金等根保証契約において元本確定期日の定めがない場合（前項の規定により元本確定期日の定めがその効力を生じない場合を含む。）には、その元本確定期日は、その個人貸金等根保証契約の締結の日から3年を経過する日とする。

③ 個人貸金等根保証契約における元本確定期日の変更をする場合において、変更後の元本確定期日がその変更をした日から5年を経過する日より後の日となるときは、その元本確定期日の変更は、その効力を生じない。ただし、元本確定期日の前2箇月以内に元本確定期日の変更をする場合において、変更後の元本確定期日が変更前の元本確定期日から5年以内の日となるときは、この限りでない。

④ 第446条第2項及び第3項の規定は、個人貸金等根保証契約における元本確定期日の定め及びその変更（その個人貸金等根保証契約の締結の日から3年以内の日を元本確定期日とする旨の定め及び元本確定期日より前の日を変更後の元本確定期日とする変更を除く。）について準用する。

（貸金等根保証契約の元本確定期日）

**第465条の3** 貸金等根保証契約において主たる債務の元本の確定すべき期日（以下「元本確定期日」という。）の定めがある場合において、その元本確定期日がその貸金等根保証契約の締結の日から5年を経過する

日より後の日と定められているときは、その元本確定期日の定めは、その効力を生じない。

② 貸金等根保証契約において元本確定期日の定めがない場合（前項の規定により元本確定期日の定めがその効力を生じない場合を含む。）には、その元本確定期日は、その貸金等根保証契約の締結の日から3年を経過する日とする。

③ 貸金等根保証契約における元本確定期日の変更をする場合において、変更後の元本確定期日がその変更をした日から5年を経過する日より後の日となるときは、その元本確定期日の変更は、その効力を生じない。ただし、元本確定期日の前2箇月以内に元本確定期日の変更をする場合において、変更後の元本確定期日が変更前の元本確定期日から5年以内の日となるときは、この限りでない。

④ 第446条第2項及び第3項の規定は、貸金等根保証契約における元本確定期日の定め及びその変更（その貸金等根保証契約の締結の日から3年以内の日を元本確定期日とする旨の定め及び元本確定期日より前の日を変更後の元本確定期日とする変更を除く。）について準用する。

**（個人根保証契約の元本の確定事由）**

**第465条の4** 次に掲げる場合には、個人根保証契約における主たる債務の元本は、確定する。ただし、第1号に掲げる場合にあっては、強制執行又は担保権の実行の手続の開始があったときに限る。

1 債権者が、保証人の財産について、金銭の支払を目的とする債権についての強制執行又は担保権の実行を申し立てたとき。

2 保証人が破産手続開始の決定を受

けたとき。

3　主たる債務者又は保証人が死亡したとき。

②　前項に規定する場合のほか、個人貸金等根保証契約における主たる債務の元本は、次に掲げる場合にも確定する。ただし、第1号に掲げる場合にあっては、強制執行又は担保権の実行の手続の開始があったときに限る。

1　債権者が、主たる債務者の財産について、金銭の支払を目的とする債権についての強制執行又は担保権の実行を申し立てたとき。

2　主たる債務者が破産手続開始の決定を受けたとき。

---

（貸金等根保証契約の元本の確定事由）

第465条の4　次に掲げる場合には、貸金等根保証契約における主たる債務の元本は、確定する。

1　債権者が、主たる債務者又は保証人の財産について、金銭の支払を目的とする債権についての強制執行又は担保権の実行を申し立てたとき。ただし、強制執行又は担保権の実行の手続の開始があったときに限る。

2　主たる債務者又は保証人が破産手続開始の決定を受けたとき。

3　〔同〕

〔2項は新設規定〕

---

☆（保証人が法人である根保証契約の求償権）

第465条の5　保証人が法人である根保証契約において、第465条の2第1項に規定する極度額の定めがないときは、その根保証契約の保証人の主たる債務者に対する求償権に係る債務を主たる債務とする保証契約は、その効力を生じない。

②　保証人が法人である根保証契約であってその主たる債務の範囲に貸金等債務が含まれるものにおいて、元本確定期日の定めがないとき、又は元本確定期日の定め若しくはその変更が第465条の3第1項若しくは第3項の規定を適用するとすればその効力を生じないものであるときは、その根保証契約の保証人の主たる債務者に対する求償権に係る債務を主たる債務とする保証契約は、その効力を生じない。主たる債務の範囲にその求償権に係る債務が含まれる根保証契約も、同様とする。

③　前2項の規定は、求償権に係る債務を主たる債務とする保証契約又は主たる債務の範囲に求償権に係る債務が含まれる根保証契約の保証人が法人である場合には、適用しない。

---

（保証人が法人である貸金等債務の根保証契約の求償権）

第465条の5　保証人が法人である根保証契約であってその主たる債務の範囲に貸金等債務が含まれるものにおいて、第465条の2第1項に規定する極度額の定めがないとき、元本確定期日の定めがないとき、又は元本確定期日の定め若しくはその変更が第465条の3第1項若しくは第3項の規定を適用するとすればその効力を生じないものであるときは、その根保証契約の保証人の主たる債務者に対する求償権についての保証契約（保証人が法人であるものを除く。）は、その効力を生じない。

---

☆第3目　事業に係る債務についての保証契約の特則

☆（公正証書の作成と保証の効力）

第465条の6　事業のために負担した貸金等債務を主たる債務とする保証契約

又は主たる債務の範囲に事業のために負担する貸金等債務が含まれる根保証契約は、その契約の締結に先立ち、その締結の日前1箇月以内に作成された公正証書で保証人になろうとする者が保証債務を履行する意思を表示していなければ、その効力を生じない。

② 前項の公正証書を作成するには、次に掲げる方式に従わなければならない。

1 保証人になろうとする者が、次のイ又はロに掲げる契約の区分に応じ、それぞれ当該イ又はロに定める事項を公証人に口授すること。

イ 保証契約（ロに掲げるものを除く。） 主たる債務の債権者及び債務者、主たる債務の元本、主たる債務に関する利息、違約金、損害賠償その他その債務に従たる全てのものの定めの有無及びその内容並びに主たる債務者がその債務を履行しないときには、その債務の全額について履行する意思（保証人になろうとする者が主たる債務者と連帯して債務を負担しようとするものである場合には、債権者が主たる債務者に対して催告をしたかどうか、主たる債務者がその債務を履行することができるかどうか、又は他に保証人があるかどうかにかかわらず、その全額について履行する意思）を有していること。

ロ 根保証契約 主たる債務の債権者及び債務者、主たる債務の範囲、根保証契約における極度額、元本確定期日の定めの有無及びその内容並びに主たる債務者がその債務を履行しないときには、極度額の限度において元本確定期日又は第

465条の4第1項各号若しくは第2項各号に掲げる事由その他の元本を確定すべき事由が生ずる時までに生ずべき主たる債務の元本及び主たる債務に関する利息、違約金、損害賠償その他その債務に従たる全てのものの全額について履行する意思（保証人になろうとする者が主たる債務者と連帯して債務を負担しようとするものである場合には、債権者が主たる債務者に対して催告をしたかどうか、主たる債務者がその債務を履行することができるかどうか、又は他に保証人があるかどうかにかかわらず、その全額について履行する意思）を有していること。

2 公証人が、保証人になろうとする者の口述を筆記し、これを保証人になろうとする者に読み聞かせ、又は閲覧させること。

3 保証人になろうとする者が、筆記の正確なことを承認した後、署名し、印を押すこと。ただし、保証人になろうとする者が署名することができない場合は、公証人がその事由を付記して、署名に代えることができる。

4 公証人が、その証書は前3号に掲げる方式に従って作ったものである旨を付記して、これに署名し、印を押すこと。

③ 前2項の規定は、保証人になろうとする者が法人である場合には、適用しない。

☆（保証に係る公正証書の方式の特則）
第465条の7 前条第1項の保証契約又は根保証契約の保証人になろうとする者が口がきけない者である場合には、公証人の前で、同条第2項第1号イ又

はロに掲げる契約の区分に応じ、それ
ぞれ当該イ又はロに定める事項を通訳
人の通訳により申述し、又は自書して、
同号の口授に代えなければならない。
この場合における同項第2号の規定の
適用については、同号中「口述」とあ
るのは、「通訳人の通訳による申述又は
自書」とする。
② 前条第1項の保証契約又は根保証契
約の保証人になろうとする者が耳が聞
こえない者である場合には、公証人は、
同条第2項第2号に規定する筆記した
内容を通訳人の通訳により保証人にな
ろうとする者に伝えて、同号の読み聞
かせに代えることができる。
③ 公証人は、前2項に定める方式に従
って公正証書を作ったときは、その旨
をその証書に付記しなければならない。

☆（公正証書の作成と求償権についての
保証の効力）

**第465条の8** 第465条の6第1項及び
第2項並びに前条の規定は、事業のた
めに負担した貸金等債務を主たる債務
とする保証契約又は主たる債務の範囲
に事業のために負担する貸金等債務が
含まれる根保証契約の保証人の主たる
債務者に対する求償権に係る債務を主
たる債務とする保証契約について準用
する。主たる債務の範囲にその求償権
に係る債務が含まれる根保証契約も、
同様とする。
② 前項の規定は、保証人になろうとす
る者が法人である場合には、適用しな
い。

☆（公正証書の作成と保証の効力に関す
る規定の適用除外）

**第465条の9** 前3条の規定は、保証人
になろうとする者が次に掲げる者であ

る保証契約については、適用しない。
1 主たる債務者が法人である場合の
その理事、取締役、執行役又はこれ
らに準ずる者
2 主たる債務者が法人である場合の
次に掲げる者
イ 主たる債務者の総株主の議決権
（株主総会において決議をすることが
できる事項の全部につき議決権を行
使することができない株式について
の議決権を除く。以下この号において
同じ。）の過半数を有する者
ロ 主たる債務者の総株主の議決権
の過半数を他の株式会社が有する
場合における当該他の株式会社の
総株主の議決権の過半数を有する
者
ハ 主たる債務者の総株主の議決権
の過半数を他の株式会社及び当該
他の株式会社の総株主の議決権の
過半数を有する者が有する場合に
おける当該他の株式会社の総株主
の議決権の過半数を有する者
ニ 株式会社以外の法人が主たる債
務者である場合におけるイ、ロ又
はハに掲げる者に準ずる者
3 主たる債務者（法人であるものを除
く。以下この号において同じ。）と共同
して事業を行う者又は主たる債務者
が行う事業に現に従事している主た
る債務者の配偶者

☆（契約締結時の情報の提供義務）

**第465条の10** 主たる債務者は、事業の
ために負担する債務を主たる債務とす
る保証又は主たる債務の範囲に事業の
ために負担する債務が含まれる根保証
の委託をするときは、委託を受ける者
に対し、次に掲げる事項に関する情報

を提供しなければならない。

1　財産及び収支の状況

2　主たる債務以外に負担している債務の有無並びにその額及び履行状況

3　主たる債務の担保として他に提供し、又は提供しようとするものがあるときは、その旨及びその内容

② 主たる債務者が前項各号に掲げる事項に関して情報を提供せず、又は事実と異なる情報を提供したために委託を受けた者がその事項について誤認をし、それによって保証契約の申込み又はその承諾の意思表示をした場合において、主たる債務者がその事項に関して情報を提供せず又は事実と異なる情報を提供したことを債権者が知り又は知ることができたときは、保証人は、保証契約を取り消すことができる。

③ 前2項の規定は、保証をする者が法人である場合には、適用しない。

## 第4節　債権の譲渡

### （債権の譲渡性）

第466条　債権は、譲り渡すことができる。ただし、その性質がこれを許さないときは、この限りでない。

② 当事者が債権の譲渡を禁止し、又は制限する旨の意思表示（以下「譲渡制限の意思表示」という。）をしたときであっても、債権の譲渡は、その効力を妨げられない。

③ 前項に規定する場合には、譲渡制限の意思表示がされたことを知り、又は重大な過失によって知らなかった譲受人その他の第三者に対しては、債務者は、その債務の履行を拒むことができ、かつ、譲渡人に対する弁済その他の債務を消滅させる事由をもってその第三

者に対抗することができる。

④ 前項の規定は、債務者が債務を履行しない場合において、同項に規定する第三者が相当の期間を定めて譲渡人への履行の催告をし、その期間内に履行がないときは、その債務者については、適用しない。

> 第466条 〔同〕
>
> ② 前項の規定は、当事者が反対の意思を表示した場合には、適用しない。ただし、その意思表示は、善意の第三者に対抗することができない。
>
> 〔3項・4項は新設規定〕

☆（譲渡制限の意思表示がされた債権に係る債務者の供託）

第466条の2　債務者は、譲渡制限の意思表示がされた金銭の給付を目的とする債権が譲渡されたときは、その債権の全額に相当する金銭を債務の履行地（債務の履行地が債権者の現在の住所により定まる場合にあっては、譲渡人の現在の住所を含む。次条において同じ。）の供託所に供託することができる。

② 前項の規定により供託をした債務者は、遅滞なく、譲渡人及び譲受人に供託の通知をしなければならない。

③ 第1項の規定により供託をした金銭は、譲受人に限り、還付を請求することができる。

☆第466条の3　前条第1項に規定する場合において、譲渡人について破産手続開始の決定があったときは、譲受人（同項の債権の全額を譲り受けた者であって、その債権の譲渡を債務者その他の第三者に対抗することができるものに限る。）は、譲渡制限の意思表示がされたことを知り、又は重大な過失によって知らなかったときであっても、債務者にその債

権の全額に相当する金銭を債務の履行地の供託所に供託させることができる。この場合においては、同条第2項及び第3項の規定を準用する。

☆（譲渡制限の意思表示がされた債権の差押え）

**第466条の4** 第466条第3項の規定は、譲渡制限の意思表示がされた債権に対する強制執行をした差押債権者に対しては、適用しない。

② 前項の規定にかかわらず、譲受人その他の第三者が譲渡制限の意思表示がされたことを知り、又は重大な過失によって知らなかった場合において、その債権者が同項の債権に対する強制執行をしたときは、債務者は、その債務の履行を拒むことができ、かつ、譲渡人に対する弁済その他の債務を消滅させる事由をもって差押債権者に対抗することができる。

☆（預金債権又は貯金債権に係る譲渡制限の意思表示の効力）

**第466条の5** 預金口座又は貯金口座に係る預金又は貯金に係る債権（以下「預貯金債権」という。）について当事者がした譲渡制限の意思表示は、第466条第2項の規定にかかわらず、その譲渡制限の意思表示がされたことを知り、又は重大な過失によって知らなかった譲受人その他の第三者に対抗することができる。

② 前項の規定は、譲渡制限の意思表示がされた預貯金債権に対する強制執行をした差押債権者に対しては、適用しない。

☆（将来債権の譲渡性）

**第466条の6** 債権の譲渡は、その意思表示の時に債権が現に発生しているこ

とを要しない。

② 債権が譲渡された場合において、その意思表示の時に債権が現に発生していないときは、譲受人は、発生した債権を当然に取得する。

③ 前項に規定する場合において、譲渡人が次条の規定による通知をし、又は債務者が同条の規定による承諾をした時（以下「対抗要件具備時」という。）までに譲渡制限の意思表示がされたときは、譲受人その他の第三者がそのことを知っていたものとみなして、第466条第3項（譲渡制限の意思表示がされた債権が預貯金債権の場合にあっては、前条第1項）の規定を適用する。

（債権の譲渡の対抗要件）

**第467条** 債権の譲渡（現に発生していない債権の譲渡を含む。）は、譲渡人が債務者に通知をし、又は債務者が承諾をしなければ、債務者その他の第三者に対抗することができない。

② 前項の通知又は承諾は、確定日付のある証書によってしなければ、債務者以外の第三者に対抗することができない。

---

（指名債権の譲渡の対抗要件）
**第467条** 指名債権の譲渡は、譲渡人が債務者に通知をし、又は債務者が承諾をしなければ、債務者その他の第三者に対抗することができない。

② 〔同〕

---

☆（債権の譲渡における債務者の抗弁）

**第468条** 債務者は、対抗要件具備時までに譲渡人に対して生じた事由をもって譲受人に対抗することができる。

② 第466条第4項の場合における前項の規定の適用については、同項中「対抗要件具備時」とあるのは、「第466条

第3編 債権

第4項の相当の期間を経過した時」とし、第466条の3の場合における同項の規定の適用については、同項中「対抗要件具備時」とあるのは、「第466条の3の規定により同条の譲受人から供託の請求を受けた時」とする。

（指名債権の譲渡における債務者の抗弁）
**第468条**　債務者が異議をとどめないで前条の承諾をしたときは、譲渡人に対抗することができた事由があっても、これをもって譲受人に対抗することができない。この場合において、債務者がその債務を消滅させるために譲渡人に払い渡したものがあるときはこれを取り戻し、譲渡人に対して負担した債務があるときはこれを成立しないものとみなすことができる。
②　譲渡人が譲渡の通知をしたにとどまるときは、債務者は、その通知を受けるまでに譲渡人に対して生じた事由をもって譲受人に対抗することができる。

☆**（債権の譲渡における相殺権）**
**第469条**　債務者は、対抗要件具備時より前に取得した譲渡人に対する債権による相殺をもって譲受人に対抗することができる。
②　債務者が対抗要件具備時より後に取得した譲渡人に対する債権であっても、その債権が次に掲げるものであるときは、前項と同様とする。ただし、債務者が対抗要件具備時より後に他人の債権を取得したときは、この限りでない。
　1　対抗要件具備時より前の原因に基づいて生じた債権
　2　前号に掲げるもののほか、譲受人の取得した債権の発生原因である契約に基づいて生じた債権
③　第466条第4項の場合における前2項の規定の適用については、これらの

規定中「対抗要件具備時」とあるのは、「第466条第4項の相当の期間を経過した時」とし、第466条の3の場合におけるこれらの規定の適用については、これらの規定中「対抗要件具備時」とあるのは、「第466条の3の規定により同条の譲受人から供託の請求を受けた時」とする。

（指図債権の譲渡の対抗要件）
**第469条**　指図債権の譲渡は、その証書に譲渡の裏書をして譲受人に交付しなければ、債務者その他の第三者に対抗することができない。
⇨対応条項＝（新民520の2）

★（指図債権の債務者の調査の権利等）
**第470条**　指図債権の債務者は、その証書の所持人並びにその署名及び押印の真偽を調査する権利を有するが、その義務を負わない。ただし、債務者に悪意又は重大な過失があるときは、その弁済は、無効とする。
⇨対応条項＝（新民520の10）

★（記名式所持人払債権の債務者の調査の権利等）
**第471条**　前条の規定は、債権に関する証書に債権者を指名する記載がされているが、その証書の所持人に弁済をすべき旨が付記されている場合について準用する。
⇨対応条項＝（新民520の18・520の10）

★（指図債権の譲渡における債務者の抗弁の制限）
**第472条**　指図債権の債務者は、その証書に記載した事項及びその証書の性質から当然に生ずる結果を除き、その指図債権の譲渡前の債権者に対抗することができた事由をもって善意の譲受人に対抗することができない。
⇨対応条項＝（新民520の6）

★（無記名債権の譲渡における債務者の抗弁

・104・

の制限）

**第 473 条**　前条の規定は、無記名債権につい
て準用する。

⇨対応条項＝（新民 520 の 20・520 の 6）

# ☆第 5 節　債務の引受け

## ☆第 1 款　併存的債務引受

### ☆（併存的債務引受の要件及び効果）
**第 470 条**　併存的債務引受の引受人は、
債務者と連帯して、債務者が債権者に
対して負担する債務と同一の内容の債
務を負担する。
② 　併存的債務引受は、債権者と引受人
となる者との契約によってすることが
できる。
③ 　併存的債務引受は、債務者と引受人
となる者との契約によってもすること
ができる。この場合において、併存的
債務引受は、債権者が引受人となる者
に対して承諾をした時に、その効力を
生ずる。
④ 　前項の規定によってする併存的債務
引受は、第三者のためにする契約に関
する規定に従う。

### ☆（併存的債務引受における引受人の抗弁等）
**第 471 条**　引受人は、併存的債務引受に
より負担した自己の債務について、そ
の効力が生じた時に債務者が主張する
ことができた抗弁をもって債権者に対
抗することができる。
② 　債務者が債権者に対して取消権又は
解除権を有するときは、引受人は、こ
れらの権利の行使によって債務者がそ
の債務を免れるべき限度において、債
権者に対して債務の履行を拒むことが
できる。

## ☆第 2 款　免責的債務引受

### ☆（免責的債務引受の要件及び効果）
**第 472 条**　免責的債務引受の引受人は債
務者が債権者に対して負担する債務と
同一の内容の債務を負担し、債務者は
自己の債務を免れる。
② 　免責的債務引受は、債権者と引受人
となる者との契約によってすることが
できる。この場合において、免責的債
務引受は、債権者が債務者に対してそ
の契約をした旨を通知した時に、その
効力を生ずる。
③ 　免責的債務引受は、債務者と引受人
となる者が契約をし、債権者が引受人
となる者に対して承諾をすることによ
ってもすることができる。

### ☆（免責的債務引受における引受人の抗弁等）
**第 472 条の 2**　引受人は、免責的債務引
受により負担した自己の債務について、
その効力が生じた時に債務者が主張す
ることができた抗弁をもって債権者に
対抗することができる。
② 　債務者が債権者に対して取消権又は
解除権を有するときは、引受人は、免
責的債務引受がなければこれらの権利
の行使によって債務者がその債務を免
れることができた限度において、債権
者に対して債務の履行を拒むことがで
きる。

### ☆（免責的債務引受における引受人の求償権）
**第 472 条の 3**　免責的債務引受の引受人
は、債務者に対して求償権を取得しな
い。

### ☆（免責的債務引受による担保の移転）
**第 472 条の 4**　債権者は、第 472 条第 1

第 3 編　債権

項の規定により債務者が免れる債務の担保として設定された担保権を引受人が負担する債務に移すことができる。ただし、引受人以外の者がこれを設定した場合には、その承諾を得なければならない。

② 前項の規定による担保権の移転は、あらかじめ又は同時に引受人に対してする意思表示によってしなければならない。

③ 前2項の規定は、第472条第1項の規定により債務者が免れる債務の保証をした者があるときについて準用する。

④ 前項の場合において、同項において準用する第1項の承諾は、書面でしなければ、その効力を生じない。

⑤ 前項の承諾がその内容を記録した電磁的記録によってされたときは、その承諾は、書面によってされたものとみなして、同項の規定を適用する。

# 第6節 債権の消滅

## 第1款 弁済

### 第1目 総則

☆（弁済）
第473条 債務者が債権者に対して債務の弁済をしたときは、その債権は、消滅する。

（第三者の弁済）
第474条 債務の弁済は、第三者もすることができる。

② 弁済をするについて正当な利益を有する者でない第三者は、債務者の意思に反して弁済をすることができない。ただし、債務者の意思に反することを債権者が知らなかったときは、この限

りでない。

③ 前項に規定する第三者は、債権者の意思に反して弁済をすることができない。ただし、その第三者が債務者の委託を受けて弁済をする場合において、そのことを債権者が知っていたときは、この限りでない。

④ 前3項の規定は、その債務の性質が第三者の弁済を許さないとき、又は当事者が第三者の弁済を禁止し、若しくは制限する旨の意思表示をしたときは、適用しない。

第474条 債務の弁済は、第三者もすることができる。ただし、その債務の性質がこれを許さないとき、又は当事者が反対の意思を表示したときは、この限りでない。
② 利害関係を有しない第三者は、債務者の意思に反して弁済をすることができない。
〔3項・4項は新設規定〕

（弁済として引き渡した物の取戻し）
第475条 弁済をした者が弁済として他人の物を引き渡したときは、その弁済をした者は、更に有効な弁済をしなければ、その物を取り戻すことができない。

★第476条 譲渡につき行為能力の制限を受けた所有者が弁済として物の引渡しをした場合において、その弁済を取り消したときは、その所有者は、更に有効な弁済をしなければ、その物を取り戻すことができない。

（弁済として引き渡した物の消費又は譲渡がされた場合の弁済の効力等）
第476条 前条の場合において、債権者が弁済として受領した物を善意で消費し、又は譲り渡したときは、その弁済は、有効とする。この場合において、債権者が第三者から賠償の請求を受けたときは、弁済をした者に対して求償

をすることを妨げない。

第477条　前2条の場合において、債権者が弁済として受領した物を善意で消費し、又は譲り渡したときは、その弁済は、有効とする。この場合において、債権者が第三者から賠償の請求を受けたときは、弁済をした者に対して求償をすることを妨げない。

〔第476条に繰上げ〕

☆**（預金又は貯金の口座に対する払込みによる弁済）**

第477条　債権者の預金又は貯金の口座に対する払込みによってする弁済は、債権者がその預金又は貯金に係る債権の債務者に対してその払込みに係る金額の払戻しを請求する権利を取得した時に、その効力を生ずる。

**（受領権者としての外観を有する者に対する弁済）**

第478条　受領権者（債権者及び法令の規定又は当事者の意思表示によって弁済を受領する権限を付与された第三者をいう。以下同じ。）以外の者であって取引上の社会通念に照らして受領権者としての外観を有するものに対してした弁済は、その弁済をした者が善意であり、かつ、過失がなかったときに限り、その効力を有する。

（債権の準占有者に対する弁済）

第478条　債権の準占有者に対してした弁済は、その弁済をした者が善意であり、かつ、過失がなかったときに限り、その効力を有する。

**（受領権者以外の者に対する弁済）**

第479条　前条の場合を除き、受領権者以外の者に対してした弁済は、債権者がこれによって利益を受けた限度においてのみ、その効力を有する。

（受領する権限のない者に対する弁済）

第479条　前条の場合を除き、弁済を受領する権限を有しない者に対してした弁済は、債権者がこれによって利益を受けた限度においてのみ、その効力を有する。

☆**第480条　削除**

（受取証書の持参人に対する弁済）

第480条　受取証書の持参人は、弁済を受領する権限があるものとみなす。ただし、弁済をした者がその権限がないことを知っていたとき、又は過失によって知らなかったときは、この限りでない。

**（差押えを受けた債権の第三債務者の弁済）**

第481条　差押えを受けた債権の第三債務者が自己の債権者に弁済をしたときは、差押債権者は、その受けた損害の限度において更に弁済をすべき旨を第三債務者に請求することができる。

②　前項の規定は、第三債務者からその債権者に対する求償権の行使を妨げない。

（支払の差止めを受けた第三債務者の弁済）

第481条　支払の差止めを受けた第三債務者が自己の債権者に弁済をしたときは、差押債権者は、その受けた損害の限度において更に弁済をすべき旨を第三債務者に請求することができる。

②　〔同〕

**（代物弁済）**

第482条　弁済をすることができる者（以下「弁済者」という。）が、債権者との間で、債務者の負担した給付に代えて他の給付をすることにより債務を消滅させる旨の契約をした場合において、その弁済者が当該他の給付をしたときは、その給付は、弁済と同一の効力を有する。

第482条　債務者が、債権者の承諾を得て、その負担した給付に代えて他の給付をした

第3編　債権

• 107 •

ときは、その給付は、弁済と同一の効力を
有する。

**（特定物の現状による引渡し）**

**第 483 条** 債権の目的が特定物の引渡し
である場合において、契約その他の債
権の発生原因及び取引上の社会通念に
照らしてその引渡しをすべき時の品質
を定めることができないときは、弁済
をする者は、その引渡しをすべき時の
現状でその物を引き渡さなければなら
ない。

> 第 483 条　債権の目的が特定物の引渡しであ
> るときは、弁済をする者は、その引渡しを
> すべき時の現状でその物を引き渡さなけれ
> ばならない。

**（弁済の場所及び時間）**

**第 484 条** 弁済をすべき場所について別
段の意思表示がないときは、特定物の
引渡しは債権発生の時にその物が存在
した場所において、その他の弁済は債
権者の現在の住所において、それぞれ
しなければならない。

② 法令又は慣習により取引時間の定め
があるときは、その取引時間内に限り、
弁済をし、又は弁済の請求をすること
ができる。

> **（弁済の場所）**
> 第 484 条　〔2 項は新設規定〕

**（弁済の費用）**

**第 485 条** 弁済の費用について別段の意
思表示がないときは、その費用は、債
務者の負担とする。ただし、債権者が
住所の移転その他の行為によって弁済
の費用を増加させたときは、その増加
額は、債権者の負担とする。

**（受取証書の交付請求）**

**第 486 条** 弁済をする者は、弁済と引換
えに、弁済を受領する者に対して受取

証書の交付を請求することができる。

> 第 486 条　弁済をした者は、弁済を受領した
> 者に対して受取証書の交付を請求すること
> ができる。

**（債権証書の返還請求）**

**第 487 条** 債権に関する証書がある場合
において、弁済をした者が全部の弁済
をしたときは、その証書の返還を請求
することができる。

**（同種の給付を目的とする数個の債務が
ある場合の充当）**

**第 488 条** 債務者が同一の債権者に対し
て同種の給付を目的とする数個の債務
を負担する場合において、弁済として
提供した給付が全ての債務を消滅させ
るのに足りないとき（次条第 1 項に規定
する場合を除く。）は、弁済をする者は、
給付の時に、その弁済を充当すべき債
務を指定することができる。

② 弁済をする者が前項の規定による指
定をしないときは、弁済を受領する者
は、その受領の時に、その弁済を充当
すべき債務を指定することができる。
ただし、弁済をする者がその充当に対
して直ちに異議を述べたときは、この
限りでない。

③ 前 2 項の場合における弁済の充当の
指定は、相手方に対する意思表示によ
ってする。

④ 弁済をする者及び弁済を受領する者
がいずれも第 1 項又は第 2 項の規定に
よる指定をしないときは、次の各号の
定めるところに従い、その弁済を充当
する。

　1 債務の中に弁済期にあるものと弁
済期にないものとがあるときは、弁
済期にあるものに先に充当する。

　2 全ての債務が弁済期にあるとき、

・108・

又は弁済期にないときは、債務者の
ために弁済の利益が多いものに先に
充当する。
3　債務者のために弁済の利益が相等
しいときは、弁済期が先に到来した
もの又は先に到来すべきものに先に
充当する。
4　前2号に掲げる事項が相等しい債
務の弁済は、各債務の額に応じて充
当する。
⇨対応条項＝4項（旧民489）

**（弁済の充当の指定）**
第488条　債務者が同一の債権者に対して同
種の給付を目的とする数個の債務を負担す
る場合において、弁済として提供した給付
がすべての債務を消滅させるのに足りない
ときは、弁済をする者は、給付の時に、そ
の弁済を充当すべき債務を指定することが
できる。
②・③〔同〕
〔4項は新設規定〕

**（法定充当）**
第489条　弁済をする者及び弁済を受領する
者がいずれも前条の規定による弁済の充当
の指定をしないときは、次の各号の定める
ところに従い、その弁済を充当する。
1　債務の中に弁済期にあるものと弁済期
にないものとがあるときは、弁済期にあ
るものに先に充当する。
2　すべての債務が弁済期にあるとき、又
は弁済期にないときは、債務者のために
弁済の利益が多いものに先に充当する。
3　債務者のために弁済の利益が相等しい
ときは、弁済期が先に到来したもの又は
先に到来すべきものに先に充当する。
4　前2号に掲げる事項が相等しい債務の
弁済は、各債務の額に応じて充当する。
⇨対応条項＝（新民488④）

☆**（元本、利息及び費用を支払うべき場
合の充当）**
第**489**条　債務者が1個又は数個の債務
について元本のほか利息及び費用を支
払うべき場合（債務者が数個の債務を負担
する場合にあっては、同一の債権者に対し
て同種の給付を目的とする数個の債務を負
担するときに限る。）において、弁済をす
る者がその債務の全部を消滅させるの
に足りない給付をしたときは、これを
順次に費用、利息及び元本に充当しな
ければならない。
②　前条の規定は、前項の場合において、
費用、利息又は元本のいずれかの全て
を消滅させるのに足りない給付をした
ときについて準用する。
⇨対応条項＝（旧民491）

★**（元本、利息及び費用を支払うべき場合の
充当）**
第491条　債務者が1個又は数個の債務につ
いて元本のほか利息及び費用を支払うべき
場合において、弁済をする者がその債務の
全部を消滅させるのに足りない給付をした
ときは、これを順次に費用、利息及び元本
に充当しなければならない。
②　第489条の規定は、前項の場合について
準用する。
⇨対応条項＝（新民489）

☆**（合意による弁済の充当）**
第**490**条　前2条の規定にかかわらず、
弁済をする者と弁済を受領する者との
間に弁済の充当の順序に関する合意が
あるときは、その順序に従い、その弁
済を充当する。

**（数個の給付をすべき場合の充当）**
第**491**条　1個の債務の弁済として数個
の給付をすべき場合において、弁済を
する者がその債務の全部を消滅させる

第3編　債権

のに足りない給付をしたときは、前3
条の規定を準用する。

> 第490条　1個の債務の弁済として数個の給
> 付をすべき場合において、弁済をする者が
> その債務の全部を消滅させるのに足りない
> 給付をしたときは、前2条の規定を準用す
> る。〔第491条に繰下げ〕

**（弁済の提供の効果）**
**第492条**　債務者は、弁済の提供の時か
ら、債務を履行しないことによって生
ずべき責任を免れる。

> 第492条　債務者は、弁済の提供の時から、
> 債務の不履行によって生ずべき一切の責任
> を免れる。

**（弁済の提供の方法）**
**第493条**　弁済の提供は、債務の本旨に
従って現実にしなければならない。た
だし、債権者があらかじめその受領を
拒み、又は債務の履行について債権者
の行為を要するときは、弁済の準備を
したことを通知してその受領の催告を
すれば足りる。

## 第2目　弁済の目的物の供託

☆**（供託）**
**第494条**　弁済者は、次に掲げる場合に
は、債権者のために弁済の目的物を供
託することができる。この場合におい
ては、弁済者が供託をした時に、その
債権は、消滅する。
　1　弁済の提供をした場合において、
　債権者がその受領を拒んだとき。
　2　債権者が弁済を受領することがで
　きないとき。
②　弁済者が債権者を確知することがで
きないときも、前項と同様とする。た
だし、弁済者に過失があるときは、こ
の限りでない。

> 第494条　債権者が弁済の受領を拒み、又は
> これを受領することができないときは、弁
> 済をすることができる者（以下この目にお
> いて「弁済者」という。）は、債権者のた
> めに弁済の目的物を供託してその債務を免
> れることができる。弁済者が過失なく債権
> 者を確知することができないときも、同様
> とする。

**（供託の方法）**
**第495条**　前条の規定による供託は、債
務の履行地の供託所にしなければなら
ない。
②　供託所について法令に特別の定めが
ない場合には、裁判所は、弁済者の請
求により、供託所の指定及び供託物の
保管者の選任をしなければならない。
③　前条の規定により供託をした者は、
遅滞なく、債権者に供託の通知をしな
ければならない。

**（供託物の取戻し）**
**第496条**　債権者が供託を受諾せず、又
は供託を有効と宣告した判決が確定し
ない間は、弁済者は、供託物を取り戻
すことができる。この場合においては、
供託をしなかったものとみなす。
②　前項の規定は、供託によって質権又
は抵当権が消滅した場合には、適用し
ない。

☆**（供託に適しない物等）**
**第497条**　弁済者は、次に掲げる場合に
は、裁判所の許可を得て、弁済の目的
物を競売に付し、その代金を供託する
ことができる。
　1　その物が供託に適しないとき。
　2　その物について滅失、損傷その他
　の事由による価格の低落のおそれが
　あるとき。
　3　その物の保存について過分の費用

を要するとき。

4　前3号に掲げる場合のほか、その物を供託することが困難な事情があるとき。

> 第497条　弁済の目的物が供託に適しないとき、又はその物について滅失若しくは損傷のおそれがあるときは、弁済者は、裁判所の許可を得て、これを競売に付し、その代金を供託することができる。その物の保存について過分の費用を要するときも、同様とする。

### （供託物の還付請求等）
**第498条**　弁済の目的物又は前条の代金が供託された場合には、債権者は、供託物の還付を請求することができる。

②　債務者が債権者の給付に対して弁済をすべき場合には、債権者は、その給付をしなければ、供託物を受け取ることができない。

> （供託物の受領の要件）
> 第498条　〔②に繰下げ（1項は新設規定）〕

## 第3目　弁済による代位

### （弁済による代位の要件）
**第499条**　債務者のために弁済をした者は、債権者に代位する。

> （任意代位）
> 第499条　債務者のために弁済をした者は、その弁済と同時に債権者の承諾を得て、債権者に代位することができる。
> ②　第467条の規定は、前項の場合について準用する。

⇨対応条項＝2項（新民500）

☆**第500条**　第467条の規定は、前条の場合（弁済をするについて正当な利益を有する者が債権者に代位する場合を除く。）について準用する。

⇨対応条項＝（旧民499②）

> （法定代位）
> 第500条　弁済をするについて正当な利益を有する者は、弁済によって当然に債権者に代位する。

### （弁済による代位の効果）
**第501条**　前2条の規定により債権者に代位した者は、債権の効力及び担保としてその債権者が有していた一切の権利を行使することができる。

②　前項の規定による権利の行使は、債権者に代位した者が自己の権利に基づいて債務者に対して求償をすることができる範囲内（保証人の1人が他の保証人に対して債権者に代位する場合には、自己の権利に基づいて当該他の保証人に対して求償をすることができる範囲内）に限り、することができる。

③　第1項の場合には、前項の規定によるほか、次に掲げるところによる。

1　第三取得者（債務者から担保の目的となっている財産を譲り受けた者をいう。以下この項において同じ。）は、保証人及び物上保証人に対して債権者に代位しない。

2　第三取得者の1人は、各財産の価格に応じて、他の第三取得者に対して債権者に代位する。

3　前号の規定は、物上保証人の1人が他の物上保証人に対して債権者に代位する場合について準用する。

4　保証人と物上保証人との間においては、その数に応じて、債権者に代位する。ただし、物上保証人が数人あるときは、保証人の負担部分を除いた残額について、各財産の価格に応じて、債権者に代位する。

5　第三取得者から担保の目的となっている財産を譲り受けた者は、第三

取得者とみなして第１号及び第２号の規定を適用し、物上保証人から担保の目的となっている財産を譲り受けた者は、物上保証人とみなして第１号、第３号及び前号の規定を適用する。

第501条 前２条の規定により債権者に代位した者は、自己の権利に基づいて求償をすることができる範囲内において、債権の効力及び担保としてその債権者が有していた一切の権利を行使することができる。この場合においては、次の各号の定めるところに従わなければならない。

１ 保証人は、あらかじめ先取特権、不動産質権又は抵当権の登記にその代位を付記しなければ、その先取特権、不動産質権又は抵当権の目的である不動産の第三取得者に対して債権者に代位することができない。

２ 第三取得者は、保証人に対して債権者に代位しない。

３ 第三取得者の１人は、各不動産の価格に応じて、他の第三取得者に対して債権者に代位する。

４ 物上保証人の１人は、各財産の価格に応じて、他の物上保証人に対して債権者に代位する。

５ 保証人と物上保証人との間においては、その数に応じて、債権者に代位する。ただし、物上保証人が数人あるときは、保証人の負担部分を除いた残額について、各財産の価格に応じて、債権者に代位する。

６ 前号の場合において、その財産が不動産であるときは、第１号の規定を準用する。

〔２項・３項は新設規定〕

## （一部弁済による代位）

第502条 債権の一部について代位弁済があったときは、代位者は、債権者の同意を得て、その弁済をした価額に応じて、債権者とともにその権利を行使することができる。

② 前項の場合であっても、債権者は、単独でその権利を行使することができる。

③ 前２項の場合に債権者が行使する権利は、その債権の担保の目的となっている財産の売却代金その他の当該権利の行使によって得られる金銭について、代位者が行使する権利に優先する。

④ 第１項の場合において、債務の不履行による契約の解除は、債権者のみがすることができる。この場合においては、代位者に対し、その弁済をした価額及びその利息を償還しなければならない。

第502条 債権の一部について代位弁済があったときは、代位者は、その弁済をした価額に応じて、債権者とともにその権利を行使する。

〔２項・３項は新設規定〕

② 前項の場合において、債務の不履行による契約の解除は、債権者のみがすることができる。この場合においては、代位者に対し、その弁済をした価額及びその利息を償還しなければならない。〔④に繰下げ〕

## （債権者による債権証書の交付等）

第503条 代位弁済によって全部の弁済を受けた債権者は、債権に関する証書及び自己の占有する担保物を代位者に交付しなければならない。

② 債権の一部について代位弁済があった場合には、債権者は、債権に関する証書にその代位を記入し、かつ、自己

の占有する担保物の保存を代位者に監督させなければならない。

**（債権者による担保の喪失等）**

**第504条** 弁済をするについて正当な利益を有する者（以下この項において「代位権者」という。）がある場合において、債権者が故意又は過失によってその担保を喪失し、又は減少させたときは、その代位権者は、代位をするに当たって担保の喪失又は減少によって償還を受けることができなくなる限度において、その責任を免れる。その代位権者が物上保証人である場合において、その代位権者から担保の目的となっている財産を譲り受けた第三者及びその特定承継人についても、同様とする。

② 前項の規定は、債権者が担保を喪失し、又は減少させたことについて取引上の社会通念に照らして合理的な理由があると認められるときは、適用しない。

> **第504条** 第500条の規定により代位をすることができる者がある場合において、債権者が故意又は過失によってその担保を喪失し、又は減少させたときは、その代位をすることができる者は、その喪失又は減少によって償還を受けることができなくなった限度において、その責任を免れる。
> 〔2項は新設規定〕

### 第2款　相殺

**（相殺の要件等）**

**第505条** 2人が互いに同種の目的を有する債務を負担する場合において、双方の債務が弁済期にあるときは、各債務者は、その対当額について相殺によってその債務を免れることができる。ただし、債務の性質がこれを許さない

ときは、この限りでない。

② 前項の規定にかかわらず、当事者が相殺を禁止し、又は制限する旨の意思表示をした場合には、その意思表示は、第三者がこれを知り、又は重大な過失によって知らなかったときに限り、その第三者に対抗することができる。

> **第505条** 〔同〕
> ② 前項の規定は、当事者が反対の意思を表示した場合には、適用しない。ただし、その意思表示は、善意の第三者に対抗することができない。

**（相殺の方法及び効力）**

**第506条** 相殺は、当事者の一方から相手方に対する意思表示によってする。この場合において、その意思表示には、条件又は期限を付することができない。

② 前項の意思表示は、双方の債務が互いに相殺に適するようになった時にさかのぼってその効力を生ずる。

**（履行地の異なる債務の相殺）**

**第507条** 相殺は、双方の債務の履行地が異なるときであっても、することができる。この場合において、相殺をする当事者は、相手方に対し、これによって生じた損害を賠償しなければならない。

**（時効により消滅した債権を自働債権とする相殺）**

**第508条** 時効によって消滅した債権がその消滅以前に相殺に適するようになっていた場合には、その債権者は、相殺をすることができる。

☆**（不法行為等により生じた債権を受働債権とする相殺の禁止）**

**第509条** 次に掲げる債務の債務者は、相殺をもって債権者に対抗することができる。ただし、その債権者がその

債務に係る債権を他人から譲り受けた
ときは、この限りでない。

1　悪意による不法行為に基づく損害
　賠償の債務
2　人の生命又は身体の侵害による損
　害賠償の債務（前号に掲げるものを除
　く。）

> （不法行為により生じた債権を受働債権とす
> る相殺の禁止）
> 第509条　債務が不法行為によって生じたと
> 　きは、その債務者は、相殺をもって債権者
> 　に対抗することができない。

（差押禁止債権を受働債権とする相殺の
禁止）
第510条　債権が差押えを禁じたもので
あるときは、その債務者は、相殺をも
って債権者に対抗することができない。

（差押えを受けた債権を受働債権とする
相殺の禁止）
第511条　差押えを受けた債権の第三債
務者は、差押え後に取得した債権によ
る相殺をもって差押債権者に対抗する
ことはできないが、差押え前に取得し
た債権による相殺をもって対抗するこ
とができる。

②　前項の規定にかかわらず、差押え後
に取得した債権が差押え前の原因に基
づいて生じたものであるときは、その
第三債務者は、その債権による相殺を
もって差押債権者に対抗することがで
きる。ただし、第三債務者が差押え後
に他人の債権を取得したときは、この
限りでない。

> （支払の差止めを受けた債権を受働債権とす
> る相殺の禁止）
> 第511条　支払の差止めを受けた第三債務者
> 　は、その後に取得した債権による相殺をも
> 　って差押債権者に対抗することができな

> い。
> 〔2項は新設規定〕

☆（相殺の充当）
第512条　債権者が債務者に対して有す
る1個又は数個の債権と、債権者が債
務者に対して負担する1個又は数個の
債務について、債権者が相殺の意思表
示をした場合において、当事者が別段
の合意をしなかったときは、債権者の
有する債権とその負担する債務は、相
殺に適するようになった時期の順序に
従って、その対当額について相殺によ
って消滅する。

②　前項の場合において、相殺をする債
権者の有する債権がその負担する債務
の全部を消滅させるのに足りないとき
であって、当事者が別段の合意をしな
かったときは、次に掲げるところによ
る。

1　債権者が数個の債務を負担すると
　き（次号に規定する場合を除く。）は、
　第488条第4項第2号から第4号ま
　での規定を準用する。
2　債権者が負担する1個又は数個の
　債務について元本のほか利息及び費
　用を支払うべきときは、第489条の
　規定を準用する。この場合において、
　同条第2項中「前条」とあるのは、「前
　条第4項第2号から第4号まで」と
　読み替えるものとする。

③　第1項の場合において、相殺をする
債権者の負担する債務がその有する債
権の全部を消滅させるのに足りないと
きは、前項の規定を準用する。

> 第512条　第488条から第491条までの規定
> 　は、相殺について準用する。

☆第512条の2　債権者が債務者に対し

て有する債権に、1個の債権の弁済として数個の給付をすべきものがある場合における相殺については、前条の規定を準用する。債権者が債務者に対して負担する債務に、1個の債務の弁済として数個の給付をすべきものがある場合における相殺についても、同様とする。

## 第3款　更改

（更改）

**第513条**　当事者が従前の債務に代えて、新たな債務であって次に掲げるものを発生させる契約をしたときは、従前の債務は、更改によって消滅する。

1　従前の給付の内容について重要な変更をするもの

2　従前の債務者が第三者と交替するもの

3　従前の債権者が第三者と交替するもの

> 第513条　当事者が債務の要素を変更する契約をしたときは、その債務は、更改によって消滅する。
> ②　条件付債務を無条件債務としたとき、無条件債務に条件を付したとき、又は債務の条件を変更したときは、いずれも債務の要素を変更したものとみなす。

（債務者の交替による更改）

**第514条**　債務者の交替による更改は、債権者と更改後に債務者となる者との契約によってすることができる。この場合において、更改は、債権者が更改前の債務者に対してその契約をした旨を通知した時に、その効力を生ずる。

②　債務者の交替による更改後の債務者は、更改前の債務者に対して求償権を取得しない。

> 第514条　債務者の交替による更改は、債権者と更改後に債務者となる者との契約によってすることができる。ただし、更改前の債務者の意思に反するときは、この限りでない。
> 〔2項は新設規定〕

（債権者の交替による更改）

**第515条**　債権者の交替による更改は、更改前の債権者、更改後に債権者となる者及び債務者の契約によってすることができる。

②　債権者の交替による更改は、確定日付のある証書によってしなければ、第三者に対抗することができない。

> 第515条　〔②に繰下げ（1項は新設規定）〕

☆**第516条及び第517条**　削除

> 第516条　第468条第1項の規定は、債権者の交替による更改について準用する。
> （更改前の債務が消滅しない場合）
> 第517条　更改によって生じた債務が、不法な原因のため又は当事者の知らない事由によって成立せず又は取り消されたときは、更改前の債務は、消滅しない。

（更改後の債務への担保の移転）

**第518条**　債権者（債権者の交替による更改にあっては、更改前の債権者）は、更改前の債務の目的の限度において、その債務の担保として設定された質権又は抵当権を更改後の債務に移すことができる。ただし、第三者がこれを設定した場合には、その承諾を得なければならない。

②　前項の質権又は抵当権の移転は、あらかじめ又は同時に更改の相手方（債権者の交替による更改にあっては、債務者）に対してする意思表示によってしなければならない。

> 第518条　更改の当事者は、更改前の債務の

目的の限度において、その債務の担保とし
て設定された質権又は抵当権を更改後の債
務に移すことができる。ただし、第三者が
これを設定した場合には、その承諾を得な
ければならない。

〔2項は新設規定〕

### 第4款　免除

**第519条**　債権者が債務者に対して債務
を免除する意思を表示したときは、そ
の債権は、消滅する。

### 第5款　混同

**第520条**　債権及び債務が同一人に帰属
したときは、その債権は、消滅する。
ただし、その債権が第三者の権利の目
的であるときは、この限りでない。

## ☆第7節　有価証券

### ☆第1款　指図証券

☆（指図証券の譲渡）
**第520条の2**　指図証券の譲渡は、その
証券に譲渡の裏書をして譲受人に交付
しなければ、その効力を生じない。

⇨対応条項＝（旧民469）

☆（指図証券の裏書の方式）
**第520条の3**　指図証券の譲渡について
は、その指図証券の性質に応じ、手形
法（昭和7年法律第20号）中裏書の方式
に関する規定を準用する。

☆（指図証券の所持人の権利の推定）
**第520条の4**　指図証券の所持人が裏書
の連続によりその権利を証明するとき
は、その所持人は、証券上の権利を適
法に有するものと推定する。

☆（指図証券の善意取得）
**第520条の5**　何らかの事由により指図

証券の占有を失った者がある場合にお
いて、その所持人が前条の規定により
その権利を証明するときは、その所持
人は、その証券を返還する義務を負わ
ない。ただし、その所持人が悪意又は
重大な過失によりその証券を取得した
ときは、この限りでない。

☆（指図証券の譲渡における債務者の抗
　弁の制限）
**第520条の6**　指図証券の債務者は、そ
の証券に記載した事項及びその証券の
性質から当然に生ずる結果を除き、そ
の証券の譲渡前の債権者に対抗するこ
とができた事由をもって善意の譲受人
に対抗することができない。

⇨対応条項＝（旧民472・473）

☆（指図証券の質入れ）
**第520条の7**　第520条の2から前条ま
での規定は、指図証券を目的とする質
権の設定について準用する。

⇨対応条項＝（旧民365）

☆（指図証券の弁済の場所）
**第520条の8**　指図証券の弁済は、債務
者の現在の住所においてしなければな
らない。

☆（指図証券の提示と履行遅滞）
**第520条の9**　指図証券の債務者は、そ
の債務の履行について期限の定めがあ
るときであっても、その期限が到来し
た後に所持人がその証券を提示してそ
の履行の請求をした時から遅滞の責任
を負う。

☆（指図証券の債務者の調査の権利等）
**第520条の10**　指図証券の債務者は、そ
の証券の所持人並びにその署名及び押
印の真偽を調査する権利を有するが、
その義務を負わない。ただし、債務者
に悪意又は重大な過失があるときは、

その弁済は、無効とする。

⇨対応条項＝（旧民 470・471）

## ☆（指図証券の喪失）

**第520条の11**　指図証券は、非訟事件手続法（平成23年法律第51号）第100条に規定する公示催告手続によって無効とすることができる。

## ☆（指図証券喪失の場合の権利行使方法）

**第520条の12**　金銭その他の物又は有価証券の給付を目的とする指図証券の所持人がその指図証券を喪失した場合において、非訟事件手続法第114条に規定する公示催告の申立てをしたときは、その債務者に、その債務の目的物を供託させ、又は相当の担保を供してその指図証券の趣旨に従い履行をさせることができる。

## ☆第2款　記名式所持人払証券

## ☆（記名式所持人払証券の譲渡）

**第520条の13**　記名式所持人払証券（債権者を指名する記載がされている証券であって、その所持人に弁済をすべき旨が付記されているものをいう。以下同じ。）の譲渡は、その証券を交付しなければ、その効力を生じない。

⇨対応条項＝（旧民 471）

## ☆（記名式所持人払証券の所持人の権利の推定）

**第520条の14**　記名式所持人払証券の所持人は、証券上の権利を適法に有するものと推定する。

## ☆（記名式所持人払証券の善意取得）

**第520条の15**　何らかの事由により記名式所持人払証券の占有を失った者がある場合において、その所持人が前条の規定によりその権利を証明するときは、その所持人は、その証券を返還する義務を負わない。ただし、その所持人が悪意又は重大な過失によりその証券を取得したときは、この限りでない。

## ☆（記名式所持人払証券の譲渡における債務者の抗弁の制限）

**第520条の16**　記名式所持人払証券の債務者は、その証券に記載した事項及びその証券の性質から当然に生ずる結果を除き、その証券の譲渡前の債権者に対抗することができた事由をもって善意の譲受人に対抗することができない。

## ☆（記名式所持人払証券の質入れ）

**第520条の17**　第520条の13から前条までの規定は、記名式所持人払証券を目的とする質権の設定について準用する。

⇨対応条項＝（旧民 363）

## ☆（指図証券の規定の準用）

**第520条の18**　第520条の8から第520条の12までの規定は、記名式所持人払証券について準用する。

⇨対応条項＝（旧民 471）

## ☆第3款　その他の記名証券

☆**第520条の19**　債権者を指名する記載がされている証券であって指図証券及び記名式所持人払証券以外のものは、債権の譲渡又はこれを目的とする質権の設定に関する方式に従い、かつ、その効力をもってのみ、譲渡し、又は質権の目的とすることができる。

②　第520条の11及び第520条の12の規定は、前項の証券について準用する。

## ☆第4款　無記名証券

☆**第520条の20**　第2款（記名式所持人払証券）の規定は、無記名証券について準用する。

第3編　債権

⇨対応条項＝（旧民 86 ③・363・473）

# 第2章　契約

## 第1節　総則

### 第1款　契約の成立

☆（契約の締結及び内容の自由）

**第521条**　何人も、法令に特別の定めがある場合を除き、契約をするかどうかを自由に決定することができる。

②　契約の当事者は、法令の制限内において、契約の内容を自由に決定することができる。

☆（契約の成立と方式）

**第522条**　契約は、契約の内容を示してその締結を申し入れる意思表示（以下「申込み」という。）に対して相手方が承諾をしたときに成立する。

②　契約の成立には、法令に特別の定めがある場合を除き、書面の作成その他の方式を具備することを要しない。

⇨対応条項＝1項（旧民 526 ①）

（承諾の期間の定めのある申込み）

**第523条**　承諾の期間を定めてした申込みは、撤回することができない。ただし、申込者が撤回をする権利を留保したときは、この限りでない。

②　申込者が前項の申込みに対して同項の期間内に承諾の通知を受けなかったときは、その申込みは、その効力を失う。

> 第521条　承諾の期間を定めてした契約の申込みは、撤回することができない。〔第523条に繰下げ〕
> ②　〔同〕
> ------
> ★（承諾の通知の延着）
> 第522条　前条第1項の申込みに対する承諾の通知が同項の期間の経過後に到達した場

合であっても、通常の場合にはその期間内に到達すべき時に発送したものであることを知ることができるときは、申込者は、遅滞なく、相手方に対してその延着の通知を発しなければならない。ただし、その到達前に遅延の通知を発したときは、この限りでない。

> ②　申込者が前項本文の延着の通知を怠ったときは、承諾の通知は、前条第1項の期間内に到達したものとみなす。

（遅延した承諾の効力）

**第524条**　申込者は、遅延した承諾を新たな申込みとみなすことができる。

> 第523条　〔第524条に繰下げ〕

（承諾の期間の定めのない申込み）

**第525条**　承諾の期間を定めないでした申込みは、申込者が承諾の通知を受けるのに相当な期間を経過するまでは、撤回することができない。ただし、申込者が撤回をする権利を留保したときは、この限りでない。

②　対話者に対してした前項の申込みは、同項の規定にかかわらず、その対話が継続している間は、いつでも撤回することができる。

③　対話者に対してした第1項の申込みに対して対話が継続している間に申込者が承諾の通知を受けなかったときは、その申込みは、その効力を失う。ただし、申込者が対話の終了後もその申込みが効力を失わない旨を表示したときは、この限りでない。

> 第524条　承諾の期間を定めないで隔地者に対してした申込みは、申込者が承諾の通知を受けるのに相当な期間を経過するまでは、撤回することができない。〔第525条に繰下げ〕
> 〔2項・3項は新設規定〕

・118・

★（申込者の死亡又は行為能力の喪失）

**第525条** 第97条第2項の規定は、申込者が反対の意思を表示した場合又はその相手方が申込者の死亡若しくは行為能力の喪失の事実を知っていた場合には、適用しない。

⇨対応条項＝（新民526）

☆（申込者の死亡等）

**第526条** 申込者が申込みの通知を発した後に死亡し、意思能力を有しない常況にある者となり、又は行為能力の制限を受けた場合において、申込者がその事実が生じたとすればその申込みは効力を有しない旨の意思を表示していたとき、又はその相手方が承諾の通知を発するまでにその事実が生じたことを知ったときは、その申込みは、その効力を有しない。

（隔地者間の契約の成立時期）

第526条　隔地者間の契約は、承諾の通知を発した時に成立する。

②　申込者の意思表示又は取引上の慣習により承諾の通知を必要としない場合には、契約は、承諾の意思表示と認めるべき事実があった時に成立する。

⇨対応条項＝1項（新民522①）、2項（新民527）

☆（承諾の通知を必要としない場合における契約の成立時期）

**第527条** 申込者の意思表示又は取引上の慣習により承諾の通知を必要としない場合には、契約は、承諾の意思表示と認めるべき事実があった時に成立する。

（申込みの撤回の通知の延着）

第527条　申込みの撤回の通知が承諾の通知を発した後に到達した場合であっても、通常の場合にはその前に到達すべき時に発送したものであることを知ることができると

きは、承諾者は、遅滞なく、申込者に対してその延着の通知を発しなければならない。

②　承諾者が前項の延着の通知を怠ったときは、契約は、成立しなかったものとみなす。

（申込みに変更を加えた承諾）

**第528条** 承諾者が、申込みに条件を付し、その他変更を加えてこれを承諾したときは、その申込みの拒絶とともに新たな申込みをしたものとみなす。

（懸賞広告）

**第529条** ある行為をした者に一定の報酬を与える旨を広告した者（以下「懸賞広告者」という。）は、その行為をした者がその広告を知っていたかどうかにかかわらず、その者に対してその報酬を与える義務を負う。

第529条　ある行為をした者に一定の報酬を与える旨を広告した者（以下この款において「懸賞広告者」という。）は、その行為をした者に対してその報酬を与える義務を負う。

☆（指定した行為をする期間の定めのある懸賞広告）

**第529条の2** 懸賞広告者は、その指定した行為をする期間を定めてした広告を撤回することができない。ただし、その広告において撤回をする権利を留保したときは、この限りでない。

②　前項の広告は、その期間内に指定した行為を完了する者がないときは、その効力を失う。

☆（指定した行為をする期間の定めのない懸賞広告）

**第529条の3** 懸賞広告者は、その指定した行為を完了する者がない間は、その指定した行為をする期間を定めないでした広告を撤回することができる。

第3編　債権

ただし、その広告中に撤回をしない旨を表示したときは、この限りでない。

⇨対応条項＝（旧民530①②）

## ☆（懸賞広告の撤回の方法）

**第530条** 前の広告と同一の方法による広告の撤回は、これを知らない者に対しても、その効力を有する。

② 広告の撤回は、前の広告と異なる方法によっても、することができる。ただし、その撤回は、これを知った者に対してのみ、その効力を有する。

⇨対応条項＝（新民529条の2から530条までは、旧民530条と対応）

---

（懸賞広告の撤回）

第530条 前条の場合において、懸賞広告者は、その指定した行為を完了する者がない間は、前の広告と同一の方法によってその広告を撤回することができる。ただし、その広告中に撤回をしない旨を表示したときは、この限りでない。

② 前項本文に規定する方法によって撤回をすることができない場合には、他の方法によって撤回をすることができる。この場合において、その撤回は、これを知った者に対してのみ、その効力を有する。

③ 懸賞広告者がその指定した行為をする期間を定めたときは、その撤回をする権利を放棄したものと推定する。

⇨対応条項＝（新民530）、1項（新民529の3）、3項（新民529の2①）

---

## （懸賞広告の報酬を受ける権利）

**第531条** 広告に定めた行為をした者が数人あるときは、最初にその行為をした者のみが報酬を受ける権利を有する。

② 数人が同時に前項の行為をした場合には、各自が等しい割合で報酬を受ける権利を有する。ただし、報酬がその性質上分割に適しないとき、又は広告において1人のみがこれを受けるものとしたときは、抽選でこれを受ける者を定める。

③ 前2項の規定は、広告中にこれと異なる意思を表示したときは、適用しない。

## （優等懸賞広告）

**第532条** 広告に定めた行為をした者が数人ある場合において、その優等者のみに報酬を与えるべきときは、その広告は、応募の期間を定めたときに限り、その効力を有する。

② 前項の場合において、応募者中いずれの者の行為が優等であるかは、広告中に定めた者が判定し、広告中に判定をする者を定めなかったときは懸賞広告者が判定する。

③ 応募者は、前項の判定に対して異議を述べることができない。

④ 前条第2項の規定は、数人の行為が同等と判定された場合について準用する。

# 第2款 契約の効力

## （同時履行の抗弁）

**第533条** 双務契約の当事者の一方は、相手方がその債務の履行（債務の履行に代わる損害賠償の債務の履行を含む。）を提供するまでは、自己の債務の履行を拒むことができる。ただし、相手方の債務が弁済期にないときは、この限りでない。

⇨対応条項＝括弧書き（旧民571・634②）

---

第533条 双務契約の当事者の一方は、相手方がその債務の履行を提供するまでは、自己の債務の履行を拒むことができる。ただし、相手方の債務が弁済期にないときは、この限りでない。

---

・120・

## ☆第534条及び第535条　削除

（債権者の危険負担）

第534条　特定物に関する物権の設定又は移転を双務契約の目的とした場合において、その物が債務者の責めに帰することができない事由によって滅失し、又は損傷したときは、その滅失又は損傷は、債権者の負担に帰する。

②　不特定物に関する契約については、第401条第2項の規定によりその物が確定した時から、前項の規定を適用する。

（停止条件付双務契約における危険負担）

第535条　前条の規定は、停止条件付双務契約の目的物が条件の成否が未定である間に滅失した場合には、適用しない。

②　停止条件付双務契約の目的物が債務者の責めに帰することができない事由によって損傷したときは、その損傷は、債権者の負担に帰する。

③　停止条件付双務契約の目的物が債務者の責めに帰すべき事由によって損傷した場合において、条件が成就したときは、債権者は、その選択に従い、契約の履行の請求又は解除権の行使をすることができる。この場合においては、損害賠償の請求を妨げない。

### （債務者の危険負担等）

第536条　当事者双方の責めに帰することができない事由によって債務を履行することができなくなったときは、債権者は、反対給付の履行を拒むことができる。

②　債権者の責めに帰すべき事由によって債務を履行することができなくなったときは、債権者は、反対給付の履行を拒むことができない。この場合において、債務者は、自己の債務を免れたことによって利益を得たときは、これを債権者に償還しなければならない。

第536条　前2条に規定する場合を除き、当事者双方の責めに帰することができない事由によって債務を履行することができなくなったときは、債務者は、反対給付を受ける権利を有しない。

②　債権者の責めに帰すべき事由によって債務を履行することができなくなったときは、債務者は、反対給付を受ける権利を失わない。この場合において、自己の債務を免れたことによって利益を得たときは、これを債権者に償還しなければならない。

### （第三者のためにする契約）

第537条　契約により当事者の一方が第三者に対してある給付をすることを約したときは、その第三者は、債務者に対して直接にその給付を請求する権利を有する。

②　前項の契約は、その成立の時に第三者が現に存しない場合又は第三者が特定していない場合であっても、そのためにその効力を妨げられない。

③　第1項の場合において、第三者の権利は、その第三者が債務者に対して同項の契約の利益を享受する意思を表示した時に発生する。

第537条　〔同〕

〔2項は新設規定〕

②　前項の場合において、第三者の権利は、その第三者が債務者に対して同項の契約の利益を享受する意思を表示した時に発生する。〔③に繰下げ〕

### （第三者の権利の確定）

第538条　前条の規定により第三者の権利が発生した後は、当事者は、これを変更し、又は消滅させることができない。

②　前条の規定により第三者の権利が発

第3編　債権

生した後に、債務者がその第三者に対する債務を履行しない場合には、同条第1項の契約の相手方は、その第三者の承諾を得なければ、契約を解除することができない。

第538条 〔2項は新設規定〕

**（債務者の抗弁）**

**第539条** 債務者は、第537条第1項の契約に基づく抗弁をもって、その契約の利益を受ける第三者に対抗することができる。

## ☆第3款 契約上の地位の移転

☆**第539条の2** 契約の当事者の一方が第三者との間で契約上の地位を譲渡する旨の合意をした場合において、その契約の相手方がその譲渡を承諾したときは、契約上の地位は、その第三者に移転する。

## 第4款 契約の解除

**（解除権の行使）**

**第540条** 契約又は法律の規定により当事者の一方が解除権を有するときは、その解除は、相手方に対する意思表示によってする。

② 前項の意思表示は、撤回することができない。

**（催告による解除）**

**第541条** 当事者の一方がその債務を履行しない場合において、相手方が相当の期間を定めてその履行の催告をし、その期間内に履行がないときは、相手方は、契約の解除をすることができる。ただし、その期間を経過した時における債務の不履行がその契約及び取引上の社会通念に照らして軽微であるときは、この限りでない。

**（履行遅滞等による解除権）**

**第541条** 当事者の一方がその債務を履行しない場合において、相手方が相当の期間を定めてその履行の催告をし、その期間内に履行がないときは、相手方は、契約の解除をすることができる。

☆**（催告によらない解除）**

**第542条** 次に掲げる場合には、債権者は、前条の催告をすることなく、直ちに契約の解除をすることができる。

1　債務の全部の履行が不能であるとき。

2　債務者がその債務の全部の履行を拒絶する意思を明確に表示したとき。

3　債務の一部の履行が不能である場合又は債務者がその債務の一部の履行を拒絶する意思を明確に表示した場合において、残存する部分のみでは契約をした目的を達することができないとき。

4　契約の性質又は当事者の意思表示により、特定の日時又は一定の期間内に履行をしなければ契約をした目的を達することができない場合において、債務者が履行をしないでその時期を経過したとき。

5　前各号に掲げる場合のほか、債務者がその債務の履行をせず、債権者が前条の催告をしても契約をした目的を達するのに足りる履行がされる見込みがないことが明らかであるとき。

② 次に掲げる場合には、債権者は、前条の催告をすることなく、直ちに契約の一部の解除をすることができる。

1　債務の一部の履行が不能であるとき。

2　債務者がその債務の一部の履行を

拒絶する意思を明確に表示したとき。
　⇨対応条項＝１項１号・２項１号（旧民543）、
　　１項４号（旧民542）

（定期行為の履行遅滞による解除権）
第542条　契約の性質又は当事者の意思表示により、特定の日時又は一定の期間内に履行をしなければ契約をした目的を達することができない場合において、当事者の一方が履行をしないでその時期を経過したときは、相手方は、前条の催告をすることなく、直ちにその契約の解除をすることができる。
　⇨対応条項＝（新民542①(4)）

（履行不能による解除権）
第543条　履行の全部又は一部が不能となったときは、債権者は、契約の解除をすることができる。ただし、その債務の不履行が債務者の責めに帰することができない事由によるものであるときは、この限りでない。
　⇨対応条項＝（新民542①(1)②(1)）

☆（債権者の責めに帰すべき事由による場合）
第543条　債務の不履行が債権者の責めに帰すべき事由によるものであるときは、債権者は、前２条の規定による契約の解除をすることができない。

（解除権の不可分性）
第544条　当事者の一方が数人ある場合には、契約の解除は、その全員から又はその全員に対してのみ、することができる。
②　前項の場合において、解除権が当事者のうちの１人について消滅したときは、他の者についても消滅する。

（解除の効果）
第545条　当事者の一方がその解除権を行使したときは、各当事者は、その相手方を原状に復させる義務を負う。た

だし、第三者の権利を害することはできない。
②　前項本文の場合において、金銭を返還するときは、その受領の時から利息を付さなければならない。
③　第１項本文の場合において、金銭以外の物を返還するときは、その受領の時以後に生じた果実をも返還しなければならない。
④　解除権の行使は、損害賠償の請求を妨げない。

第545条　〔同〕
②　〔同〕
　　〔３項は新設規定〕
③　〔④に繰下げ〕

（契約の解除と同時履行）
第546条　第533条の規定は、前条の場合について準用する。

（催告による解除権の消滅）
第547条　解除権の行使について期間の定めがないときは、相手方は、解除権を有する者に対し、相当の期間を定めて、その期間内に解除をするかどうかを確答すべき旨の催告をすることができる。この場合において、その期間内に解除の通知を受けないときは、解除権は、消滅する。

（解除権者の故意による目的物の損傷等による解除権の消滅）
第548条　解除権を有する者が故意若しくは過失によって契約の目的物を著しく損傷し、若しくは返還することができなくなったとき、又は加工若しくは改造によってこれを他の種類の物に変えたときは、解除権は、消滅する。ただし、解除権を有する者がその解除権を有することを知らなかったときは、この限りでない。

第３編　債権

（解除権者の行為等による解除権の消滅）

第548条　解除権を有する者が自己の行為若しくは過失によって契約の目的物を著しく損傷し、若しくは返還することができなくなったとき、又は加工若しくは改造によってこれを他の種類の物に変えたときは、解除権は、消滅する。

② 契約の目的物が解除権を有する者の行為又は過失によらないで滅失し、又は損傷したときは、解除権は、消滅しない。

## ☆第5款　定型約款

### ☆（定型約款の合意）

第548条の2　定型取引（ある特定の者が不特定多数の者を相手方として行う取引であって、その内容の全部又は一部が画一的であることがその双方にとって合理的なものをいう。以下同じ。）を行うことの合意（次条において「定型取引合意」という。）をした者は、次に掲げる場合には、定型約款（定型取引において、契約の内容とすることを目的としてその特定の者により準備された条項の総体をいう。以下同じ。）の個別の条項についても合意をしたものとみなす。

1　定型約款を契約の内容とする旨の合意をしたとき。

2　定型約款を準備した者（以下「定型約款準備者」という。）があらかじめその定型約款を契約の内容とする旨を相手方に表示していたとき。

② 前項の規定にかかわらず、同項の条項のうち、相手方の権利を制限し、又は相手方の義務を加重する条項であって、その定型取引の態様及びその実情並びに取引上の社会通念に照らして第1条第2項に規定する基本原則に反して相手方の利益を一方的に害すると認

められるものについては、合意をしなかったものとみなす。

### ☆（定型約款の内容の表示）

第548条の3　定型取引を行い、又は行おうとする定型約款準備者は、定型取引合意の前又は定型取引合意の後相当の期間内に相手方から請求があった場合には、遅滞なく、相当な方法でその定型約款の内容を示さなければならない。ただし、定型約款準備者が既に相手方に対して定型約款を記載した書面を交付し、又はこれを記録した電磁的記録を提供していたときは、この限りでない。

② 定型約款準備者が定型取引合意の前において前項の請求を拒んだときは、前条の規定は、適用しない。ただし、一時的な通信障害が発生した場合その他正当な事由がある場合は、この限りでない。

### ☆（定型約款の変更）

第548条の4　定型約款準備者は、次に掲げる場合には、定型約款の変更をすることにより、変更後の定型約款の条項について合意があったものとみなし、個別に相手方と合意をすることなく契約の内容を変更することができる。

1　定型約款の変更が、相手方の一般の利益に適合するとき。

2　定型約款の変更が、契約をした目的に反せず、かつ、変更の必要性、変更後の内容の相当性、この条の規定により定型約款の変更をすることがある旨の定めの有無及びその内容その他の変更に係る事情に照らして合理的なものであるとき。

② 定型約款準備者は、前項の規定による定型約款の変更をするときは、その

効力発生時期を定め、かつ、定型約款を変更する旨及び変更後の定型約款の内容並びにその効力発生時期をインターネットの利用その他の適切な方法により周知しなければならない。

③ 第1項第2号の規定による定型約款の変更は、前項の効力発生時期が到来するまでに同項の規定による周知をしなければ、その効力を生じない。

④ 第548条の2第2項の規定は、第1項の規定による定型約款の変更については、適用しない。

# 第2節 贈与

**（贈与）**

**第549条** 贈与は、当事者の一方がある財産を無償で相手方に与える意思を表示し、相手方が受諾をすることによって、その効力を生ずる。

> 第549条 贈与は、当事者の一方が自己の財産を無償で相手方に与える意思を表示し、相手方が受諾をすることによって、その効力を生ずる。

**（書面によらない贈与の解除）**

**第550条** 書面によらない贈与は、各当事者が解除をすることができる。ただし、履行の終わった部分については、この限りでない。

> （書面によらない贈与の撤回）
> 第550条 書面によらない贈与は、各当事者が撤回することができる。ただし、履行の終わった部分については、この限りでない。

**（贈与者の引渡義務等）**

**第551条** 贈与者は、贈与の目的である物又は権利を、贈与の目的として特定した時の状態で引き渡し、又は移転することを約したものと推定する。

② 負担付贈与については、贈与者は、その負担の限度において、売主と同じく担保の責任を負う。

> （贈与者の担保責任）
> 第551条 贈与者は、贈与の目的である物又は権利の瑕疵又は不存在について、その責任を負わない。ただし、贈与者がその瑕疵又は不存在を知りながら受贈者に告げなかったときは、この限りでない。
> ② 〔同〕

**（定期贈与）**

**第552条** 定期の給付を目的とする贈与は、贈与者又は受贈者の死亡によって、その効力を失う。

**（負担付贈与）**

**第553条** 負担付贈与については、この節に定めるもののほか、その性質に反しない限り、双務契約に関する規定を準用する。

**（死因贈与）**

**第554条** 贈与者の死亡によって効力を生ずる贈与については、その性質に反しない限り、遺贈に関する規定を準用する。

# 第3節 売買

## 第1款 総則

**（売買）**

**第555条** 売買は、当事者の一方がある財産権を相手方に移転することを約し、相手方がこれに対してその代金を支払うことを約することによって、その効力を生ずる。

**（売買の一方の予約）**

**第556条** 売買の一方の予約は、相手方が売買を完結する意思を表示した時から、売買の効力を生ずる。

② 前項の意思表示について期間を定め

なかったときは、予約者は、相手方に対し、相当の期間を定めて、その期間内に売買を完結するかどうかを確答すべき旨の催告をすることができる。この場合において、相手方がその期間内に確答をしないときは、売買の一方の予約は、その効力を失う。

**（手付）**
**第557条** 買主が売主に手付を交付したときは、買主はその手付を放棄し、売主はその倍額を現実に提供して、契約の解除をすることができる。ただし、その相手方が契約の履行に着手した後は、この限りでない。
② 第545条第4項の規定は、前項の場合には、適用しない。

> 第557条 買主が売主に手付を交付したときは、当事者の一方が契約の履行に着手するまでは、買主はその手付を放棄し、売主はその倍額を償還して、契約の解除をすることができる。
> ② 第545条第3項の規定は、前項の場合には、適用しない。

**（売買契約に関する費用）**
**第558条** 売買契約に関する費用は、当事者双方が等しい割合で負担する。

**（有償契約への準用）**
**第559条** この節の規定は、売買以外の有償契約について準用する。ただし、その有償契約の性質がこれを許さないときは、この限りでない。

## 第2款 売買の効力

⇨対応条項＝（新民561条から566条までは、旧民560条から566条・570条と対応）

☆**（権利移転の対抗要件に係る売主の義務）**
**第560条** 売主は、買主に対し、登記、登録その他の売買の目的である権利の移転についての対抗要件を備えさせる義務を負う。

☆**（他人の権利の売買における売主の義務）**
**第561条** 他人の権利（権利の一部が他人に属する場合におけるその権利の一部を含む。）を売買の目的としたときは、売主は、その権利を取得して買主に移転する義務を負う。

⇨対応条項＝（旧民560・561・563）

> **（他人の権利の売買における売主の義務）**
> 第560条 他人の権利を売買の目的としたときは、売主は、その権利を取得して買主に移転する義務を負う。
>
> ⇨対応条項＝（新民561）
>
> **（他人の権利の売買における売主の担保責任）**
> 第561条 前条の場合において、売主がその売却した権利を取得して買主に移転することができないときは、買主は、契約の解除をすることができる。この場合において、契約の時においてその権利が売主に属しないことを知っていたときは、損害賠償の請求をすることができない。

⇨対応条項＝（新民561-565）

☆**（買主の追完請求権）**
**第562条** 引き渡された目的物が種類、品質又は数量に関して契約の内容に適合しないものであるときは、買主は、売主に対し、目的物の修補、代替物の引渡し又は不足分の引渡しによる履行の追完を請求することができる。ただし、売主は、買主に不相当な負担を課するものでないときは、買主が請求した方法と異なる方法による履行の追完をすることができる。
② 前項の不適合が買主の責めに帰すべき事由によるものであるときは、買主

は、同項の規定による履行の追完の請
求をすることができない。

（他人の権利の売買における善意の売主の解
除権）

第562条　売主が契約の時においてその売却
した権利が自己に属しないことを知らなか
った場合において、その権利を取得して買
主に移転することができないときは、売主
は、損害を賠償して、契約の解除をするこ
とができる。

② 前項の場合において、買主が契約の時に
おいてその買い受けた権利が売主に属しな
いことを知っていたときは、売主は、買主
に対し、単にその売却した権利を移転する
ことができない旨を通知して、契約の解除
をすることができる。

☆（買主の代金減額請求権）

第563条　前条第1項本文に規定する場
合において、買主が相当の期間を定め
て履行の追完の催告をし、その期間内
に履行の追完がないときは、買主は、
その不適合の程度に応じて代金の減額
を請求することができる。

② 前項の規定にかかわらず、次に掲げ
る場合には、買主は、同項の催告をす
ることなく、直ちに代金の減額を請求
することができる。

1　履行の追完が不能であるとき。

2　売主が履行の追完を拒絶する意思
を明確に表示したとき。

3　契約の性質又は当事者の意思表示
により、特定の日時又は一定の期間
内に履行をしなければ契約をした目
的を達することができない場合にお
いて、売主が履行の追完をしないで
その時期を経過したとき。

4　前3号に掲げる場合のほか、買主
が前項の催告をしても履行の追完を

受ける見込みがないことが明らかで
あるとき。

③ 第1項の不適合が買主の責めに帰す
べき事由によるものであるときは、買
主は、前2項の規定による代金の減額
の請求をすることができない。

（権利の一部が他人に属する場合における売
主の担保責任）

第563条　売買の目的である権利の一部が他
人に属することにより、売主がこれを買主
に移転することができないときは、買主は、
その不足する部分の割合に応じて代金の減
額を請求することができる。

② 前項の場合において、残存する部分のみ
であれば買主がこれを買い受けなかったと
きは、善意の買主は、契約の解除をするこ
とができる。

③ 代金減額の請求又は契約の解除は、善意
の買主が損害賠償の請求をすることを妨げ
ない。

⇨対応条項＝（新民 561・563-565）

☆（買主の損害賠償請求及び解除権の行
使）

第564条　前2条の規定は、第415条の
規定による損害賠償の請求並びに第
541条及び第542条の規定による解除
権の行使を妨げない。

第564条　前条の規定による権利は、買主が
善意であったときは事実を知った時から、
悪意であったときは契約の時から、それぞ
れ1年以内に行使しなければならない。

⇨対応条項＝（新民 566）

☆（移転した権利が契約の内容に適合し
ない場合における売主の担保責任）

第565条　前3条の規定は、売主が買主
に移転した権利が契約の内容に適合し
ないものである場合（権利の一部が他人
に属する場合においてその権利の一部を移

第3編　債権

転しないときを含む。）について準用する。

⇨対応条項＝（旧民563・570）

（数量の不足又は物の一部滅失の場合における売主の担保責任）

第565条　前2条の規定は、数量を指示して売買をした物に不足がある場合又は物の一部が契約の時に既に滅失していた場合において、買主がその不足又は滅失を知らなかったときについて準用する。

☆（目的物の種類又は品質に関する担保責任の期間の制限）

第566条　売主が種類又は品質に関して契約の内容に適合しない目的物を買主に引き渡した場合において、買主がその不適合を知った時から1年以内にその旨を売主に通知しないときは、買主は、その不適合を理由として、履行の追完の請求、代金の減額の請求、損害賠償の請求及び契約の解除をすることができない。ただし、売主が引渡しの時にその不適合を知り、又は重大な過失によって知らなかったときは、この限りでない。

⇨対応条項＝（旧民564・566③）

（地上権等がある場合等における売主の担保責任）

第566条　売買の目的物が地上権、永小作権、地役権、留置権又は質権の目的である場合において、買主がこれを知らず、かつ、そのために契約をした目的を達することができないときは、買主は、契約の解除をすることができる。この場合において、契約の解除をすることができないときは、損害賠償の請求のみをすることができる。

②　前項の規定は、売買の目的である不動産のために存すると称した地役権が存しなかった場合及びその不動産について登記をした賃貸借があった場合について準用する。

③　前2項の場合において、契約の解除又は損害賠償の請求は、買主が事実を知った時から1年以内にしなければならない。

☆（目的物の滅失等についての危険の移転）

第567条　売主が買主に目的物（売買の目的として特定したものに限る。以下この条において同じ。）を引き渡した場合において、その引渡しがあった時以後にその目的物が当事者双方の責めに帰することができない事由によって滅失し、又は損傷したときは、買主は、その滅失又は損傷を理由として、履行の追完の請求、代金の減額の請求、損害賠償の請求及び契約の解除をすることができない。この場合において、買主は、代金の支払を拒むことができない。

②　売主が契約の内容に適合する目的物をもって、その引渡しの債務の履行を提供したにもかかわらず、買主がその履行を受けることを拒み、又は受けることができない場合において、その履行の提供があった時以後に当事者双方の責めに帰することができない事由によってその目的物が滅失し、又は損傷したときも、前項と同様とする。

（競売における担保責任等）

第568条　民事執行法その他の法律の規定に基づく競売（以下この条において単に「競売」という。）における買受人は、第541条及び第542条の規定並びに第563条（第565条において準用する場合を含む。）の規定により、債務者に対し、契約の解除をし、又は代金の減額を請求することができる。

②　前項の場合において、債務者が無資力であるときは、買受人は、代金の配当を受けた債権者に対し、その代金の

全部又は一部の返還を請求することが
できる。

③　前2項の場合において、債務者が物
若しくは権利の不存在を知りながら申
し出なかったとき、又は債権者がこれ
を知りながら競売を請求したときは、
買受人は、これらの者に対し、損害賠
償の請求をすることができる。

④　前3項の規定は、競売の目的物の種
類又は品質に関する不適合については、
適用しない。

⇨対応条項＝（旧民568）、4項（旧民570）

（強制競売における担保責任）

第568条　強制競売における買受人は、第
561条から前条までの規定により、債務者
に対し、契約の解除をし、又は代金の減額
を請求することができる。

②・③　〔同〕

〔4項は新設規定〕

**（債権の売主の担保責任）**

**第569条**　債権の売主が債務者の資力を
担保したときは、契約の時における資
力を担保したものと推定する。

②　弁済期に至らない債権の売主が債務
者の将来の資力を担保したときは、弁
済期における資力を担保したものと推
定する。

☆**（抵当権等がある場合の買主による費
用の償還請求）**

**第570条**　買い受けた不動産について契
約の内容に適合しない先取特権、質権
又は抵当権が存していた場合において、
買主が費用を支出してその不動産の所
有権を保存したときは、買主は、売主
に対し、その費用の償還を請求するこ
とができる。

⇨対応条項＝（旧民567②）

（抵当権等がある場合における売主の担保責

任）

第567条　売買の目的である不動産について
存した先取特権又は抵当権の行使により買
主がその所有権を失ったときは、買主は、
契約の解除をすることができる。

②　買主は、費用を支出してその所有権を保
存したときは、売主に対し、その費用の償
還を請求することができる。

③　前2項の場合において、買主は、損害を
受けたときは、その賠償を請求することが
できる。

⇨対応条項＝2項（新民570）

（売主の瑕疵担保責任）

第570条　売買の目的物に隠れた瑕疵があっ
たときは、第566条の規定を準用する。た
だし、強制競売の場合は、この限りでない。

⇨対応条項＝（新民561-566）、但書（新民
568④）

☆**第571条**　削除

（売主の担保責任と同時履行）

第571条　第533条の規定は、第563条から
第566条まで及び前条の場合について準用
する。

⇨対応条項＝（新民533括弧書き）

**（担保責任を負わない旨の特約）**

**第572条**　売主は、第562条第1項本文
又は第565条に規定する場合における
担保の責任を負わない旨の特約をした
ときであっても、知りながら告げなか
った事実及び自ら第三者のために設定
し又は第三者に譲り渡した権利につい
ては、その責任を免れることができな
い。

第572条　売主は、第560条から前条までの
規定による担保の責任を負わない旨の特約
をしたときであっても、知りながら告げな
かった事実及び自ら第三者のために設定し
又は第三者に譲り渡した権利については、

その責任を免れることができない。

**（代金の支払期限）**

**第573条** 売買の目的物の引渡しについて期限があるときは、代金の支払についても同一の期限を付したものと推定する。

**（代金の支払場所）**

**第574条** 売買の目的物の引渡しと同時に代金を支払うべきときは、その引渡しの場所において支払わなければならない。

**（果実の帰属及び代金の利息の支払）**

**第575条** まだ引き渡されていない売買の目的物が果実を生じたときは、その果実は、売主に帰属する。

② 買主は、引渡しの日から、代金の利息を支払う義務を負う。ただし、代金の支払について期限があるときは、その期限が到来するまでは、利息を支払うことを要しない。

**（権利を取得することができない等のおそれがある場合の買主による代金の支払の拒絶）**

**第576条** 売買の目的について権利を主張する者があることその他の事由により、買主がその買い受けた権利の全部若しくは一部を取得することができず、又は失うおそれがあるときは、買主は、その危険の程度に応じて、代金の全部又は一部の支払を拒むことができる。ただし、売主が相当の担保を供したときは、この限りでない。

> **（権利を失うおそれがある場合の買主による代金の支払の拒絶）**
> **第576条** 売買の目的について権利を主張する者があるために買主がその買い受けた権利の全部又は一部を失うおそれがあるときは、買主は、その危険の限度に応じて、代

金の全部又は一部の支払を拒むことができる。ただし、売主が相当の担保を供したときは、この限りでない。

**（抵当権等の登記がある場合の買主による代金の支払の拒絶）**

**第577条** 買い受けた不動産について契約の内容に適合しない抵当権の登記があるときは、買主は、抵当権消滅請求の手続が終わるまで、その代金の支払を拒むことができる。この場合において、売主は、買主に対し、遅滞なく抵当権消滅請求をすべき旨を請求することができる。

② 前項の規定は、買い受けた不動産について契約の内容に適合しない先取特権又は質権の登記がある場合について準用する。

> **第577条** 買い受けた不動産について抵当権の登記があるときは、買主は、抵当権消滅請求の手続が終わるまで、その代金の支払を拒むことができる。この場合において、売主は、買主に対し、遅滞なく抵当権消滅請求をすべき旨を請求することができる。
> ② 前項の規定は、買い受けた不動産について先取特権又は質権の登記がある場合について準用する。

**（売主による代金の供託の請求）**

**第578条** 前2条の場合においては、売主は、買主に対して代金の供託を請求することができる。

## 第3款 買戻し

**（買戻しの特約）**

**第579条** 不動産の売主は、売買契約と同時にした買戻しの特約により、買主が支払った代金（別段の合意をした場合にあっては、その合意により定めた金額。第583条第1項において同じ。）及び契約

の費用を返還して、売買の解除をすることができる。この場合において、当事者が別段の意思を表示しなかったときは、不動産の果実と代金の利息とは相殺したものとみなす。

> 第579条　不動産の売主は、売買契約と同時にした買戻しの特約により、買主が支払った代金及び契約の費用を返還して、売買の解除をすることができる。この場合において、当事者が別段の意思を表示しなかったときは、不動産の果実と代金の利息とは相殺したものとみなす。

**（買戻しの期間）**

第580条　買戻しの期間は、10年を超えることができない。特約でこれより長い期間を定めたときは、その期間は、10年とする。

② 買戻しについて期間を定めたときは、その後にこれを伸長することができない。

③ 買戻しについて期間を定めなかったときは、5年以内に買戻しをしなければならない。

**（買戻しの特約の対抗力）**

第581条　売買契約と同時に買戻しの特約を登記したときは、買戻しは、第三者に対抗することができる。

② 前項の登記がされた後に第605条の2第1項に規定する対抗要件を備えた賃借人の権利は、その残存期間中1年を超えない期間に限り、売主に対抗することができる。ただし、売主を害する目的で賃貸借をしたときは、この限りでない。

> 第581条　売買契約と同時に買戻しの特約を登記したときは、買戻しは、第三者に対しても、その効力を生ずる。
> ② 登記をした賃借人の権利は、その残存期

間中1年を超えない期間に限り、売主に対抗することができる。ただし、売主を害する目的で賃貸借をしたときは、この限りでない。

**（買戻権の代位行使）**

第582条　売主の債権者が第423条の規定により売主に代わって買戻しをしようとするときは、買主は、裁判所において選任した鑑定人の評価に従い、不動産の現在の価額から売主が返還すべき金額を控除した残額に達するまで売主の債務を弁済し、なお残余があるときはこれを売主に返還して、買戻権を消滅させることができる。

**（買戻しの実行）**

第583条　売主は、第580条に規定する期間内に代金及び契約の費用を提供しなければ、買戻しをすることができない。

② 買主又は転得者が不動産について費用を支出したときは、売主は、第196条の規定に従い、その償還をしなければならない。ただし、有益費については、裁判所は、売主の請求により、その償還について相当の期限を許与することができる。

**（共有持分の買戻特約付売買）**

第584条　不動産の共有者の1人が買戻しの特約を付してその持分を売却した後に、その不動産の分割又は競売があったときは、売主は、買主が受け、若しくは受けるべき部分又は代金について、買戻しをすることができる。ただし、売主に通知をしないでした分割及び競売は、売主に対抗することができない。

第585条　前条の場合において、買主が不動産の競売における買受人となった

・131・

ときは、売主は、競売の代金及び第583条に規定する費用を支払って買戻しをすることができる。この場合において、売主は、その不動産の全部の所有権を取得する。

② 他の共有者が分割を請求したことにより買主が競売における買受人となったときは、売主は、その持分のみについて買戻しをすることはできない。

## 第4節　交換

**第586条** 交換は、当事者が互いに金銭の所有権以外の財産権を移転することを約することによって、その効力を生ずる。

② 当事者の一方が他の権利とともに金銭の所有権を移転することを約した場合におけるその金銭については、売買の代金に関する規定を準用する。

## 第5節　消費貸借

**（消費貸借）**

**第587条** 消費貸借は、当事者の一方が種類、品質及び数量の同じ物をもって返還をすることを約して相手方から金銭その他の物を受け取ることによって、その効力を生ずる。

☆ **（書面でする消費貸借等）**

**第587条の2** 前条の規定にかかわらず、書面でする消費貸借は、当事者の一方が金銭その他の物を引き渡すことを約し、相手方がその受け取った物と種類、品質及び数量の同じ物をもって返還をすることを約することによって、その効力を生ずる。

② 書面でする消費貸借の借主は、貸主から金銭その他の物を受け取るまで、契約の解除をすることができる。この

場合において、貸主は、その契約の解除によって損害を受けたときは、借主に対し、その賠償を請求することができる。

③ 書面でする消費貸借は、借主が貸主から金銭その他の物を受け取る前に当事者の一方が破産手続開始の決定を受けたときは、その効力を失う。

④ 消費貸借がその内容を記録した電磁的記録によってされたときは、その消費貸借は、書面によってされたものとみなして、前3項の規定を適用する。
　⇨対応条項＝3項（旧民589）

**（準消費貸借）**

**第588条** 金銭その他の物を給付する義務を負う者がある場合において、当事者がその物を消費貸借の目的とすることを約したときは、消費貸借は、これによって成立したものとみなす。

> 第588条　消費貸借によらないで金銭その他の物を給付する義務を負う者がある場合において、当事者がその物を消費貸借の目的とすることを約したときは、消費貸借は、これによって成立したものとみなす。

☆ **（利息）**

**第589条** 貸主は、特約がなければ、借主に対して利息を請求することができない。

② 前項の特約があるときは、貸主は、借主が金銭その他の物を受け取った日以後の利息を請求することができる。

> **（消費貸借の予約と破産手続の開始）**
> 第589条　消費貸借の予約は、その後に当事者の一方が破産手続開始の決定を受けたときは、その効力を失う。

　⇨対応条項＝（新民587の2③）

☆ **（貸主の引渡義務等）**

**第590条** 第551条の規定は、前条第1

項の特約のない消費貸借について準用
する。

② 前条第1項の特約の有無にかかわら
ず、貸主から引き渡された物が種類又
は品質に関して契約の内容に適合しな
いものであるときは、借主は、その物
の価額を返還することができる。

> **（貸主の担保責任）**
> **第590条** 利息付きの消費貸借において、物
> に隠れた瑕疵があったときは、貸主は、瑕
> 疵がない物をもってこれに代えなければな
> らない。この場合においては、損害賠償の
> 請求を妨げない。
> ② 無利息の消費貸借においては、借主は、
> 瑕疵がある物の価額を返還することができ
> る。この場合において、貸主がその瑕疵を
> 知りながら借主に告げなかったときは、前
> 項の規定を準用する。

**（返還の時期）**

**第591条** 当事者が返還の時期を定めな
かったときは、貸主は、相当の期間を
定めて返還の催告をすることができる。

② 借主は、返還の時期の定めの有無に
かかわらず、いつでも返還をすること
ができる。

③ 当事者が返還の時期を定めた場合に
おいて、貸主は、借主がその時期の前
に返還をしたことによって損害を受け
たときは、借主に対し、その賠償を請
求することができる。

> **第591条** 〔同〕
> ② 借主は、いつでも返還をすることができ
> る。
> 〔3項は新設規定〕

**（価額の償還）**

**第592条** 借主が貸主から受け取った物
と種類、品質及び数量の同じ物をもっ
て返還をすることができなくなったと

きは、その時における物の価額を償還
しなければならない。ただし、第402
条第2項に規定する場合は、この限り
でない。

# 第6節　使用貸借

**（使用貸借）**

**第593条** 使用貸借は、当事者の一方が
ある物を引き渡すことを約し、相手方
がその受け取った物について無償で使
用及び収益をして契約が終了したとき
に返還をすることを約することによっ
て、その効力を生ずる。

> **第593条** 使用貸借は、当事者の一方が無償
> で使用及び収益をした後に返還をすること
> を約して相手方からある物を受け取ること
> によって、その効力を生ずる。

☆ **（借用物受取り前の貸主による使用貸
借の解除）**

**第593条の2** 貸主は、借主が借用物を
受け取るまで、契約の解除をすること
ができる。ただし、書面による使用貸
借については、この限りでない。

**（借主による使用及び収益）**

**第594条** 借主は、契約又はその目的物
の性質によって定まった用法に従い、
その物の使用及び収益をしなければな
らない。

② 借主は、貸主の承諾を得なければ、
第三者に借用物の使用又は収益をさせ
ることができない。

③ 借主が前2項の規定に違反して使用
又は収益をしたときは、貸主は、契約
の解除をすることができる。

**（借用物の費用の負担）**

**第595条** 借主は、借用物の通常の必要
費を負担する。

② 第583条第2項の規定は、前項の通

第3編　債権

常の必要費以外の費用について準用する。

**（貸主の引渡義務等）**

**第596条** 第551条の規定は、使用貸借について準用する。

---
（貸主の担保責任）

第596条 〔同〕
---

☆ **（期間満了等による使用貸借の終了）**

**第597条** 当事者が使用貸借の期間を定めたときは、使用貸借は、その期間が満了することによって終了する。

② 当事者が使用貸借の期間を定めなかった場合において、使用及び収益の目的を定めたときは、使用貸借は、借主がその目的に従い使用及び収益を終えることによって終了する。

③ 使用貸借は、借主の死亡によって終了する。

⇨対応条項＝3項（旧民599）

---
（借用物の返還の時期）

第597条 借主は、契約に定めた時期に、借用物の返還をしなければならない。

② 当事者が返還の時期を定めなかったときは、借主は、契約に定めた目的に従い使用及び収益を終わった時に、返還をしなければならない。ただし、その使用及び収益を終わる前であっても、使用及び収益をするのに足りる期間を経過したときは、貸主は、直ちに返還を請求することができる。

③ 当事者が返還の時期並びに使用及び収益の目的を定めなかったときは、貸主は、いつでも返還を請求することができる。
---

⇨対応条項＝2項但書（新民598①）、3項（新民598②）

☆ **（使用貸借の解除）**

**第598条** 貸主は、前条第2項に規定する場合において、同項の目的に従い借主が使用及び収益をするのに足りる期間を経過したときは、契約の解除をすることができる。

② 当事者が使用貸借の期間並びに使用及び収益の目的を定めなかったときは、貸主は、いつでも契約の解除をすることができる。

③ 借主は、いつでも契約の解除をすることができる。

⇨対応条項＝（旧民597②但③）

---
（借主による収去）

第598条 借主は、借用物を原状に復して、これに附属させた物を収去することができる。
---

⇨対応条項＝（新民599）

☆ **（借主による収去等）**

**第599条** 借主は、借用物を受け取った後にこれに附属させた物がある場合において、使用貸借が終了したときは、その附属させた物を収去する義務を負う。ただし、借用物から分離することができない物又は分離するのに過分の費用を要する物については、この限りでない。

② 借主は、借用物を受け取った後にこれに附属させた物を収去することができる。

③ 借主は、借用物を受け取った後にこれに生じた損傷がある場合において、使用貸借が終了したときは、その損傷を原状に復する義務を負う。ただし、その損傷が借主の責めに帰することができない事由によるものであるときは、この限りでない。

⇨対応条項＝（旧民598）

---
（借主の死亡による使用貸借の終了）

第599条 使用貸借は、借主の死亡によって、その効力を失う。
---

⇨対応条項＝（新民597③）

**（損害賠償及び費用の償還の請求権についての期間の制限）**

**第600条** 契約の本旨に反する使用又は収益によって生じた損害の賠償及び借主が支出した費用の償還は、貸主が返還を受けた時から1年以内に請求しなければならない。

② 前項の損害賠償の請求権については、貸主が返還を受けた時から1年を経過するまでの間は、時効は、完成しない。

> **第600条** 〔2項は新設規定〕

# 第7節 賃貸借

## 第1款 総則

**（賃貸借）**

**第601条** 賃貸借は、当事者の一方がある物の使用及び収益を相手方にさせることを約し、相手方がこれに対してその賃料を支払うこと及び引渡しを受けた物を契約が終了したときに返還することを約することによって、その効力を生ずる。

> **第601条** 賃貸借は、当事者の一方がある物の使用及び収益を相手方にさせることを約し、相手方がこれに対してその賃料を支払うことを約することによって、その効力を生ずる。

**（短期賃貸借）**

**第602条** 処分の権限を有しない者が賃貸借をする場合には、次の各号に掲げる賃貸借は、それぞれ当該各号に定める期間を超えることができない。契約でこれより長い期間を定めたときであっても、その期間は、当該各号に定める期間とする。

　1　樹木の栽植又は伐採を目的とする山林の賃貸借　10年

　2　前号に掲げる賃貸借以外の土地の賃貸借　5年

　3　建物の賃貸借　3年

　4　動産の賃貸借　6箇月

> **第602条** 処分につき行為能力の制限を受けた者又は処分の権限を有しない者が賃貸借をする場合には、次の各号に掲げる賃貸借は、それぞれ当該各号に定める期間を超えることができない。
>
> 　1から4まで　〔同〕

**（短期賃貸借の更新）**

**第603条** 前条に定める期間は、更新することができる。ただし、その期間満了前、土地については1年以内、建物については3箇月以内、動産については1箇月以内に、その更新をしなければならない。

**（賃貸借の存続期間）**

**第604条** 賃貸借の存続期間は、50年を超えることができない。契約でこれより長い期間を定めたときであっても、その期間は、50年とする。

② 賃貸借の存続期間は、更新することができる。ただし、その期間は、更新の時から50年を超えることができない。

> **第604条** 賃貸借の存続期間は、20年を超えることができない。契約でこれより長い期間を定めたときであっても、その期間は、20年とする。
>
> ② 賃貸借の存続期間は、更新することができる。ただし、その期間は、更新の時から20年を超えることができない。

## 第2款 賃貸借の効力

**（不動産賃貸借の対抗力）**

**第605条** 不動産の賃貸借は、これを登記したときは、その不動産について物権を取得した者その他の第三者に対抗

することができる。

> 第605条　不動産の賃貸借は、これを登記し
> たときは、その後その不動産について物権
> を取得した者に対しても、その効力を生ず
> る。

☆（不動産の賃貸人たる地位の移転）

**第605条の2**　前条、借地借家法（平成
3年法律第90号）第10条又は第31条そ
の他の法令の規定による賃貸借の対抗
要件を備えた場合において、その不動
産が譲渡されたときは、その不動産の
賃貸人たる地位は、その譲受人に移転
する。

② 　前項の規定にかかわらず、不動産の
譲渡人及び譲受人が、賃貸人たる地位
を譲渡人に留保する旨及びその不動産
を譲受人が譲渡人に賃貸する旨の合意
をしたときは、賃貸人たる地位は、譲
受人に移転しない。この場合において、
譲渡人と譲受人又はその承継人との間
の賃貸借が終了したときは、譲渡人に
留保されていた賃貸人たる地位は、譲
受人又はその承継人に移転する。

③ 　第1項又は前項後段の規定による賃
貸人たる地位の移転は、賃貸物である
不動産について所有権の移転の登記を
しなければ、賃借人に対抗することが
できない。

④ 　第1項又は第2項後段の規定により
賃貸人たる地位が譲受人又はその承継
人に移転したときは、第608条の規定
による費用の償還に係る債務及び第
622条の2第1項の規定による同項に
規定する敷金の返還に係る債務は、譲
受人又はその承継人が承継する。

☆（合意による不動産の賃貸人たる地位
　の移転）

**第605条の3**　不動産の譲渡人が賃貸人

であるときは、その賃貸人たる地位は、
賃借人の承諾を要しないで、譲渡人と
譲受人との合意により、譲受人に移転
させることができる。この場合におい
ては、前条第3項及び第4項の規定を
準用する。

☆（不動産の賃借人による妨害の停止の
　請求等）

**第605条の4**　不動産の賃借人は、第
605条の2第1項に規定する対抗要件
を備えた場合において、次の各号に掲
げるときは、それぞれ当該各号に定め
る請求をすることができる。

　1　その不動産の占有を第三者が妨害
　　しているとき　その第三者に対する
　　妨害の停止の請求

　2　その不動産を第三者が占有してい
　　るとき　その第三者に対する返還の
　　請求

（賃貸人による修繕等）

**第606条**　賃貸人は、賃貸物の使用及び
収益に必要な修繕をする義務を負う。
ただし、賃借人の責めに帰すべき事由
によってその修繕が必要となったとき
は、この限りでない。

② 　賃貸人が賃貸物の保存に必要な行為
をしようとするときは、賃借人は、こ
れを拒むことができない。

> （賃貸物の修繕等）
> 第606条　賃貸人は、賃貸物の使用及び収益
> に必要な修繕をする義務を負う。
> ②　〔同〕

（賃借人の意思に反する保存行為）

**第607条**　賃貸人が賃借人の意思に反し
て保存行為をしようとする場合におい
て、そのために賃借人が賃借をした目
的を達することができなくなるときは、
賃借人は、契約の解除をすることがで

きる。

☆（賃借人による修繕）

**第607条の2** 賃借物の修繕が必要である場合において、次に掲げるときは、賃借人は、その修繕をすることができる。

1　賃借人が賃貸人に修繕が必要である旨を通知し、又は賃貸人がその旨を知ったにもかかわらず、賃貸人が相当の期間内に必要な修繕をしないとき。

2　急迫の事情があるとき。

（賃借人による費用の償還請求）

**第608条**　賃借人は、賃借物について賃貸人の負担に属する必要費を支出したときは、賃貸人に対し、直ちにその償還を請求することができる。

②　賃借人が賃借物について有益費を支出したときは、賃貸人は、賃貸借の終了の時に、第196条第2項の規定に従い、その償還をしなければならない。ただし、裁判所は、賃貸人の請求により、その償還について相当の期限を許与することができる。

（減収による賃料の減額請求）

**第609条**　耕作又は牧畜を目的とする土地の賃借人は、不可抗力によって賃料より少ない収益を得たときは、その収益の額に至るまで、賃料の減額を請求することができる。

> 第609条　収益を目的とする土地の賃借人は、不可抗力によって賃料より少ない収益を得たときは、その収益の額に至るまで、賃料の減額を請求することができる。ただし、宅地の賃貸借については、この限りでない。

（減収による解除）

**第610条**　前条の場合において、同条の

賃借人は、不可抗力によって引き続き2年以上賃料より少ない収益を得たときは、契約の解除をすることができる。

（賃借物の一部滅失等による賃料の減額等）

**第611条**　賃借物の一部が滅失その他の事由により使用及び収益をすることができなくなった場合において、それが賃借人の責めに帰することができない事由によるものであるときは、賃料は、その使用及び収益をすることができなくなった部分の割合に応じて、減額される。

②　賃借物の一部が滅失その他の事由により使用及び収益をすることができなくなった場合において、残存する部分のみでは賃借人が賃借をした目的を達することができないときは、賃借人は、契約の解除をすることができる。

> （賃借物の一部滅失による賃料の減額請求等）
> 第611条　賃借物の一部が賃借人の過失によらないで滅失したときは、賃借人は、その滅失した部分の割合に応じて、賃料の減額を請求することができる。
> ②　前項の場合において、残存する部分のみでは賃借人が賃借をした目的を達することができないときは、賃借人は、契約の解除をすることができる。

（賃借権の譲渡及び転貸の制限）

**第612条**　賃借人は、賃貸人の承諾を得なければ、その賃借権を譲り渡し、又は賃借物を転貸することができない。

②　賃借人が前項の規定に違反して第三者に賃借物の使用又は収益をさせたときは、賃貸人は、契約の解除をすることができる。

（転貸の効果）

**第613条**　賃借人が適法に賃借物を転貸

したときは、転借人は、賃貸人と賃借人との間の賃貸借に基づく賃借人の債務の範囲を限度として、賃貸人に対して転貸借に基づく債務を直接履行する義務を負う。この場合においては、賃料の前払をもって賃貸人に対抗することができない。

② 前項の規定は、賃貸人が賃借人に対してその権利を行使することを妨げない。

③ 賃借人が適法に賃借物を転貸した場合には、賃貸人は、賃借人との間の賃貸借を合意により解除したことをもって転借人に対抗することができない。ただし、その解除の当時、賃貸人が賃借人の債務不履行による解除権を有していたときは、この限りでない。

> 第613条 賃借人が適法に賃借物を転貸したときは、転借人は、賃貸人に対して直接に義務を負う。この場合においては、賃料の前払をもって賃貸人に対抗することができない。
> ② 〔同〕
> 〔3項は新設規定〕

**（賃料の支払時期）**
**第614条** 賃料は、動産、建物及び宅地については毎月末に、その他の土地については毎年末に、支払わなければならない。ただし、収穫の季節があるものについては、その季節の後に遅滞なく支払わなければならない。

**（賃借人の通知義務）**
**第615条** 賃借物が修繕を要し、又は賃借物について権利を主張する者があるときは、賃借人は、遅滞なくその旨を賃貸人に通知しなければならない。ただし、賃貸人が既にこれを知っているときは、この限りでない。

**（賃借人による使用及び収益）**
**第616条** 第594条第1項の規定は、賃貸借について準用する。

> **（使用貸借の規定の準用）**
> 第616条 第594条第1項、第597条第1項及び第598条の規定は、賃貸借について準用する。

## 第3款 賃貸借の終了

☆ **（賃借物の全部滅失等による賃貸借の終了）**
**第616条の2** 賃借物の全部が滅失その他の事由により使用及び収益をすることができなくなった場合には、賃貸借は、これによって終了する。

**（期間の定めのない賃貸借の解約の申入れ）**
**第617条** 当事者が賃貸借の期間を定めなかったときは、各当事者は、いつでも解約の申入れをすることができる。この場合においては、次の各号に掲げる賃貸借は、解約の申入れの日からそれぞれ当該各号に定める期間を経過することによって終了する。

1 土地の賃貸借 1年
2 建物の賃貸借 3箇月
3 動産及び貸席の賃貸借 1日

② 収穫の季節がある土地の賃貸借については、その季節の後次の耕作に着手する前に、解約の申入れをしなければならない。

**（期間の定めのある賃貸借の解約をする権利の留保）**
**第618条** 当事者が賃貸借の期間を定めた場合であっても、その一方又は双方がその期間内に解約をする権利を留保したときは、前条の規定を準用する。

## （賃貸借の更新の推定等）
**第619条** 賃貸借の期間が満了した後賃借人が賃借物の使用又は収益を継続する場合において、賃貸人がこれを知りながら異議を述べないときは、従前の賃貸借と同一の条件で更に賃貸借をしたものと推定する。この場合において、各当事者は、第617条の規定により解約の申入れをすることができる。

② 従前の賃貸借について当事者が担保を供していたときは、その担保は、期間の満了によって消滅する。ただし、第622条の2第1項に規定する敷金については、この限りでない。

> **第619条**〔同〕
> ② 従前の賃貸借について当事者が担保を供していたときは、その担保は、期間の満了によって消滅する。ただし、敷金については、この限りでない。

## （賃貸借の解除の効力）
**第620条** 賃貸借の解除をした場合には、その解除は、将来に向かってのみその効力を生ずる。この場合においては、損害賠償の請求を妨げない。

> **第620条** 賃貸借の解除をした場合には、その解除は、将来に向かってのみその効力を生ずる。この場合において、当事者の一方に過失があったときは、その者に対する損害賠償の請求を妨げない。

## ☆（賃借人の原状回復義務）
**第621条** 賃借人は、賃借物を受け取った後にこれに生じた損傷（通常の使用及び収益によって生じた賃借物の損耗並びに賃借物の経年変化を除く。以下この条において同じ。）がある場合において、賃貸借が終了したときは、その損傷を原状に復する義務を負う。ただし、その損傷が賃借人の責めに帰することができ

ない事由によるものであるときは、この限りでない。

> （損害賠償及び費用の償還の請求権についての期間の制限）
> **第621条** 第600条の規定は、賃貸借について準用する。

⇨対応条項＝（新民622）

## ☆（使用貸借の規定の準用）
**第622条** 第597条第1項、第599条第1項及び第2項並びに第600条の規定は、賃貸借について準用する。

⇨対応条項＝（旧民621）

> **第622条** 削除

## ☆第4款　敷金
**☆第622条の2** 賃貸人は、敷金（いかなる名目によるかを問わず、賃料債務その他の賃貸借に基づいて生ずる賃借人の賃貸人に対する金銭の給付を目的とする債務を担保する目的で、賃借人が賃貸人に交付する金銭をいう。以下この条において同じ。）を受け取っている場合において、次に掲げるときは、賃借人に対し、その受け取った敷金の額から賃貸借に基づいて生じた賃借人の賃貸人に対する金銭の給付を目的とする債務の額を控除した残額を返還しなければならない。

1 賃貸借が終了し、かつ、賃貸物の返還を受けたとき。

2 賃借人が適法に賃借権を譲り渡したとき。

② 賃貸人は、賃借人が賃貸借に基づいて生じた金銭の給付を目的とする債務を履行しないときは、敷金をその債務の弁済に充てることができる。この場合において、賃借人は、賃貸人に対し、敷金をその債務の弁済に充てることを請求することができない。

第3編　債権

## 第8節　雇用

（雇用）

**第623条**　雇用は、当事者の一方が相手方に対して労働に従事することを約し、相手方がこれに対してその報酬を与えることを約することによって、その効力を生ずる。

（報酬の支払時期）

**第624条**　労働者は、その約した労働を終わった後でなければ、報酬を請求することができない。

② 期間によって定めた報酬は、その期間を経過した後に、請求することができる。

☆（履行の割合に応じた報酬）

**第624条の2**　労働者は、次に掲げる場合には、既にした履行の割合に応じて報酬を請求することができる。

1 使用者の責めに帰することができない事由によって労働に従事することができなくなったとき。

2 雇用が履行の中途で終了したとき。

（使用者の権利の譲渡の制限等）

**第625条**　使用者は、労働者の承諾を得なければ、その権利を第三者に譲り渡すことができない。

② 労働者は、使用者の承諾を得なければ、自己に代わって第三者を労働に従事させることができない。

③ 労働者が前項の規定に違反して第三者を労働に従事させたときは、使用者は、契約の解除をすることができる。

（期間の定めのある雇用の解除）

**第626条**　雇用の期間が5年を超え、又はその終期が不確定であるときは、当事者の一方は、5年を経過した後、いつでも契約の解除をすることができる。

② 前項の規定により契約の解除をしようとする者は、それが使用者であるときは3箇月前、労働者であるときは2週間前に、その予告をしなければならない。

> **第626条**　雇用の期間が5年を超え、又は雇用が当事者の一方若しくは第三者の終身の間継続すべきときは、当事者の一方は、5年を経過した後、いつでも契約の解除をすることができる。ただし、この期間は、商工業の見習を目的とする雇用については、10年とする。
>
> ② 前項の規定により契約の解除をしようとするときは、3箇月前にその予告をしなければならない。

（期間の定めのない雇用の解約の申入れ）

**第627条**　当事者が雇用の期間を定めなかったときは、各当事者は、いつでも解約の申入れをすることができる。この場合において、雇用は、解約の申入れの日から2週間を経過することによって終了する。

② 期間によって報酬を定めた場合には、使用者からの解約の申入れは、次期以後についてすることができる。ただし、その解約の申入れは、当期の前半にしなければならない。

③ 6箇月以上の期間によって報酬を定めた場合には、前項の解約の申入れは、3箇月前にしなければならない。

> **第627条**〔同〕
>
> ② 期間によって報酬を定めた場合には、解約の申入れは、次期以後についてすることができる。ただし、その解約の申入れは、当期の前半にしなければならない。
>
> ③〔同〕

（やむを得ない事由による雇用の解除）

**第628条**　当事者が雇用の期間を定めた

場合であっても、やむを得ない事由があるときは、各当事者は、直ちに契約の解除をすることができる。この場合において、その事由が当事者の一方の過失によって生じたものであるときは、相手方に対して損害賠償の責任を負う。

**（雇用の更新の推定等）**
**第629条** 雇用の期間が満了した後労働者が引き続きその労働に従事する場合において、使用者がこれを知りながら異議を述べないときは、従前の雇用と同一の条件で更に雇用をしたものと推定する。この場合において、各当事者は、第627条の規定により解約の申入れをすることができる。
② 従前の雇用について当事者が担保を供していたときは、その担保は、期間の満了によって消滅する。ただし、身元保証金については、この限りでない。

**（雇用の解除の効力）**
**第630条** 第620条の規定は、雇用について準用する。

**（使用者についての破産手続の開始による解約の申入れ）**
**第631条** 使用者が破産手続開始の決定を受けた場合には、雇用に期間の定めがあるときであっても、労働者又は破産管財人は、第627条の規定により解約の申入れをすることができる。この場合において、各当事者は、相手方に対し、解約によって生じた損害の賠償を請求することができない。

# 第9節　請負

**（請負）**
**第632条** 請負は、当事者の一方がある仕事を完成することを約し、相手方がその仕事の結果に対してその報酬を支払うことを約することによって、その効力を生ずる。

**（報酬の支払時期）**
**第633条** 報酬は、仕事の目的物の引渡しと同時に、支払わなければならない。ただし、物の引渡しを要しないときは、第624条第1項の規定を準用する。

**☆（注文者が受ける利益の割合に応じた報酬）**
**第634条** 次に掲げる場合において、請負人が既にした仕事の結果のうち可分な部分の給付によって注文者が利益を受けるときは、その部分を仕事の完成とみなす。この場合において、請負人は、注文者が受ける利益の割合に応じて報酬を請求することができる。
1 注文者の責めに帰することができない事由によって仕事を完成することができなくなったとき。
2 請負が仕事の完成前に解除されたとき。

**（請負人の担保責任）**
**第634条** 仕事の目的物に瑕疵があるときは、注文者は、請負人に対し、相当の期間を定めて、その瑕疵の修補を請求することができる。ただし、瑕疵が重要でない場合において、その修補に過分の費用を要するときは、この限りでない。
② 注文者は、瑕疵の修補に代えて、又はその修補とともに、損害賠償の請求をすることができる。この場合においては、第533条の規定を準用する。

⇨対応条項＝2項後段（新民533 括弧書き）

**☆第635条** 削除

**第635条** 仕事の目的物に瑕疵があり、そのために契約をした目的を達することができないときは、注文者は、契約の解除をすることができる。ただし、建物その他の土地

第3編 債権

の工作物については、この限りでない。

## ☆（請負人の担保責任の制限）

**第636条** 請負人が種類又は品質に関して契約の内容に適合しない仕事の目的物を注文者に引き渡したとき（その引渡しを要しない場合にあっては、仕事が終了した時に仕事の目的物が種類又は品質に関して契約の内容に適合しないとき）は、注文者は、注文者の供した材料の性質又は注文者の与えた指図によって生じた不適合を理由として、履行の追完の請求、報酬の減額の請求、損害賠償の請求及び契約の解除をすることができない。ただし、請負人がその材料又は指図が不適当であることを知りながら告げなかったときは、この限りでない。

（請負人の担保責任に関する規定の不適用）

第636条 前2条の規定は、仕事の目的物の瑕疵が注文者の供した材料の性質又は注文者の与えた指図によって生じたときは、適用しない。ただし、請負人がその材料又は指図が不適当であることを知りながら告げなかったときは、この限りでない。

## ☆（目的物の種類又は品質に関する担保責任の期間の制限）

**第637条** 前条本文に規定する場合において、注文者がその不適合を知った時から1年以内にその旨を請負人に通知しないときは、注文者は、その不適合を理由として、履行の追完の請求、報酬の減額の請求、損害賠償の請求及び契約の解除をすることができない。

② 前項の規定は、仕事の目的物を注文者に引き渡した時（その引渡しを要しない場合にあっては、仕事が終了した時）において、請負人が同項の不適合を知り、又は重大な過失によって知らなかったときは、適用しない。

（請負人の担保責任の存続期間）

第637条 前3条の規定による瑕疵の修補又は損害賠償の請求及び契約の解除は、仕事の目的物を引き渡した時から1年以内にしなければならない。

② 仕事の目的物の引渡しを要しない場合には、前項の期間は、仕事が終了した時から起算する。

## ☆第638条から第640条まで 削除

第638条 建物その他の土地の工作物の請負人は、その工作物又は地盤の瑕疵について、引渡しの後5年間その担保の責任を負う。ただし、この期間は、石造、土造、れんが造、コンクリート造、金属造その他これらに類する構造の工作物については、10年とする。

② 工作物が前項の瑕疵によって滅失し、又は損傷したときは、注文者は、その滅失又は損傷の時から1年以内に、第634条の規定による権利を行使しなければならない。

（担保責任の存続期間の伸長）

第639条 第637条及び前条第1項の期間は、第167条の規定による消滅時効の期間内に限り、契約で伸長することができる。

（担保責任を負わない旨の特約）

第640条 請負人は、第634条又は第635条の規定による担保の責任を負わない旨の特約をしたときであっても、知りながら告げなかった事実については、その責任を免れることができない。

## （注文者による契約の解除）

**第641条** 請負人が仕事を完成しない間は、注文者は、いつでも損害を賠償して契約の解除をすることができる。

## （注文者についての破産手続の開始による解除）

**第642条** 注文者が破産手続開始の決定を受けたときは、請負人又は破産管財

• 142 •

人は、契約の解除をすることができる。ただし、請負人による契約の解除については、仕事を完成した後は、この限りでない。

② 前項に規定する場合において、請負人は、既にした仕事の報酬及びその中に含まれていない費用について、破産財団の配当に加入することができる。

③ 第1項の場合には、契約の解除によって生じた損害の賠償は、破産管財人が契約の解除をした場合における請負人に限り、請求することができる。この場合において、請負人は、その損害賠償について、破産財団の配当に加入する。

> 第642条 注文者が破産手続開始の決定を受けたときは、請負人又は破産管財人は、契約の解除をすることができる。この場合において、請負人は、既にした仕事の報酬及びその中に含まれていない費用について、破産財団の配当に加入することができる。〔2項は新設規定〕
>
> ② 前項の場合には、契約の解除によって生じた損害の賠償は、破産管財人が契約の解除をした場合における請負人に限り、請求することができる。この場合において、請負人は、その損害賠償について、破産財団の配当に加入する。〔③に繰下げ〕

# 第10節　委任

**（委任）**

**第643条** 委任は、当事者の一方が法律行為をすることを相手方に委託し、相手方がこれを承諾することによって、その効力を生ずる。

**（受任者の注意義務）**

**第644条** 受任者は、委任の本旨に従い、善良な管理者の注意をもって、委任事務を処理する義務を負う。

☆**（復受任者の選任等）**

**第644条の2** 受任者は、委任者の許諾を得たとき、又はやむを得ない事由があるときでなければ、復受任者を選任することができない。

② 代理権を付与する委任において、受任者が代理権を有する復受任者を選任したときは、復受任者は、委任者に対して、その権限の範囲内において、受任者と同一の権利を有し、義務を負う。

**（受任者による報告）**

**第645条** 受任者は、委任者の請求があるときは、いつでも委任事務の処理の状況を報告し、委任が終了した後は、遅滞なくその経過及び結果を報告しなければならない。

**（受任者による受取物の引渡し等）**

**第646条** 受任者は、委任事務を処理するに当たって受け取った金銭その他の物を委任者に引き渡さなければならない。その収取した果実についても、同様とする。

② 受任者は、委任者のために自己の名で取得した権利を委任者に移転しなければならない。

**（受任者の金銭の消費についての責任）**

**第647条** 受任者は、委任者に引き渡すべき金額又はその利益のために用いるべき金額を自己のために消費したときは、その消費した日以後の利息を支払わなければならない。この場合において、なお損害があるときは、その賠償の責任を負う。

**（受任者の報酬）**

**第648条** 受任者は、特約がなければ、委任者に対して報酬を請求することができない。

② 受任者は、報酬を受けるべき場合には、委任事務を履行した後でなければ、これを請求することができない。ただし、期間によって報酬を定めたときは、第624条第2項の規定を準用する。

③ 受任者は、次に掲げる場合には、既にした履行の割合に応じて報酬を請求することができる。

1 委任者の責めに帰することができない事由によって委任事務の履行をすることができなくなったとき。

2 委任が履行の中途で終了したとき。

第648条 〔同〕

② 〔同〕

③ 委任が受任者の責めに帰することができない事由によって履行の中途で終了したときは、受任者は、既にした履行の割合に応じて報酬を請求することができる。

☆（成果等に対する報酬）

第648条の2 委任事務の履行により得られる成果に対して報酬を支払うことを約した場合において、その成果が引渡しを要するときは、報酬は、その成果の引渡しと同時に、支払わなければならない。

② 第634条の規定は、委任事務の履行により得られる成果に対して報酬を支払うことを約した場合について準用する。

（受任者による費用の前払請求）

第649条 委任事務を処理するについて費用を要するときは、委任者は、受任者の請求により、その前払をしなければならない。

（受任者による費用等の償還請求等）

第650条 受任者は、委任事務を処理するのに必要と認められる費用を支出したときは、委任者に対し、その費用及

び支出の日以後におけるその利息の償還を請求することができる。

② 受任者は、委任事務を処理するのに必要と認められる債務を負担したときは、委任者に対し、自己に代わってその弁済をすることを請求することができる。この場合において、その債務が弁済期にないときは、委任者に対し、相当の担保を供させることができる。

③ 受任者は、委任事務を処理するため自己に過失なく損害を受けたときは、委任者に対し、その賠償を請求することができる。

（委任の解除）

第651条 委任は、各当事者がいつでもその解除をすることができる。

② 前項の規定により委任の解除をした者は、次に掲げる場合には、相手方の損害を賠償しなければならない。ただし、やむを得ない事由があったときは、この限りでない。

1 相手方に不利な時期に委任を解除したとき。

2 委任者が受任者の利益（専ら報酬を得ることによるものを除く。）をも目的とする委任を解除したとき。

第651条 〔同〕

② 当事者の一方が相手方に不利な時期に委任の解除をしたときは、その当事者の一方は、相手方の損害を賠償しなければならない。ただし、やむを得ない事由があったときは、この限りでない。

（委任の解除の効力）

第652条 第620条の規定は、委任について準用する。

（委任の終了事由）

第653条 委任は、次に掲げる事由によって終了する。

1　委任者又は受任者の死亡

2　委任者又は受任者が破産手続開始の決定を受けたこと。

3　受任者が後見開始の審判を受けたこと。

**（委任の終了後の処分）**

**第654条**　委任が終了した場合において、急迫の事情があるときは、受任者又はその相続人若しくは法定代理人は、委任者又はその相続人若しくは法定代理人が委任事務を処理することができるに至るまで、必要な処分をしなければならない。

**（委任の終了の対抗要件）**

**第655条**　委任の終了事由は、これを相手方に通知したとき、又は相手方がこれを知っていたときでなければ、これをもってその相手方に対抗することができない。

**（準委任）**

**第656条**　この節の規定は、法律行為でない事務の委託について準用する。

# 第11節　寄託

**（寄託）**

**第657条**　寄託は、当事者の一方がある物を保管することを相手方に委託し、相手方がこれを承諾することによって、その効力を生ずる。

> 第657条　寄託は、当事者の一方が相手方のために保管をすることを約してある物を受け取ることによって、その効力を生ずる。

☆**（寄託物受取り前の寄託者による寄託の解除等）**

**第657条の2**　寄託者は、受寄者が寄託物を受け取るまで、契約の解除をすることができる。この場合において、受寄者は、その契約の解除によって損害

を受けたときは、寄託者に対し、その賠償を請求することができる。

②　無報酬の受寄者は、寄託物を受け取るまで、契約の解除をすることができる。ただし、書面による寄託については、この限りでない。

③　受寄者（無報酬で寄託を受けた場合にあっては、書面による寄託の受寄者に限る。）は、寄託物を受け取るべき時期を経過したにもかかわらず、寄託者が寄託物を引き渡さない場合において、相当の期間を定めてその引渡しの催告をし、その期間内に引渡しがないときは、契約の解除をすることができる。

**（寄託物の使用及び第三者による保管）**

**第658条**　受寄者は、寄託者の承諾を得なければ、寄託物を使用することができない。

②　受寄者は、寄託者の承諾を得たとき、又はやむを得ない事由があるときでなければ、寄託物を第三者に保管させることができない。

③　再受寄者は、寄託者に対して、その権限の範囲内において、受寄者と同一の権利を有し、義務を負う。

> 第658条　受寄者は、寄託者の承諾を得なければ、寄託物を使用し、又は第三者にこれを保管させることができない。
>
> ②　第105条及び第107条第2項の規定は、受寄者が第三者に寄託物を保管させることができる場合について準用する。
>
> 〔3項は新設規定〕

**（無報酬の受寄者の注意義務）**

**第659条**　無報酬の受寄者は、自己の財産に対するのと同一の注意をもって、寄託物を保管する義務を負う。

> **（無償受寄者の注意義務）**
>
> 第659条　無報酬で寄託を受けた者は、自己

の財産に対するのと同一の注意をもって、寄託物を保管する義務を負う。

**（受寄者の通知義務等）**

**第660条** 寄託物について権利を主張する第三者が受寄者に対して訴えを提起し、又は差押え、仮差押え若しくは仮処分をしたときは、受寄者は、遅滞なくその事実を寄託者に通知しなければならない。ただし、寄託者が既にこれを知っているときは、この限りでない。

② 第三者が寄託物について権利を主張する場合であっても、受寄者は、寄託者の指図がない限り、寄託者に対しその寄託物を返還しなければならない。ただし、受寄者が前項の通知をした場合又は同項ただし書の規定によりその通知を要しない場合において、その寄託物をその第三者に引き渡すべき旨を命ずる確定判決（確定判決と同一の効力を有するものを含む。）があったときであって、その第三者にその寄託物を引き渡したときは、この限りでない。

③ 受寄者は、前項の規定により寄託者に対して寄託物を返還しなければならない場合には、寄託者にその寄託物を引き渡したことによって第三者に損害が生じたときであっても、その賠償の責任を負わない。

（受寄者の通知義務）

第660条 寄託物について権利を主張する第三者が受寄者に対して訴えを提起し、又は差押え、仮差押え若しくは仮処分をしたときは、受寄者は、遅滞なくその事実を寄託者に通知しなければならない。

〔2項・3項は新設規定〕

**（寄託者による損害賠償）**

**第661条** 寄託者は、寄託物の性質又は瑕疵によって生じた損害を受寄者に賠償しなければならない。ただし、寄託者が過失なくその性質若しくは瑕疵を知らなかったとき、又は受寄者がこれを知っていたときは、この限りでない。

**（寄託者による返還請求等）**

**第662条** 当事者が寄託物の返還の時期を定めたときであっても、寄託者は、いつでもその返還を請求することができる。

② 前項に規定する場合において、受寄者は、寄託者がその時期の前に返還を請求したことによって損害を受けたときは、寄託者に対し、その賠償を請求することができる。

（寄託者による返還請求）

第662条 〔2項は新設規定〕

**（寄託物の返還の時期）**

**第663条** 当事者が寄託物の返還の時期を定めなかったときは、受寄者は、いつでもその返還をすることができる。

② 返還の時期の定めがあるときは、受寄者は、やむを得ない事由がなければ、その期限前に返還をすることができない。

**（寄託物の返還の場所）**

**第664条** 寄託物の返還は、その保管をすべき場所でしなければならない。ただし、受寄者が正当な事由によってその物を保管する場所を変更したときは、その現在の場所で返還をすることができる。

☆**（損害賠償及び費用の償還の請求権についての期間の制限）**

**第664条の2** 寄託物の一部滅失又は損傷によって生じた損害の賠償及び受寄者が支出した費用の償還は、寄託者が返還を受けた時から1年以内に請求しなければならない。

② 前項の損害賠償の請求権については、寄託者が返還を受けた時から1年を経過するまでの間は、時効は、完成しない。

**（委任の規定の準用）**

**第665条** 第646条から第648条まで、第649条並びに第650条第1項及び第2項の規定は、寄託について準用する。

> 第665条 第646条から第650条まで（同条第3項を除く。）の規定は、寄託について準用する。

☆**（混合寄託）**

**第665条の2** 複数の者が寄託した物の種類及び品質が同一である場合には、受寄者は、各寄託者の承諾を得たときに限り、これらを混合して保管することができる。

② 前項の規定に基づき受寄者が複数の寄託者からの寄託物を混合して保管したときは、寄託者は、その寄託した物と同じ数量の物の返還を請求することができる。

③ 前項に規定する場合において、寄託物の一部が滅失したときは、寄託者は、混合して保管されている総寄託物に対するその寄託した物の割合に応じた数量の物の返還を請求することができる。この場合において、損害賠償の請求を妨げない。

☆**（消費寄託）**

**第666条** 受寄者が契約により寄託物を消費することができる場合には、受寄者は、寄託された物と種類、品質及び数量の同じ物をもって返還しなければならない。

② 第590条及び第592条の規定は、前項に規定する場合について準用する。

③ 第591条第2項及び第3項の規定は、預金又は貯金に係る契約により金銭を寄託した場合について準用する。

> 第666条 第5節（消費貸借）の規定は、受寄者が契約により寄託物を消費することができる場合について準用する。
>
> ② 前項において準用する第591条第1項の規定にかかわらず、前項の契約に返還の時期を定めなかったときは、寄託者は、いつでも返還を請求することができる。

# 第12節　組合

**（組合契約）**

**第667条** 組合契約は、各当事者が出資をして共同の事業を営むことを約することによって、その効力を生ずる。

② 出資は、労務をその目的とすることができる。

☆**（他の組合員の債務不履行）**

**第667条の2** 第533条及び第536条の規定は、組合契約については、適用しない。

② 組合員は、他の組合員が組合契約に基づく債務の履行をしないことを理由として、組合契約を解除することができない。

☆**（組合員の1人についての意思表示の無効等）**

**第667条の3** 組合員の1人について意思表示の無効又は取消しの原因があっても、他の組合員の間においては、組合契約は、その効力を妨げられない。

**（組合財産の共有）**

**第668条** 各組合員の出資その他の組合財産は、総組合員の共有に属する。

**（金銭出資の不履行の責任）**

**第669条** 金銭を出資の目的とした場合において、組合員がその出資をすることを怠ったときは、その利息を支払うほか、損害の賠償をしなければならな

第3編　債権

・147・

い。

**（業務の決定及び執行の方法）**

**第670条**　組合の業務は、組合員の過半数をもって決定し、各組合員がこれを執行する。

②　組合の業務の決定及び執行は、組合契約の定めるところにより、1人又は数人の組合員又は第三者に委任することができる。

③　前項の委任を受けた者（以下「業務執行者」という。）は、組合の業務を決定し、これを執行する。この場合において、業務執行者が数人あるときは、組合の業務は、業務執行者の過半数をもって決定し、各業務執行者がこれを執行する。

④　前項の規定にかかわらず、組合の業務については、総組合員の同意によって決定し、又は総組合員が執行することを妨げない。

⑤　組合の常務は、前各項の規定にかかわらず、各組合員又は各業務執行者が単独で行うことができる。ただし、その完了前に他の組合員又は業務執行者が異議を述べたときは、この限りでない。

> **（業務の執行の方法）**
> **第670条**　組合の業務の執行は、組合員の過半数で決する。
> ②　前項の業務の執行は、組合契約でこれを委任した者（次項において「業務執行者」という。）が数人あるときは、その過半数で決する。
> 〔3項・4項は新設規定〕
> ③　組合の常務は、前2項の規定にかかわらず、各組合員又は各業務執行者が単独で行うことができる。ただし、その完了前に他の組合員又は業務執行者が異議を述べたと

きは、この限りでない。〔⑤に繰下げ〕

☆**（組合の代理）**

**第670条の2**　各組合員は、組合の業務を執行する場合において、組合員の過半数の同意を得たときは、他の組合員を代理することができる。

②　前項の規定にかかわらず、業務執行者があるときは、業務執行者のみが組合員を代理することができる。この場合において、業務執行者が数人あるときは、各業務執行者は、業務執行者の過半数の同意を得たときに限り、組合員を代理することができる。

③　前2項の規定にかかわらず、各組合員又は各業務執行者は、組合の常務を行うときは、単独で組合員を代理することができる。

**（委任の規定の準用）**

**第671条**　第644条から第650条までの規定は、組合の業務を決定し、又は執行する組合員について準用する。

> **第671条**　第644条から第650条までの規定は、組合の業務を執行する組合員について準用する。

**（業務執行組合員の辞任及び解任）**

**第672条**　組合契約の定めるところにより1人又は数人の組合員に業務の決定及び執行を委任したときは、その組合員は、正当な事由がなければ、辞任することができない。

②　前項の組合員は、正当な事由がある場合に限り、他の組合員の一致によって解任することができる。

> **第672条**　組合契約で1人又は数人の組合員に業務の執行を委任したときは、その組合員は、正当な事由がなければ、辞任することができない。
> ②　〔同〕

**（組合員の組合の業務及び財産状況に関する検査）**

**第673条**　各組合員は、組合の業務の決定及び執行をする権利を有しないときであっても、その業務及び組合財産の状況を検査することができる。

> 第673条　各組合員は、組合の業務を執行する権利を有しないときであっても、その業務及び組合財産の状況を検査することができる。

**（組合員の損益分配の割合）**

**第674条**　当事者が損益分配の割合を定めなかったときは、その割合は、各組合員の出資の価額に応じて定める。

②　利益又は損失についてのみ分配の割合を定めたときは、その割合は、利益及び損失に共通であるものと推定する。

**（組合の債権者の権利の行使）**

**第675条**　組合の債権者は、組合財産についてその権利を行使することができる。

②　組合の債権者は、その選択に従い、各組合員に対して損失分担の割合又は等しい割合でその権利を行使することができる。ただし、組合の債権者がその債権の発生の時に各組合員の損失分担の割合を知っていたときは、その割合による。

> （組合員に対する組合の債権者の権利の行使）
> 第675条　組合の債権者は、その債権の発生の時に組合員の損失分担の割合を知らなかったときは、各組合員に対して等しい割合でその権利を行使することができる。
> 〔2項は新設規定〕

**（組合員の持分の処分及び組合財産の分割）**

**第676条**　組合員は、組合財産についてその持分を処分したときは、その処分

をもって組合及び組合と取引をした第三者に対抗することができない。

②　組合員は、組合財産である債権について、その持分についての権利を単独で行使することができない。

③　組合員は、清算前に組合財産の分割を求めることができない。

> 第676条　〔同〕
> 〔2項は新設規定〕
> ②　〔③に繰下げ〕

☆**（組合財産に対する組合員の債権者の権利の行使の禁止）**

**第677条**　組合員の債権者は、組合財産についてその権利を行使することができない。

> （組合の債務者による相殺の禁止）
> 第677条　組合の債務者は、その債務と組合員に対する債権とを相殺することができない。

☆**（組合員の加入）**

**第677条の2**　組合員は、その全員の同意によって、又は組合契約の定めるところにより、新たに組合員を加入させることができる。

②　前項の規定により組合の成立後に加入した組合員は、その加入前に生じた組合の債務については、これを弁済する責任を負わない。

**（組合員の脱退）**

**第678条**　組合契約で組合の存続期間を定めなかったとき、又はある組合員の終身の間組合が存続すべきことを定めたときは、各組合員は、いつでも脱退することができる。ただし、やむを得ない事由がある場合を除き、組合に不利な時期に脱退することができない。

②　組合の存続期間を定めた場合であっても、各組合員は、やむを得ない事由

第3編　債権

・149・

があるときは、脱退することができる。

**第679条**　前条の場合のほか、組合員は、次に掲げる事由によって脱退する。

　1　死亡
　2　破産手続開始の決定を受けたこと。
　3　後見開始の審判を受けたこと。
　4　除名

**（組合員の除名）**

**第680条**　組合員の除名は、正当な事由がある場合に限り、他の組合員の一致によってすることができる。ただし、除名した組合員にその旨を通知しなければ、これをもってその組合員に対抗することができない。

☆**（脱退した組合員の責任等）**

**第680条の2**　脱退した組合員は、その脱退前に生じた組合の債務について、従前の責任の範囲内でこれを弁済する責任を負う。この場合において、債権者が全部の弁済を受けない間は、脱退した組合員は、組合に担保を供させ、又は組合に対して自己に免責を得させることを請求することができる。

②　脱退した組合員は、前項に規定する組合の債務を弁済したときは、組合に対して求償権を有する。

**（脱退した組合員の持分の払戻し）**

**第681条**　脱退した組合員と他の組合員との間の計算は、脱退の時における組合財産の状況に従ってしなければならない。

②　脱退した組合員の持分は、その出資の種類を問わず、金銭で払い戻すことができる。

③　脱退の時にまだ完了していない事項については、その完了後に計算をすることができる。

**（組合の解散事由）**

**第682条**　組合は、次に掲げる事由によって解散する。

　1　組合の目的である事業の成功又はその成功の不能
　2　組合契約で定めた存続期間の満了
　3　組合契約で定めた解散の事由の発生
　4　総組合員の同意

> 第682条　組合は、その目的である事業の成功又はその成功の不能によって解散する。
> 〔1号～4号は新設規定〕

**（組合の解散の請求）**

**第683条**　やむを得ない事由があるときは、各組合員は、組合の解散を請求することができる。

**（組合契約の解除の効力）**

**第684条**　第620条の規定は、組合契約について準用する。

**（組合の清算及び清算人の選任）**

**第685条**　組合が解散したときは、清算は、総組合員が共同して、又はその選任した清算人がこれをする。

②　清算人の選任は、組合員の過半数で決する。

> 第685条　〔同〕
> ②　清算人の選任は、総組合員の過半数で決する。

☆**（清算人の業務の決定及び執行の方法）**

**第686条**　第670条第3項から第5項まで並びに第670条の2第2項及び第3項の規定は、清算人について準用する。

> （清算人の業務の執行の方法）
> 第686条　第670条の規定は、清算人が数人ある場合について準用する。

**（組合員である清算人の辞任及び解任）**

**第687条**　第672条の規定は、組合契約の定めるところにより組合員の中から

清算人を選任した場合について準用する。

> 第687条 第672条の規定は、組合契約で組合員の中から清算人を選任した場合について準用する。

**（清算人の職務及び権限並びに残余財産の分割方法）**

第688条 清算人の職務は、次のとおりとする。

1 現務の結了
2 債権の取立て及び債務の弁済
3 残余財産の引渡し

② 清算人は、前項各号に掲げる職務を行うために必要な一切の行為をすることができる。

③ 残余財産は、各組合員の出資の価額に応じて分割する。

# 第13節 終身定期金

**（終身定期金契約）**

第689条 終身定期金契約は、当事者の一方が、自己、相手方又は第三者の死亡に至るまで、定期に金銭その他の物を相手方又は第三者に給付することを約することによって、その効力を生ずる。

**（終身定期金の計算）**

第690条 終身定期金は、日割りで計算する。

**（終身定期金契約の解除）**

第691条 終身定期金債務者が終身定期金の元本を受領した場合において、その終身定期金の給付を怠り、又はその他の義務を履行しないときは、相手方は、元本の返還を請求することができる。この場合において、相手方は、既に受け取った終身定期金の中からその元本の利息を控除した残額を終身定期金債務者に返還しなければならない。

② 前項の規定は、損害賠償の請求を妨げない。

**（終身定期金契約の解除と同時履行）**

第692条 第533条の規定は、前条の場合について準用する。

**（終身定期金債権の存続の宣告）**

第693条 終身定期金債務者の責めに帰すべき事由によって第689条に規定する死亡が生じたときは、裁判所は、終身定期金債権者又はその相続人の請求により、終身定期金債権が相当の期間存続することを宣告することができる。

② 前項の規定は、第691条の権利の行使を妨げない。

**（終身定期金の遺贈）**

第694条 この節の規定は、終身定期金の遺贈について準用する。

# 第14節 和解

**（和解）**

第695条 和解は、当事者が互いに譲歩をしてその間に存する争いをやめることを約することによって、その効力を生ずる。

**（和解の効力）**

第696条 当事者の一方が和解によって争いの目的である権利を有するものと認められ、又は相手方がこれを有しないものと認められた場合において、その当事者の一方が従来その権利を有していなかった旨の確証又は相手方がこれを有していた旨の確証が得られたときは、その権利は、和解によってその当事者の一方に移転し、又は消滅したものとする。

第3編 債権

# 第3章　事務管理

**（事務管理）**
**第697条**　義務なく他人のために事務の管理を始めた者（以下この章において「管理者」という。）は、その事務の性質に従い、最も本人の利益に適合する方法によって、その事務の管理（以下「事務管理」という。）をしなければならない。
②　管理者は、本人の意思を知っているとき、又はこれを推知することができるときは、その意思に従って事務管理をしなければならない。

**（緊急事務管理）**
**第698条**　管理者は、本人の身体、名誉又は財産に対する急迫の危害を免れさせるために事務管理をしたときは、悪意又は重大な過失があるのでなければ、これによって生じた損害を賠償する責任を負わない。

**（管理者の通知義務）**
**第699条**　管理者は、事務管理を始めたことを遅滞なく本人に通知しなければならない。ただし、本人が既にこれを知っているときは、この限りでない。

**（管理者による事務管理の継続）**
**第700条**　管理者は、本人又はその相続人若しくは法定代理人が管理をすることができるに至るまで、事務管理を継続しなければならない。ただし、事務管理の継続が本人の意思に反し、又は本人に不利であることが明らかであるときは、この限りでない。

**（委任の規定の準用）**
**第701条**　第645条から第647条までの規定は、事務管理について準用する。

**（管理者による費用の償還請求等）**
**第702条**　管理者は、本人のために有益な費用を支出したときは、本人に対し、その償還を請求することができる。
②　第650条第2項の規定は、管理者が本人のために有益な債務を負担した場合について準用する。
③　管理者が本人の意思に反して事務管理をしたときは、本人が現に利益を受けている限度においてのみ、前2項の規定を適用する。

# 第4章　不当利得

**（不当利得の返還義務）**
**第703条**　法律上の原因なく他人の財産又は労務によって利益を受け、そのために他人に損失を及ぼした者（以下この章において「受益者」という。）は、その利益の存する限度において、これを返還する義務を負う。

**（悪意の受益者の返還義務等）**
**第704条**　悪意の受益者は、その受けた利益に利息を付して返還しなければならない。この場合において、なお損害があるときは、その賠償の責任を負う。

**（債務の不存在を知ってした弁済）**
**第705条**　債務の弁済として給付をした者は、その時において債務の存在しないことを知っていたときは、その給付したものの返還を請求することができない。

**（期限前の弁済）**
**第706条**　債務者は、弁済期にない債務の弁済として給付をしたときは、その給付したものの返還を請求することができない。ただし、債務者が錯誤によってその給付をしたときは、債権者は、これによって得た利益を返還しなければならない。

**（他人の債務の弁済）**

**第707条**　債務者でない者が錯誤によって債務の弁済をした場合において、債権者が善意で証書を滅失させ若しくは損傷し、担保を放棄し、又は時効によってその債権を失ったときは、その弁済をした者は、返還の請求をすることができない。

②　前項の規定は、弁済をした者から債務者に対する求償権の行使を妨げない。

**（不法原因給付）**

**第708条**　不法な原因のために給付をした者は、その給付したものの返還を請求することができない。ただし、不法な原因が受益者についてのみ存したときは、この限りでない。

# 第5章　不法行為

**（不法行為による損害賠償）**

**第709条**　故意又は過失によって他人の権利又は法律上保護される利益を侵害した者は、これによって生じた損害を賠償する責任を負う。

**（財産以外の損害の賠償）**

**第710条**　他人の身体、自由若しくは名誉を侵害した場合又は他人の財産権を侵害した場合のいずれであるかを問わず、前条の規定により損害賠償の責任を負う者は、財産以外の損害に対しても、その賠償をしなければならない。

**（近親者に対する損害の賠償）**

**第711条**　他人の生命を侵害した者は、被害者の父母、配偶者及び子に対しては、その財産権が侵害されなかった場合においても、損害の賠償をしなければならない。

**（責任能力）**

**第712条**　未成年者は、他人に損害を加えた場合において、自己の行為の責任を弁識するに足りる知能を備えていなかったときは、その行為について賠償の責任を負わない。

**第713条**　精神上の障害により自己の行為の責任を弁識する能力を欠く状態にある間に他人に損害を加えた者は、その賠償の責任を負わない。ただし、故意又は過失によって一時的にその状態を招いたときは、この限りでない。

**（責任無能力者の監督義務者等の責任）**

**第714条**　前2条の規定により責任無能力者がその責任を負わない場合において、その責任無能力者を監督する法定の義務を負う者は、その責任無能力者が第三者に加えた損害を賠償する責任を負う。ただし、監督義務者がその義務を怠らなかったとき、又はその義務を怠らなくても損害が生ずべきであったときは、この限りでない。

②　監督義務者に代わって責任無能力者を監督する者も、前項の責任を負う。

**（使用者等の責任）**

**第715条**　ある事業のために他人を使用する者は、被用者がその事業の執行について第三者に加えた損害を賠償する責任を負う。ただし、使用者が被用者の選任及びその事業の監督について相当の注意をしたとき、又は相当の注意をしても損害が生ずべきであったときは、この限りでない。

②　使用者に代わって事業を監督する者も、前項の責任を負う。

③　前2項の規定は、使用者又は監督者から被用者に対する求償権の行使を妨げない。

**（注文者の責任）**

**第716条**　注文者は、請負人がその仕事

について第三者に加えた損害を賠償する責任を負わない。ただし、注文又は指図についてその注文者に過失があったときは、この限りでない。

**（土地の工作物等の占有者及び所有者の責任）**

**第717条** 土地の工作物の設置又は保存に瑕疵があることによって他人に損害を生じたときは、その工作物の占有者は、被害者に対してその損害を賠償する責任を負う。ただし、占有者が損害の発生を防止するのに必要な注意をしたときは、所有者がその損害を賠償しなければならない。

② 前項の規定は、竹木の栽植又は支持に瑕疵がある場合について準用する。

③ 前2項の場合において、損害の原因について他にその責任を負う者があるときは、占有者又は所有者は、その者に対して求償権を行使することができる。

**（動物の占有者等の責任）**

**第718条** 動物の占有者は、その動物が他人に加えた損害を賠償する責任を負う。ただし、動物の種類及び性質に従い相当の注意をもってその管理をしたときは、この限りでない。

② 占有者に代わって動物を管理する者も、前項の責任を負う。

**（共同不法行為者の責任）**

**第719条** 数人が共同の不法行為によって他人に損害を加えたときは、各自が連帯してその損害を賠償する責任を負う。共同行為者のうちいずれの者がその損害を加えたかを知ることができないときも、同様とする。

② 行為者を教唆した者及び幇助した者は、共同行為者とみなして、前項の規定を適用する。

**（正当防衛及び緊急避難）**

**第720条** 他人の不法行為に対し、自己又は第三者の権利又は法律上保護される利益を防衛するため、やむを得ず加害行為をした者は、損害賠償の責任を負わない。ただし、被害者から不法行為をした者に対する損害賠償の請求を妨げない。

② 前項の規定は、他人の物から生じた急迫の危難を避けるためその物を損傷した場合について準用する。

**（損害賠償請求権に関する胎児の権利能力）**

**第721条** 胎児は、損害賠償の請求権については、既に生まれたものとみなす。

**（損害賠償の方法、中間利息の控除及び過失相殺）**

**第722条** 第417条及び第417条の2の規定は、不法行為による損害賠償について準用する。

② 被害者に過失があったときは、裁判所は、これを考慮して、損害賠償の額を定めることができる。

（損害賠償の方法及び過失相殺）
第722条 第417条の規定は、不法行為による損害賠償について準用する。
② 〔同〕

**（名誉毀損における原状回復）**

**第723条** 他人の名誉を毀損した者に対しては、裁判所は、被害者の請求により、損害賠償に代えて、又は損害賠償とともに、名誉を回復するのに適当な処分を命ずることができる。

☆**（不法行為による損害賠償請求権の消滅時効）**

**第724条** 不法行為による損害賠償の請求権は、次に掲げる場合には、時効に

よって消滅する。

1　被害者又はその法定代理人が損害
及び加害者を知った時から3年間行
使しないとき。

2　不法行為の時から20年間行使し
ないとき。

（不法行為による損害賠償請求権の期間の制限）

第724条　不法行為による損害賠償の請求権
は、被害者又はその法定代理人が損害及び
加害者を知った時から3年間行使しないと
きは、時効によって消滅する。不法行為の
時から20年を経過したときも、同様とす
る。

☆（人の生命又は身体を害する不法行為
による損害賠償請求権の消滅時効）

第724条の2　人の生命又は身体を害す
る不法行為による損害賠償請求権の消
滅時効についての前条第1号の規定の
適用については、同号中「3年間」と
あるのは、「5年間」とする。

# 第 4 編

# 親　族

# 第1章　総則

（親族の範囲）

第725条　次に掲げる者は、親族とする。

1　6親等内の血族

2　配偶者

3　3親等内の姻族

（親等の計算）

第726条　親等は、親族間の世代数を数えて、これを定める。

②　傍系親族の親等を定めるには、その1人又はその配偶者から同一の祖先にさかのぼり、その祖先から他の1人に下るまでの世代数による。

（縁組による親族関係の発生）

第727条　養子と養親及びその血族との間においては、養子縁組の日から、血族間におけるのと同一の親族関係を生ずる。

（離婚等による姻族関係の終了）

第728条　姻族関係は、離婚によって終了する。

②　夫婦の一方が死亡した場合において、生存配偶者が姻族関係を終了させる意思を表示したときも、前項と同様とする。

（離縁による親族関係の終了）

第729条　養子及びその配偶者並びに養子の直系卑属及びその配偶者と養親及びその血族との親族関係は、離縁によって終了する。

（親族間の扶け合い）

第730条　直系血族及び同居の親族は、互いに扶け合わなければならない。

# 第2章　婚姻

## 第1節　婚姻の成立

### 第1款　婚姻の要件

☆（婚姻適齢）

第731条　22.4.1　婚姻は、18歳にならなければ、することができない。

> 第731条　男は、18歳に、女は、16歳にならなければ、婚姻をすることができない。

（重婚の禁止）

第732条　配偶者のある者は、重ねて婚姻をすることができない。

（再婚禁止期間）

第733条　女は、前婚の解消又は取消しの日から100日を経過した後でなければ、再婚をすることができない。

②　前項の規定は、次に掲げる場合には、適用しない。

1　女が前婚の解消又は取消しの時に懐胎していなかった場合

2　女が前婚の解消又は取消しの後に出産した場合

（近親者間の婚姻の禁止）

第734条　直系血族又は3親等内の傍系血族の間では、婚姻をすることができない。ただし、養子と養方の傍系血族との間では、この限りでない。

②　第817条の9の規定により親族関係が終了した後も、前項と同様とする。

（直系姻族間の婚姻の禁止）

第735条　直系姻族の間では、婚姻をすることができない。第728条又は第817条の9の規定により姻族関係が終了した後も、同様とする。

（養親子等の間の婚姻の禁止）

第736条　養子若しくはその配偶者又は

・158・

養子の直系卑属若しくはその配偶者と養親又はその直系尊属との間では、第729条の規定により親族関係が終了した後でも、婚姻をすることができない。

☆**第737条** 22.4.1 削除

> （未成年者の婚姻についての父母の同意）
> **第737条** 未成年の子が婚姻をするには、父母の同意を得なければならない。
> ② 父母の一方が同意しないときは、他の一方の同意だけで足りる。父母の一方が知れないとき、死亡したとき、又はその意思を表示することができないときも、同様とする。

（成年被後見人の婚姻）

**第738条** 成年被後見人が婚姻をするには、その成年後見人の同意を要しない。

（婚姻の届出）

**第739条** 婚姻は、戸籍法（昭和22年法律第224号）の定めるところにより届け出ることによって、その効力を生ずる。

② 前項の届出は、当事者双方及び成年の証人2人以上が署名した書面で、又はこれらの者から口頭で、しなければならない。

（婚姻の届出の受理）

**第740条** 22.4.1 婚姻の届出は、その婚姻が第731条から第736条まで及び前条第2項の規定その他の法令の規定に違反しないことを認めた後でなければ、受理することができない。

> **第740条** 婚姻の届出は、その婚姻が第731条から第737条まで及び前条第2項の規定その他の法令の規定に違反しないことを認めた後でなければ、受理することができない。

（外国に在る日本人間の婚姻の方式）

**第741条** 外国に在る日本人間で婚姻をしようとするときは、その国に駐在する日本の大使、公使又は領事にその届出をすることができる。この場合においては、前2条の規定を準用する。

## 第2款　婚姻の無効及び取消し

（婚姻の無効）

**第742条** 婚姻は、次に掲げる場合に限り、無効とする。

1　人違いその他の事由によって当事者間に婚姻をする意思がないとき。

2　当事者が婚姻の届出をしないとき。ただし、その届出が第739条第2項に定める方式を欠くだけであるときは、婚姻は、そのためにその効力を妨げられない。

（婚姻の取消し）

**第743条** 婚姻は、次条から第747条までの規定によらなければ、取り消すことができない。

（不適法な婚姻の取消し）

**第744条** 第731条から第736条までの規定に違反した婚姻は、各当事者、その親族又は検察官から、その取消しを家庭裁判所に請求することができる。ただし、検察官は、当事者の一方が死亡した後は、これを請求することができない。

② 第732条又は第733条の規定に違反した婚姻については、当事者の配偶者又は前配偶者も、その取消しを請求することができる。

（不適齢者の婚姻の取消し）

**第745条** 第731条の規定に違反した婚姻は、不適齢者が適齢に達したときは、その取消しを請求することができない。

② 不適齢者は、適齢に達した後、なお3箇月間は、その婚姻の取消しを請求することができる。ただし、適齢に達

した後に追認をしたときは、この限りでない。

**（再婚禁止期間内にした婚姻の取消し）**

**第746条** 第733条の規定に違反した婚姻は、前婚の解消若しくは取消しの日から起算して100日を経過し、又は女が再婚後に出産したときは、その取消しを請求することができない。

**（詐欺又は強迫による婚姻の取消し）**

**第747条** 詐欺又は強迫によって婚姻をした者は、その婚姻の取消しを家庭裁判所に請求することができる。

② 前項の規定による取消権は、当事者が、詐欺を発見し、若しくは強迫を免れた後3箇月を経過し、又は追認をしたときは、消滅する。

**（婚姻の取消しの効力）**

**第748条** 婚姻の取消しは、将来に向かってのみその効力を生ずる。

② 婚姻の時においてその取消しの原因があることを知らなかった当事者が、婚姻によって財産を得たときは、現に利益を受けている限度において、その返還をしなければならない。

③ 婚姻の時においてその取消しの原因があることを知っていた当事者は、婚姻によって得た利益の全部を返還しなければならない。この場合において、相手方が善意であったときは、これに対して損害を賠償する責任を負う。

**（離婚の規定の準用）**

**第749条** 第728条第1項、第766条から第769条まで、第790条第1項ただし書並びに第819条第2項、第3項、第5項及び第6項の規定は、婚姻の取消しについて準用する。

# 第2節　婚姻の効力

**（夫婦の氏）**

**第750条** 夫婦は、婚姻の際に定めるところに従い、夫又は妻の氏を称する。

**（生存配偶者の復氏等）**

**第751条** 夫婦の一方が死亡したときは、生存配偶者は、婚姻前の氏に復することができる。

② 第769条の規定は、前項及び第728条第2項の場合について準用する。

**（同居、協力及び扶助の義務）**

**第752条** 夫婦は同居し、互いに協力し扶助しなければならない。

☆**第753条** 22.4.1 削除

（婚姻による成年擬制）

第753条 未成年者が婚姻をしたときは、これによって成年に達したものとみなす。

**（夫婦間の契約の取消権）**

**第754条** 夫婦間でした契約は、婚姻中、いつでも、夫婦の一方からこれを取り消すことができる。ただし、第三者の権利を害することはできない。

# 第3節　夫婦財産制

## 第1款　総則

**（夫婦の財産関係）**

**第755条** 夫婦が、婚姻の届出前に、その財産について別段の契約をしなかったときは、その財産関係は、次款に定めるところによる。

**（夫婦財産契約の対抗要件）**

**第756条** 夫婦が法定財産制と異なる契約をしたときは、婚姻の届出までにその登記をしなければ、これを夫婦の承継人及び第三者に対抗することができない。

**第757条** 削除

**(夫婦の財産関係の変更の制限等)**

**第758条** 夫婦の財産関係は、婚姻の届出後は、変更することができない。

② 夫婦の一方が、他の一方の財産を管理する場合において、管理が失当であったことによってその財産を危うくしたときは、他の一方は、自らその管理をすることを家庭裁判所に請求することができる。

③ 共有財産については、前項の請求とともに、その分割を請求することができる。

**(財産の管理者の変更及び共有財産の分割の対抗要件)**

**第759条** 前条の規定又は第755条の契約の結果により、財産の管理者を変更し、又は共有財産の分割をしたときは、その登記をしなければ、これを夫婦の承継人及び第三者に対抗することができない。

### 第2款 法定財産制

**(婚姻費用の分担)**

**第760条** 夫婦は、その資産、収入その他一切の事情を考慮して、婚姻から生ずる費用を分担する。

**(日常の家事に関する債務の連帯責任)**

**第761条** 夫婦の一方が日常の家事に関して第三者と法律行為をしたときは、他の一方は、これによって生じた債務について、連帯してその責任を負う。ただし、第三者に対し責任を負わない旨を予告した場合は、この限りでない。

**(夫婦間における財産の帰属)**

**第762条** 夫婦の一方が婚姻前から有する財産及び婚姻中自己の名で得た財産は、その特有財産(夫婦の一方が単独で

有する財産をいう。)とする。

② 夫婦のいずれに属するか明らかでない財産は、その共有に属するものと推定する。

## 第4節 離婚

### 第1款 協議上の離婚

**(協議上の離婚)**

**第763条** 夫婦は、その協議で、離婚をすることができる。

**(婚姻の規定の準用)**

**第764条** 第738条、第739条及び第747条の規定は、協議上の離婚について準用する。

**(離婚の届出の受理)**

**第765条** 離婚の届出は、その離婚が前条において準用する第739条第2項の規定及び第819条第1項の規定その他の法令の規定に違反しないことを認めた後でなければ、受理することができない。

② 離婚の届出が前項の規定に違反して受理されたときであっても、離婚は、そのためにその効力を妨げられない。

**(離婚後の子の監護に関する事項の定め等)**

**第766条** 父母が協議上の離婚をするときは、子の監護をすべき者、父又は母と子との面会及びその他の交流、子の監護に要する費用の分担その他の子の監護について必要な事項は、その協議で定める。この場合においては、子の利益を最も優先して考慮しなければならない。

② 前項の協議が調わないとき、又は協議をすることができないときは、家庭裁判所が、同項の事項を定める。

③ 家庭裁判所は、必要があると認める
ときは、前2項の規定による定めを変
更し、その他子の監護について相当な
処分を命ずることができる。

④ 前3項の規定によっては、監護の範
囲外では、父母の権利義務に変更を生
じない。

**（離婚による復氏等）**

**第767条** 婚姻によって氏を改めた夫又
は妻は、協議上の離婚によって婚姻前
の氏に復する。

② 前項の規定により婚姻前の氏に復し
た夫又は妻は、離婚の日から3箇月以
内に戸籍法の定めるところにより届け
出ることによって、離婚の際に称して
いた氏を称することができる。

**（財産分与）**

**第768条** 協議上の離婚をした者の一方
は、相手方に対して財産の分与を請求
することができる。

② 前項の規定による財産の分与につい
て、当事者間に協議が調わないとき、
又は協議をすることができないときは、
当事者は、家庭裁判所に対して協議に
代わる処分を請求することができる。
ただし、離婚の時から2年を経過した
ときは、この限りでない。

③ 前項の場合には、家庭裁判所は、当
事者双方がその協力によって得た財産
の額その他一切の事情を考慮して、分
与をさせるべきかどうか並びに分与の
額及び方法を定める。

**（離婚による復氏の際の権利の承継）**

**第769条** 婚姻によって氏を改めた夫又
は妻が、第897条第1項の権利を承継
した後、協議上の離婚をしたときは、
当事者その他の関係人の協議で、その
権利を承継すべき者を定めなければな

らない。

② 前項の協議が調わないとき、又は協
議をすることができないときは、同項
の権利を承継すべき者は、家庭裁判所
がこれを定める。

### 第2款 裁判上の離婚

**（裁判上の離婚）**

**第770条** 夫婦の一方は、次に掲げる場
合に限り、離婚の訴えを提起すること
ができる。

1 配偶者に不貞な行為があったとき。

2 配偶者から悪意で遺棄されたとき。

3 配偶者の生死が3年以上明らかで
ないとき。

4 配偶者が強度の精神病にかかり、
回復の見込みがないとき。

5 その他婚姻を継続し難い重大な事
由があるとき。

② 裁判所は、前項第1号から第4号ま
でに掲げる事由がある場合であっても、
一切の事情を考慮して婚姻の継続を相
当と認めるときは、離婚の請求を棄却
することができる。

**（協議上の離婚の規定の準用）**

**第771条** 第766条から第769条までの
規定は、裁判上の離婚について準用す
る。

# 第3章 親子

## 第1節 実子

**（嫡出の推定）**

**第772条** 妻が婚姻中に懐胎した子は、
夫の子と推定する。

② 婚姻の成立の日から200日を経過し
た後又は婚姻の解消若しくは取消しの
日から300日以内に生まれた子は、婚

姻中に懐胎したものと推定する。

**（父を定めることを目的とする訴え）**

**第773条**　第733条第1項の規定に違反
して再婚をした女が出産した場合にお
いて、前条の規定によりその子の父を
定めることができないときは、裁判所
が、これを定める。

**（嫡出の否認）**

**第774条**　第772条の場合において、夫
は、子が嫡出であることを否認するこ
とができる。

**（嫡出否認の訴え）**

**第775条**　前条の規定による否認権は、
子又は親権を行う母に対する嫡出否認
の訴えによって行う。親権を行う母が
ないときは、家庭裁判所は、特別代理
人を選任しなければならない。

**（嫡出の承認）**

**第776条**　夫は、子の出生後において、
その嫡出であることを承認したときは、
その否認権を失う。

**（嫡出否認の訴えの出訴期間）**

**第777条**　嫡出否認の訴えは、夫が子の
出生を知った時から1年以内に提起し
なければならない。

**第778条**　夫が成年被後見人であるとき
は、前条の期間は、後見開始の審判の
取消しがあった後夫が子の出生を知っ
た時から起算する。

**（認知）**

**第779条**　嫡出でない子は、その父又は
母がこれを認知することができる。

**（認知能力）**

**第780条**　認知をするには、父又は母が
未成年者又は成年被後見人であるとき
であっても、その法定代理人の同意を
要しない。

**（認知の方式）**

**第781条**　認知は、戸籍法の定めるとこ
ろにより届け出ることによってする。

②　認知は、遺言によっても、すること
ができる。

**（成年の子の認知）**

**第782条**　成年の子は、その承諾がなけ
れば、これを認知することができない。

**（胎児又は死亡した子の認知）**

**第783条**　父は、胎内に在る子でも、認
知することができる。この場合におい
ては、母の承諾を得なければならない。

②　父又は母は、死亡した子でも、その
直系卑属があるときに限り、認知する
ことができる。この場合において、そ
の直系卑属が成年者であるときは、そ
の承諾を得なければならない。

**（認知の効力）**

**第784条**　認知は、出生の時にさかのぼ
ってその効力を生ずる。ただし、第三
者が既に取得した権利を害することは
できない。

**（認知の取消しの禁止）**

**第785条**　認知をした父又は母は、その
認知を取り消すことができない。

**（認知に対する反対の事実の主張）**

**第786条**　子その他の利害関係人は、認
知に対して反対の事実を主張すること
ができる。

**（認知の訴え）**

**第787条**　子、その直系卑属又はこれら
の者の法定代理人は、認知の訴えを提
起することができる。ただし、父又は
母の死亡の日から3年を経過したとき
は、この限りでない。

**（認知後の子の監護に関する事項の定め
等）**

**第788条**　第766条の規定は、父が認知

第4編　親族

する場合について準用する。

（準正）

**第789条** 父が認知した子は、その父母の婚姻によって嫡出子の身分を取得する。

② 婚姻中父母が認知した子は、その認知の時から、嫡出子の身分を取得する。

③ 前2項の規定は、子が既に死亡していた場合について準用する。

（子の氏）

**第790条** 嫡出である子は、父母の氏を称する。ただし、子の出生前に父母が離婚したときは、離婚の際における父母の氏を称する。

② 嫡出でない子は、母の氏を称する。

（子の氏の変更）

**第791条** 子が父又は母と氏を異にする場合には、子は、家庭裁判所の許可を得て、戸籍法の定めるところにより届け出ることによって、その父又は母の氏を称することができる。

② 父又は母が氏を改めたことにより子が父母と氏を異にする場合には、子は、父母の婚姻中に限り、前項の許可を得ないで、戸籍法の定めるところにより届け出ることによって、その父母の氏を称することができる。

③ 子が15歳未満であるときは、その法定代理人が、これに代わって、前2項の行為をすることができる。

④ 前3項の規定により氏を改めた未成年の子は、成年に達した時から1年以内に戸籍法の定めるところにより届け出ることによって、従前の氏に復することができる。

# 第2節　養子

## 第1款　縁組の要件

（養親となる者の年齢）

**第792条** `22.4.1` 20歳に達した者は、養子をすることができる。

> 第792条 成年に達した者は、養子をすることができる。

（尊属又は年長者を養子とすることの禁止）

**第793条** 尊属又は年長者は、これを養子とすることができない。

（後見人が被後見人を養子とする縁組）

**第794条** 後見人が被後見人（未成年被後見人及び成年被後見人をいう。以下同じ。）を養子とするには、家庭裁判所の許可を得なければならない。後見人の任務が終了した後、まだその管理の計算が終わらない間も、同様とする。

（配偶者のある者が未成年者を養子とする縁組）

**第795条** 配偶者のある者が未成年者を養子とするには、配偶者とともにしなければならない。ただし、配偶者の嫡出である子を養子とする場合又は配偶者がその意思を表示することができない場合は、この限りでない。

（配偶者のある者の縁組）

**第796条** 配偶者のある者が縁組をするには、その配偶者の同意を得なければならない。ただし、配偶者とともに縁組をする場合又は配偶者がその意思を表示することができない場合は、この限りでない。

（15歳未満の者を養子とする縁組）

**第797条** 養子となる者が15歳未満であるときは、その法定代理人が、これ

・164・

に代わって、縁組の承諾をすることができる。

② 法定代理人が前項の承諾をするには、養子となる者の父母でその監護をすべき者であるものが他にあるときは、その同意を得なければならない。養子となる者の父母で親権を停止されているものがあるときも、同様とする。

**（未成年者を養子とする縁組）**

**第798条** 未成年者を養子とするには、家庭裁判所の許可を得なければならない。ただし、自己又は配偶者の直系卑属を養子とする場合は、この限りでない。

**（婚姻の規定の準用）**

**第799条** 第738条及び第739条の規定は、縁組について準用する。

**（縁組の届出の受理）**

**第800条** 縁組の届出は、その縁組が第792条から前条までの規定その他の法令の規定に違反しないことを認めた後でなければ、受理することができない。

**（外国に在る日本人間の縁組の方式）**

**第801条** 外国に在る日本人間で縁組をしようとするときは、その国に駐在する日本の大使、公使又は領事にその届出をすることができる。この場合においては、第799条において準用する第739条の規定及び前条の規定を準用する。

### 第2款 縁組の無効及び取消し

**（縁組の無効）**

**第802条** 縁組は、次に掲げる場合に限り、無効とする。

1 人違いその他の事由によって当事者間に縁組をする意思がないとき。

2 当事者が縁組の届出をしないとき。

ただし、その届出が第799条において準用する第739条第2項に定める方式を欠くだけであるときは、縁組は、そのためにその効力を妨げられない。

**（縁組の取消し）**

**第803条** 縁組は、次条から第808条までの規定によらなければ、取り消すことができない。

**（養親が20歳未満の者である場合の縁組の取消し）**

**第804条** 22.4.1 第792条の規定に違反した縁組は、養親又はその法定代理人から、その取消しを家庭裁判所に請求することができる。ただし、養親が、20歳に達した後6箇月を経過し、又は追認をしたときは、この限りでない。

> **（養親が未成年である場合の縁組の取消し）**
> **第804条** 第792条の規定に違反した縁組は、養親又はその法定代理人から、その取消しを家庭裁判所に請求することができる。ただし、養親が、成年に達した後6箇月を経過し、又は追認をしたときは、この限りでない。

**（養子が尊属又は年長者である場合の縁組の取消し）**

**第805条** 第793条の規定に違反した縁組は、各当事者又はその親族から、その取消しを家庭裁判所に請求することができる。

**（後見人と被後見人との間の無許可縁組の取消し）**

**第806条** 第794条の規定に違反した縁組は、養子又はその実方の親族から、その取消しを家庭裁判所に請求することができる。ただし、管理の計算が終わった後、養子が追認をし、又は6箇月を経過したときは、この限りでない。

② 前項ただし書の追認は、養子が、成年に達し、又は行為能力を回復した後にしなければ、その効力を生じない。

③ 養子が、成年に達せず、又は行為能力を回復しない間に、管理の計算が終わった場合には、第1項ただし書の期間は、養子が、成年に達し、又は行為能力を回復した時から起算する。

**（配偶者の同意のない縁組等の取消し）**

**第806条の2** 第796条の規定に違反した縁組は、縁組の同意をしていない者から、その取消しを家庭裁判所に請求することができる。ただし、その者が、縁組を知った後6箇月を経過し、又は追認をしたときは、この限りでない。

② 詐欺又は強迫によって第796条の同意をした者は、その縁組の取消しを家庭裁判所に請求することができる。ただし、その者が、詐欺を発見し、若しくは強迫を免れた後6箇月を経過し、又は追認をしたときは、この限りでない。

**（子の監護をすべき者の同意のない縁組等の取消し）**

**第806条の3** 第797条第2項の規定に違反した縁組は、縁組の同意をしていない者から、その取消しを家庭裁判所に請求することができる。ただし、その者が追認をしたとき、又は養子が15歳に達した後6箇月を経過し、若しくは追認をしたときは、この限りでない。

② 前条第2項の規定は、詐欺又は強迫によって第797条第2項の同意をした者について準用する。

**（養子が未成年者である場合の無許可縁組の取消し）**

**第807条** 第798条の規定に違反した縁組は、養子、その実方の親族又は養子に代わって縁組の承諾をした者から、その取消しを家庭裁判所に請求することができる。ただし、養子が、成年に達した後6箇月を経過し、又は追認をしたときは、この限りでない。

**（婚姻の取消し等の規定の準用）**

**第808条** 第747条及び第748条の規定は、縁組について準用する。この場合において、第747条第2項中「3箇月」とあるのは、「6箇月」と読み替えるものとする。

② 第769条及び第816条の規定は、縁組の取消しについて準用する。

## 第3款　縁組の効力

**（嫡出子の身分の取得）**

**第809条** 養子は、縁組の日から、養親の嫡出子の身分を取得する。

**（養子の氏）**

**第810条** 養子は、養親の氏を称する。ただし、婚姻によって氏を改めた者については、婚姻の際に定めた氏を称すべき間は、この限りでない。

## 第4款　離縁

**（協議上の離縁等）**

**第811条** 縁組の当事者は、その協議で、離縁をすることができる。

② 養子が15歳未満であるときは、その離縁は、養親と養子の離縁後にその法定代理人となるべき者との協議でこれをする。

③ 前項の場合において、養子の父母が離婚しているときは、その協議で、その一方を養子の離縁後にその親権者となるべき者と定めなければならない。

④ 前項の協議が調わないとき、又は協議をすることができないときは、家庭

裁判所は、同項の父若しくは母又は養親の請求によって、協議に代わる審判をすることができる。

⑤　第2項の法定代理人となるべき者がないときは、家庭裁判所は、養子の親族その他の利害関係人の請求によって、養子の離縁後にその未成年後見人となるべき者を選任する。

⑥　縁組の当事者の一方が死亡した後に生存当事者が離縁をしようとするときは、家庭裁判所の許可を得て、これをすることができる。

**（夫婦である養親と未成年者との離縁）**

**第811条の2**　養親が夫婦である場合において未成年者と離縁をするには、夫婦が共にしなければならない。ただし、夫婦の一方がその意思を表示することができないときは、この限りでない。

**（婚姻の規定の準用）**

**第812条**　第738条、第739条及び第747条の規定は、協議上の離縁について準用する。この場合において、同条第2項中「3箇月」とあるのは、「6箇月」と読み替えるものとする。

**（離縁の届出の受理）**

**第813条**　離縁の届出は、その離縁が前条において準用する第739条第2項の規定並びに第811条及び第811条の2の規定その他の法令の規定に違反しないことを認めた後でなければ、受理することができない。

②　離縁の届出が前項の規定に違反して受理されたときであっても、離縁は、そのためにその効力を妨げられない。

**（裁判上の離縁）**

**第814条**　縁組の当事者の一方は、次に掲げる場合に限り、離縁の訴えを提起することができる。

1　他の一方から悪意で遺棄されたとき。

2　他の一方の生死が3年以上明らかでないとき。

3　その他縁組を継続し難い重大な事由があるとき。

②　第770条第2項の規定は、前項第1号及び第2号に掲げる場合について準用する。

**（養子が15歳未満である場合の離縁の訴えの当事者）**

**第815条**　養子が15歳に達しない間は、第811条の規定により養親と離縁の協議をすることができる者から、又はこれに対して、離縁の訴えを提起することができる。

**（離縁による復氏等）**

**第816条**　養子は、離縁によって縁組前の氏に復する。ただし、配偶者とともに養子をした養親の一方のみと離縁をした場合は、この限りでない。

②　縁組の日から7年を経過した後に前項の規定により縁組前の氏に復した者は、離縁の日から3箇月以内に戸籍法の定めるところにより届け出ることによって、離縁の際に称していた氏を称することができる。

**（離縁による復氏の際の権利の承継）**

**第817条**　第769条の規定は、離縁について準用する。

### 第5款　特別養子

**（特別養子縁組の成立）**

**第817条の2**　家庭裁判所は、次条から第817条の7までに定める要件があるときは、養親となる者の請求により、実方の血族との親族関係が終了する縁組（以下この款において「特別養子縁組」

という。）を成立させることができる。

② 前項に規定する請求をするには、第794条又は第798条の許可を得ることを要しない。

**（養親の夫婦共同縁組）**

**第817条の3** 養親となる者は、配偶者のある者でなければならない。

② 夫婦の一方は、他の一方が養親とならないときは、養親となることができない。ただし、夫婦の一方が他の一方の嫡出である子（特別養子縁組以外の縁組による養子を除く。）の養親となる場合は、この限りでない。

**（養親となる者の年齢）**

**第817条の4** 25歳に達しない者は、養親となることができない。ただし、養親となる夫婦の一方が25歳に達していない場合においても、その者が20歳に達しているときは、この限りでない。

**（養子となる者の年齢）**

**第817条の5** 〔1年内〕 第817条の2に規定する請求の時に15歳に達している者は、養子となることができない。特別養子縁組が成立するまでに18歳に達した者についても、同様とする。

② 前項前段の規定は、養子となる者が15歳に達する前から引き続き養親となる者に監護されている場合において、15歳に達するまでに第817条の2に規定する請求がされなかったことについてやむを得ない事由があるときは、適用しない。

③ 養子となる者が15歳に達している場合においては、特別養子縁組の成立には、その者の同意がなければならない。

第817条の5 第817条の2に規定する請求の時に6歳に達している者は、養子となる

ことができない。ただし、その者が8歳未満であって6歳に達する前から引き続き養親となる者に監護されている場合は、この限りでない。

〔2項・3項は新設規定〕

**（父母の同意）**

**第817条の6** 特別養子縁組の成立には、養子となる者の父母の同意がなければならない。ただし、父母がその意思を表示することができない場合又は父母による虐待、悪意の遺棄その他養子となる者の利益を著しく害する事由がある場合は、この限りでない。

**（子の利益のための特別の必要性）**

**第817条の7** 特別養子縁組は、父母による養子となる者の監護が著しく困難又は不適当であることその他特別の事情がある場合において、子の利益のため特に必要があると認めるときに、これを成立させるものとする。

**（監護の状況）**

**第817条の8** 特別養子縁組を成立させるには、養親となる者が養子となる者を6箇月以上の期間監護した状況を考慮しなければならない。

② 前項の期間は、第817条の2に規定する請求の時から起算する。ただし、その請求前の監護の状況が明らかであるときは、この限りでない。

**（実方との親族関係の終了）**

**第817条の9** 養子と実方の父母及びその血族との親族関係は、特別養子縁組によって終了する。ただし、第817条の3第2項ただし書に規定する他の一方及びその血族との親族関係については、この限りでない。

**（特別養子縁組の離縁）**

**第817条の10** 次の各号のいずれにも該

当する場合において、養子の利益のため特に必要があると認めるときは、家庭裁判所は、養子、実父母又は検察官の請求により、特別養子縁組の当事者を離縁させることができる。

1　養親による虐待、悪意の遺棄その他養子の利益を著しく害する事由があること。

2　実父母が相当の監護をすることができること。

② 離縁は、前項の規定による場合のほか、これをすることができない。

**（離縁による実方との親族関係の回復）**

**第817条の11**　養子と実父母及びその血族との間においては、離縁の日から、特別養子縁組によって終了した親族関係と同一の親族関係を生ずる。

# 第4章　親権

## 第1節　総則

**（親権者）**

**第818条**　成年に達しない子は、父母の親権に服する。

② 子が養子であるときは、養親の親権に服する。

③ 親権は、父母の婚姻中は、父母が共同して行う。ただし、父母の一方が親権を行うことができないときは、他の一方が行う。

**（離婚又は認知の場合の親権者）**

**第819条**　父母が協議上の離婚をするときは、その協議で、その一方を親権者と定めなければならない。

② 裁判上の離婚の場合には、裁判所は、父母の一方を親権者と定める。

③ 子の出生前に父母が離婚した場合には、親権は、母が行う。ただし、子の出生後に、父母の協議で、父を親権者と定めることができる。

④ 父が認知した子に対する親権は、父母の協議で父を親権者と定めたときに限り、父が行う。

⑤ 第1項、第3項又は前項の協議が調わないとき、又は協議をすることができないときは、家庭裁判所は、父又は母の請求によって、協議に代わる審判をすることができる。

⑥ 子の利益のため必要があると認めるときは、家庭裁判所は、子の親族の請求によって、親権者を他の一方に変更することができる。

## 第2節　親権の効力

**（監護及び教育の権利義務）**

**第820条**　親権を行う者は、子の利益のために子の監護及び教育をする権利を有し、義務を負う。

**（居所の指定）**

**第821条**　子は、親権を行う者が指定した場所に、その居所を定めなければならない。

**（懲戒）**

**第822条**　親権を行う者は、第820条の規定による監護及び教育に必要な範囲内でその子を懲戒することができる。

**（職業の許可）**

**第823条**　子は、親権を行う者の許可を得なければ、職業を営むことができない。

② 親権を行う者は、第6条第2項の場合には、前項の許可を取り消し、又はこれを制限することができる。

**（財産の管理及び代表）**

**第824条**　親権を行う者は、子の財産を管理し、かつ、その財産に関する法律

第4編　親族

行為についてその子を代表する。ただし、その子の行為を目的とする債務を生ずべき場合には、本人の同意を得なければならない。

**（父母の一方が共同の名義でした行為の効力）**
**第825条** 父母が共同して親権を行う場合において、父母の一方が、共同の名義で、子に代わって法律行為をし又は子がこれをすることに同意したときは、その行為は、他の一方の意思に反したときであっても、そのためにその効力を妨げられない。ただし、相手方が悪意であったときは、この限りでない。

**（利益相反行為）**
**第826条** 親権を行う父又は母とその子との利益が相反する行為については、親権を行う者は、その子のために特別代理人を選任することを家庭裁判所に請求しなければならない。
② 親権を行う者が数人の子に対して親権を行う場合において、その1人と他の子との利益が相反する行為については、親権を行う者は、その一方のために特別代理人を選任することを家庭裁判所に請求しなければならない。

**（財産の管理における注意義務）**
**第827条** 親権を行う者は、自己のためにするのと同一の注意をもって、その管理権を行わなければならない。

**（財産の管理の計算）**
**第828条** 子が成年に達したときは、親権を行った者は、遅滞なくその管理の計算をしなければならない。ただし、その子の養育及び財産の管理の費用は、その子の財産の収益と相殺したものとみなす。
**第829条** 前条ただし書の規定は、無償

で子に財産を与える第三者が反対の意思を表示したときは、その財産については、これを適用しない。

**（第三者が無償で子に与えた財産の管理）**
**第830条** 無償で子に財産を与える第三者が、親権を行う父又は母にこれを管理させない意思を表示したときは、その財産は、父又は母の管理に属しないものとする。
② 前項の財産につき父母が共に管理権を有しない場合において、第三者が管理者を指定しなかったときは、家庭裁判所は、子、その親族又は検察官の請求によって、その管理者を選任する。
③ 第三者が管理者を指定したときであっても、その管理者の権限が消滅し、又はこれを改任する必要がある場合において、第三者が更に管理者を指定しないときも、前項と同様とする。
④ 第27条から第29条までの規定は、前2項の場合について準用する。

**（委任の規定の準用）**
**第831条** 第654条及び第655条の規定は、親権を行う者が子の財産を管理する場合及び前条の場合について準用する。

**（財産の管理について生じた親子間の債権の消滅時効）**
**第832条** 親権を行った者とその子との間に財産の管理について生じた債権は、その管理権が消滅した時から5年間これを行使しないときは、時効によって消滅する。
② 子がまだ成年に達しない間に管理権が消滅した場合において子に法定代理人がないときは、前項の期間は、その子が成年に達し、又は後任の法定代理人が就職した時から起算する。

（子に代わる親権の行使）

**第833条** 親権を行う者は、その親権に服する子に代わって親権を行う。

# 第3節 親権の喪失

（親権喪失の審判）

**第834条** 父又は母による虐待又は悪意の遺棄があるときその他父又は母による親権の行使が著しく困難又は不適当であることにより子の利益を著しく害するときは、家庭裁判所は、子、その親族、未成年後見人、未成年後見監督人又は検察官の請求により、その父又は母について、親権喪失の審判をすることができる。ただし、2年以内にその原因が消滅する見込みがあるときは、この限りでない。

（親権停止の審判）

**第834条の2** 父又は母による親権の行使が困難又は不適当であることにより子の利益を害するときは、家庭裁判所は、子、その親族、未成年後見人、未成年後見監督人又は検察官の請求により、その父又は母について、親権停止の審判をすることができる。

② 家庭裁判所は、親権停止の審判をするときは、その原因が消滅するまでに要すると見込まれる期間、子の心身の状態及び生活の状況その他一切の事情を考慮して、2年を超えない範囲内で、親権を停止する期間を定める。

（管理権喪失の審判）

**第835条** 父又は母による管理権の行使が困難又は不適当であることにより子の利益を害するときは、家庭裁判所は、子、その親族、未成年後見人、未成年後見監督人又は検察官の請求により、その父又は母について、管理権喪失の

審判をすることができる。

（親権喪失、親権停止又は管理権喪失の審判の取消し）

**第836条** 第834条本文、第834条の2第1項又は前条に規定する原因が消滅したときは、家庭裁判所は、本人又はその親族の請求によって、それぞれ親権喪失、親権停止又は管理権喪失の審判を取り消すことができる。

（親権又は管理権の辞任及び回復）

**第837条** 親権を行う父又は母は、やむを得ない事由があるときは、家庭裁判所の許可を得て、親権又は管理権を辞することができる。

② 前項の事由が消滅したときは、父又は母は、家庭裁判所の許可を得て、親権又は管理権を回復することができる。

# 第5章 後見

## 第1節 後見の開始

**第838条** 後見は、次に掲げる場合に開始する。

1 未成年者に対して親権を行う者がないとき、又は親権を行う者が管理権を有しないとき。

2 後見開始の審判があったとき。

## 第2節 後見の機関

### 第1款 後見人

（未成年後見人の指定）

**第839条** 未成年者に対して最後に親権を行う者は、遺言で、未成年後見人を指定することができる。ただし、管理権を有しない者は、この限りでない。

② 親権を行う父母の一方が管理権を有しないときは、他の一方は、前項の規

定により未成年後見人の指定をすることができる。

**（未成年後見人の選任）**

**第840条** 前条の規定により未成年後見人となるべき者がないときは、家庭裁判所は、未成年被後見人又はその親族その他の利害関係人の請求によって、未成年後見人を選任する。未成年後見人が欠けたときも、同様とする。

② 未成年後見人がある場合においても、家庭裁判所は、必要があると認めるときは、前項に規定する者若しくは未成年後見人の請求により又は職権で、更に未成年後見人を選任することができる。

③ 未成年後見人を選任するには、未成年被後見人の年齢、心身の状態並びに生活及び財産の状況、未成年後見人となる者の職業及び経歴並びに未成年被後見人との利害関係の有無（未成年後見人となる者が法人であるときは、その事業の種類及び内容並びにその法人及びその代表者と未成年被後見人との利害関係の有無）、未成年被後見人の意見その他一切の事情を考慮しなければならない。

**（父母による未成年後見人の選任の請求）**

**第841条** 父若しくは母が親権若しくは管理権を辞し、又は父若しくは母について親権喪失、親権停止若しくは管理権喪失の審判があったことによって未成年後見人を選任する必要が生じたときは、その父又は母は、遅滞なく未成年後見人の選任を家庭裁判所に請求しなければならない。

**第842条** 削除

**（成年後見人の選任）**

**第843条** 家庭裁判所は、後見開始の審判をするときは、職権で、成年後見人を選任する。

② 成年後見人が欠けたときは、家庭裁判所は、成年被後見人若しくはその親族その他の利害関係人の請求により又は職権で、成年後見人を選任する。

③ 成年後見人が選任されている場合においても、家庭裁判所は、必要があると認めるときは、前項に規定する者若しくは成年後見人の請求により又は職権で、更に成年後見人を選任することができる。

④ 成年後見人を選任するには、成年被後見人の心身の状態並びに生活及び財産の状況、成年後見人となる者の職業及び経歴並びに成年被後見人との利害関係の有無（成年後見人となる者が法人であるときは、その事業の種類及び内容並びにその法人及びその代表者と成年被後見人との利害関係の有無）、成年被後見人の意見その他一切の事情を考慮しなければならない。

**（後見人の辞任）**

**第844条** 後見人は、正当な事由があるときは、家庭裁判所の許可を得て、その任務を辞することができる。

**（辞任した後見人による新たな後見人の選任の請求）**

**第845条** 後見人がその任務を辞したことによって新たに後見人を選任する必要が生じたときは、その後見人は、遅滞なく新たな後見人の選任を家庭裁判所に請求しなければならない。

**（後見人の解任）**

**第846条** 後見人に不正な行為、著しい不行跡その他後見の任務に適しない事由があるときは、家庭裁判所は、後見監督人、被後見人若しくはその親族若しくは検察官の請求により又は職権で、

これを解任することができる。

**（後見人の欠格事由）**

**第847条** 次に掲げる者は、後見人となることができない。

1 未成年者

2 家庭裁判所で免ぜられた法定代理人、保佐人又は補助人

3 破産者

4 被後見人に対して訴訟をし、又はした者並びにその配偶者及び直系血族

5 行方の知れない者

### 第2款 後見監督人

**（未成年後見監督人の指定）**

**第848条** 未成年後見人を指定することができる者は、遺言で、未成年後見監督人を指定することができる。

**（後見監督人の選任）**

**第849条** 家庭裁判所は、必要があると認めるときは、被後見人、その親族若しくは後見人の請求により又は職権で、後見監督人を選任することができる。

**（後見監督人の欠格事由）**

**第850条** 後見人の配偶者、直系血族及び兄弟姉妹は、後見監督人となることができない。

**（後見監督人の職務）**

**第851条** 後見監督人の職務は、次のとおりとする。

1 後見人の事務を監督すること。

2 後見人が欠けた場合に、遅滞なくその選任を家庭裁判所に請求すること。

3 急迫の事情がある場合に、必要な処分をすること。

4 後見人又はその代表する者と被後見人との利益が相反する行為について被後見人を代表すること。

**（委任及び後見人の規定の準用）**

**第852条** 第644条、第654条、第655条、第844条、第846条、第847条、第861条第2項及び第862条の規定は後見監督人について、第840条第3項及び第857条の2の規定は未成年後見監督人について、第843条第4項、第859条の2及び第859条の3の規定は成年後見監督人について準用する。

## 第3節 後見の事務

**（財産の調査及び目録の作成）**

**第853条** 後見人は、遅滞なく被後見人の財産の調査に着手し、1箇月以内に、その調査を終わり、かつ、その目録を作成しなければならない。ただし、この期間は、家庭裁判所において伸長することができる。

② 財産の調査及びその目録の作成は、後見監督人があるときは、その立会いをもってしなければ、その効力を生じない。

**（財産の目録の作成前の権限）**

**第854条** 後見人は、財産の目録の作成を終わるまでは、急迫の必要がある行為のみをする権限を有する。ただし、これをもって善意の第三者に対抗することができない。

**（後見人の被後見人に対する債権又は債務の申出義務）**

**第855条** 後見人が、被後見人に対し、債権を有し、又は債務を負う場合において、後見監督人があるときは、財産の調査に着手する前に、これを後見監督人に申し出なければならない。

② 後見人が、被後見人に対し債権を有することを知ってこれを申し出ないと

第4編　親族

きは、その債権を失う。

**（被後見人が包括財産を取得した場合についての準用）**

**第856条** 前3条の規定は、後見人が就職した後被後見人が包括財産を取得した場合について準用する。

**（未成年被後見人の身上の監護に関する権利義務）**

**第857条** 未成年後見人は、第820条から第823条までに規定する事項について、親権を行う者と同一の権利義務を有する。ただし、親権を行う者が定めた教育の方法及び居所を変更し、営業を許可し、その許可を取り消し、又はこれを制限するには、未成年後見監督人があるときは、その同意を得なければならない。

**（未成年後見人が数人ある場合の権限の行使等）**

**第857条の2** 未成年後見人が数人あるときは、共同してその権限を行使する。

② 未成年後見人が数人あるときは、家庭裁判所は、職権で、その一部の者について、財産に関する権限のみを行使すべきことを定めることができる。

③ 未成年後見人が数人あるときは、家庭裁判所は、職権で、財産に関する権限について、各未成年後見人が単独で又は数人の未成年後見人が事務を分掌して、その権限を行使すべきことを定めることができる。

④ 家庭裁判所は、職権で、前2項の規定による定めを取り消すことができる。

⑤ 未成年後見人が数人あるときは、第三者の意思表示は、その1人に対してすれば足りる。

**（成年被後見人の意思の尊重及び身上の配慮）**

**第858条** 成年後見人は、成年被後見人の生活、療養看護及び財産の管理に関する事務を行うに当たっては、成年被後見人の意思を尊重し、かつ、その心身の状態及び生活の状況に配慮しなければならない。

**（財産の管理及び代表）**

**第859条** 後見人は、被後見人の財産を管理し、かつ、その財産に関する法律行為について被後見人を代表する。

② 第824条ただし書の規定は、前項の場合について準用する。

**（成年後見人が数人ある場合の権限の行使等）**

**第859条の2** 成年後見人が数人あるときは、家庭裁判所は、職権で、数人の成年後見人が、共同して又は事務を分掌して、その権限を行使すべきことを定めることができる。

② 家庭裁判所は、職権で、前項の規定による定めを取り消すことができる。

③ 成年後見人が数人あるときは、第三者の意思表示は、その1人に対してすれば足りる。

**（成年被後見人の居住用不動産の処分についての許可）**

**第859条の3** 成年後見人は、成年被後見人に代わって、その居住の用に供する建物又はその敷地について、売却、賃貸、賃貸借の解除又は抵当権の設定その他これらに準ずる処分をするには、家庭裁判所の許可を得なければならない。

**（利益相反行為）**

**第860条** 第826条の規定は、後見人について準用する。ただし、後見監督人

がある場合は、この限りでない。

**（成年後見人による郵便物等の管理）**

**第860条の2** 家庭裁判所は、成年後見人がその事務を行うに当たって必要があると認めるときは、成年後見人の請求により、信書の送達の事業を行う者に対し、期間を定めて、成年被後見人に宛てた郵便物又は民間事業者による信書の送達に関する法律（平成14年法律第99号）第2条第3項に規定する信書便物（次条において「郵便物等」という。）を成年後見人に配達すべき旨を嘱託することができる。

② 前項に規定する嘱託の期間は、6箇月を超えることができない。

③ 家庭裁判所は、第1項の規定による審判があった後事情に変更を生じたときは、成年被後見人、成年後見人若しくは成年後見監督人の請求により又は職権で、同項に規定する嘱託を取り消し、又は変更することができる。ただし、その変更の審判においては、同項の規定による審判において定められた期間を伸長することができない。

④ 成年後見人の任務が終了したときは、家庭裁判所は、第1項に規定する嘱託を取り消さなければならない。

**第860条の3** 成年後見人は、成年被後見人に宛てた郵便物等を受け取ったときは、これを開いて見ることができる。

② 成年後見人は、その受け取った前項の郵便物等で成年後見人の事務に関しないものは、速やかに成年被後見人に交付しなければならない。

③ 成年被後見人は、成年後見人に対し、成年後見人が受け取った第1項の郵便物等（前項の規定により成年被後見人に交付されたものを除く。）の閲覧を求めるこ

とができる。

**（支出金額の予定及び後見の事務の費用）**

**第861条** 後見人は、その就職の初めにおいて、被後見人の生活、教育又は療養看護及び財産の管理のために毎年支出すべき金額を予定しなければならない。

② 後見人が後見の事務を行うために必要な費用は、被後見人の財産の中から支弁する。

**（後見人の報酬）**

**第862条** 家庭裁判所は、後見人及び被後見人の資力その他の事情によって、被後見人の財産の中から、相当な報酬を後見人に与えることができる。

**（後見の事務の監督）**

**第863条** 後見監督人又は家庭裁判所は、いつでも、後見人に対し後見の事務の報告若しくは財産の目録の提出を求め、又は後見の事務若しくは被後見人の財産の状況を調査することができる。

② 家庭裁判所は、後見監督人、被後見人若しくはその親族その他の利害関係人の請求により又は職権で、被後見人の財産の管理その他後見の事務について必要な処分を命ずることができる。

**（後見監督人の同意を要する行為）**

**第864条** 後見人が、被後見人に代わって営業若しくは第13条第1項各号に掲げる行為をし、又は未成年被後見人がこれをすることに同意するには、後見監督人があるときは、その同意を得なければならない。ただし、同項第1号に掲げる元本の領収については、この限りでない。

**第865条** 後見人が、前条の規定に違反してし又は同意を与えた行為は、被後見人又は後見人が取り消すことができ

第4編　親族

る。この場合においては、第20条の規定を準用する。

② 前項の規定は、第121条から第126条までの規定の適用を妨げない。

**（被後見人の財産等の譲受けの取消し）**

**第866条** 後見人が被後見人の財産又は被後見人に対する第三者の権利を譲り受けたときは、被後見人は、これを取り消すことができる。この場合においては、第20条の規定を準用する。

② 前項の規定は、第121条から第126条までの規定の適用を妨げない。

**（未成年被後見人に代わる親権の行使）**

**第867条** 未成年後見人は、未成年被後見人に代わって親権を行う。

② 第853条から第857条まで及び第861条から前条までの規定は、前項の場合について準用する。

**（財産に関する権限のみを有する未成年後見人）**

**第868条** 親権を行う者が管理権を有しない場合には、未成年後見人は、財産に関する権限のみを有する。

**（委任及び親権の規定の準用）**

**第869条** 第644条及び第830条の規定は、後見について準用する。

# 第4節 後見の終了

**（後見の計算）**

**第870条** 後見人の任務が終了したときは、後見人又はその相続人は、2箇月以内にその管理の計算（以下「後見の計算」という。）をしなければならない。ただし、この期間は、家庭裁判所において伸長することができる。

**第871条** 後見の計算は、後見監督人があるときは、その立会いをもってしなければならない。

**（未成年被後見人と未成年後見人等との間の契約等の取消し）**

**第872条** 未成年被後見人が成年に達した後後見の計算の終了前に、その者と未成年後見人又はその相続人との間でした契約は、その者が取り消すことができる。その者が未成年後見人又はその相続人に対してした単独行為も、同様とする。

② 第20条及び第121条から第126条までの規定は、前項の場合について準用する。

**（返還金に対する利息の支払等）**

**第873条** 後見人が被後見人に返還すべき金額及び被後見人が後見人に返還すべき金額には、後見の計算が終了した時から、利息を付さなければならない。

② 後見人は、自己のために被後見人の金銭を消費したときは、その消費の時から、これに利息を付さなければならない。この場合において、なお損害があるときは、その賠償の責任を負う。

**（成年被後見人の死亡後の成年後見人の権限）**

**第873条の2** 成年後見人は、成年被後見人が死亡した場合において、必要があるときは、成年被後見人の相続人の意思に反することが明らかなときを除き、相続人が相続財産を管理することができるに至るまで、次に掲げる行為をすることができる。ただし、第3号に掲げる行為をするには、家庭裁判所の許可を得なければならない。

1 相続財産に属する特定の財産の保存に必要な行為

2 相続財産に属する債務（弁済期が到来しているものに限る。）の弁済

3 その死体の火葬又は埋葬に関する

契約の締結その他相続財産の保存に必要な行為（前2号に掲げる行為を除く。）

**（委任の規定の準用）**

**第874条** 第654条及び第655条の規定は、後見について準用する。

**（後見に関して生じた債権の消滅時効）**

**第875条** 第832条の規定は、後見人又は後見監督人と被後見人との間において後見に関して生じた債権の消滅時効について準用する。

② 前項の消滅時効は、第872条の規定により法律行為を取り消した場合には、その取消しの時から起算する。

# 第6章 保佐及び補助

## 第1節 保佐

**（保佐の開始）**

**第876条** 保佐は、保佐開始の審判によって開始する。

**（保佐人及び臨時保佐人の選任等）**

**第876条の2** 家庭裁判所は、保佐開始の審判をするときは、職権で、保佐人を選任する。

② 第843条第2項から第4項まで及び第844条から第847条までの規定は、保佐人について準用する。

③ 保佐人又はその代表する者と被保佐人との利益が相反する行為については、保佐人は、臨時保佐人の選任を家庭裁判所に請求しなければならない。ただし、保佐監督人がある場合は、この限りでない。

**（保佐監督人）**

**第876条の3** 家庭裁判所は、必要があると認めるときは、被保佐人、その親族若しくは保佐人の請求により又は職

権で、保佐監督人を選任することができる。

② 第644条、第654条、第655条、第843条第4項、第844条、第846条、第847条、第850条、第851条、第859条の2、第859条の3、第861条第2項及び第862条の規定は、保佐監督人について準用する。この場合において、第851条第4号中「被後見人を代表する」とあるのは、「被保佐人を代表し、又は被保佐人がこれをすることに同意する」と読み替えるものとする。

**（保佐人に代理権を付与する旨の審判）**

**第876条の4** 家庭裁判所は、第11条本文に規定する者又は保佐人若しくは保佐監督人の請求によって、被保佐人のために特定の法律行為について保佐人に代理権を付与する旨の審判をすることができる。

② 本人以外の者の請求によって前項の審判をするには、本人の同意がなければならない。

③ 家庭裁判所は、第1項に規定する者の請求によって、同項の審判の全部又は一部を取り消すことができる。

**（保佐の事務及び保佐人の任務の終了等）**

**第876条の5** 保佐人は、保佐の事務を行うに当たっては、被保佐人の意思を尊重し、かつ、その心身の状態及び生活の状況に配慮しなければならない。

② 第644条、第859条の2、第859条の3、第861条第2項、第862条及び第863条の規定は保佐の事務について、第824条ただし書の規定は保佐人が前条第1項の代理権を付与する旨の審判に基づき被保佐人を代表する場合について準用する。

③ 第654条、第655条、第870条、第

871 条及び第 873 条の規定は保佐人の任務が終了した場合について、第 832 条の規定は保佐人又は保佐監督人と被保佐人との間において保佐に関して生じた債権について準用する。

## 第 2 節　補助

（補助の開始）
**第 876 条の 6**　補助は、補助開始の審判によって開始する。

（補助人及び臨時補助人の選任等）
**第 876 条の 7**　家庭裁判所は、補助開始の審判をするときは、職権で、補助人を選任する。
②　第 843 条第 2 項から第 4 項まで及び第 844 条から第 847 条までの規定は、補助人について準用する。
③　補助人又はその代表する者と被補助人との利益が相反する行為については、補助人は、臨時補助人の選任を家庭裁判所に請求しなければならない。ただし、補助監督人がある場合は、この限りでない。

（補助監督人）
**第 876 条の 8**　家庭裁判所は、必要があると認めるときは、被補助人、その親族若しくは補助人の請求により又は職権で、補助監督人を選任することができる。
②　第 644 条、第 654 条、第 655 条、第 843 条第 4 項、第 844 条、第 846 条、第 847 条、第 850 条、第 851 条、第 859 条の 2、第 859 条の 3、第 861 条第 2 項及び第 862 条の規定は、補助監督人について準用する。この場合において、第 851 条第 4 号中「被後見人を代表する」とあるのは、「被補助人を代表し、又は被補助人がこれをすることに同意

する」と読み替えるものとする。

（補助人に代理権を付与する旨の審判）
**第 876 条の 9**　家庭裁判所は、第 15 条第 1 項本文に規定する者又は補助人若しくは補助監督人の請求によって、被補助人のために特定の法律行為について補助人に代理権を付与する旨の審判をすることができる。
②　第 876 条の 4 第 2 項及び第 3 項の規定は、前項の審判について準用する。

（補助の事務及び補助人の任務の終了等）
**第 876 条の 10**　第 644 条、第 859 条の 2、第 859 条の 3、第 861 条第 2 項、第 862 条、第 863 条及び第 876 条の 5 第 1 項の規定は補助の事務について、第 824 条ただし書の規定は補助人が前条第 1 項の代理権を付与する旨の審判に基づき被補助人を代表する場合について準用する。
②　第 654 条、第 655 条、第 870 条、第 871 条及び第 873 条の規定は補助人の任務が終了した場合について、第 832 条の規定は補助人又は補助監督人と被補助人との間において補助に関して生じた債権について準用する。

## 第 7 章　扶養

（扶養義務者）
**第 877 条**　直系血族及び兄弟姉妹は、互いに扶養をする義務がある。
②　家庭裁判所は、特別の事情があるときは、前項に規定する場合のほか、3 親等内の親族間においても扶養の義務を負わせることができる。
③　前項の規定による審判があった後事情に変更を生じたときは、家庭裁判所は、その審判を取り消すことができる。

・178・

（扶養の順位）

第878条　扶養をする義務のある者が数人ある場合において、扶養をすべき者の順序について、当事者間に協議が調わないとき、又は協議をすることができないときは、家庭裁判所が、これを定める。扶養を受ける権利のある者が数人ある場合において、扶養義務者の資力がその全員を扶養するのに足りないときの扶養を受けるべき者の順序についても、同様とする。

（扶養の程度又は方法）

第879条　扶養の程度又は方法について、当事者間に協議が調わないとき、又は協議をすることができないときは、扶養権利者の需要、扶養義務者の資力その他一切の事情を考慮して、家庭裁判所が、これを定める。

（扶養に関する協議又は審判の変更又は取消し）

第880条　扶養をすべき者若しくは扶養を受けるべき者の順序又は扶養の程度若しくは方法について協議又は審判があった後事情に変更を生じたときは、家庭裁判所は、その協議又は審判の変更又は取消しをすることができる。

（扶養請求権の処分の禁止）

第881条　扶養を受ける権利は、処分することができない。

第4編　親族

第 5 編

# 相　続

# 第1章　総則

**（相続開始の原因）**

**第882条**　相続は、死亡によって開始する。

**（相続開始の場所）**

**第883条**　相続は、被相続人の住所において開始する。

**（相続回復請求権）**

**第884条**　相続回復の請求権は、相続人又はその法定代理人が相続権を侵害された事実を知った時から5年間行使しないときは、時効によって消滅する。相続開始の時から20年を経過したときも、同様とする。

**（相続財産に関する費用）**

**第885条**　相続財産に関する費用は、その財産の中から支弁する。ただし、相続人の過失によるものは、この限りでない。

> 第885条〔同〕
> ②　前項の費用は、遺留分権利者が贈与の減殺によって得た財産をもって支弁することを要しない。

# 第2章　相続人

**（相続に関する胎児の権利能力）**

**第886条**　胎児は、相続については、既に生まれたものとみなす。

②　前項の規定は、胎児が死体で生まれたときは、適用しない。

**（子及びその代襲者等の相続権）**

**第887条**　被相続人の子は、相続人となる。

②　被相続人の子が、相続の開始以前に死亡したとき、又は第891条の規定に該当し、若しくは廃除によって、その相続権を失ったときは、その者の子がこれを代襲して相続人となる。ただし、被相続人の直系卑属でない者は、この限りでない。

③　前項の規定は、代襲者が、相続の開始以前に死亡し、又は第891条の規定に該当し、若しくは廃除によって、その代襲相続権を失った場合について準用する。

**第888条**　削除

**（直系尊属及び兄弟姉妹の相続権）**

**第889条**　次に掲げる者は、第887条の規定により相続人となるべき者がない場合には、次に掲げる順序の順位に従って相続人となる。

　1　被相続人の直系尊属。ただし、親等の異なる者の間では、その近い者を先にする。

　2　被相続人の兄弟姉妹

②　第887条第2項の規定は、前項第2号の場合について準用する。

**（配偶者の相続権）**

**第890条**　被相続人の配偶者は、常に相続人となる。この場合において、第887条又は前条の規定により相続人となるべき者があるときは、その者と同順位とする。

**（相続人の欠格事由）**

**第891条**　次に掲げる者は、相続人となることができない。

　1　故意に被相続人又は相続について先順位若しくは同順位にある者を死亡するに至らせ、又は至らせようとしたために、刑に処せられた者

　2　被相続人の殺害されたことを知って、これを告発せず、又は告訴しなかった者。ただし、その者に是非の弁別がないとき、又は殺害者が自己の配偶者若しくは直系血族であったときは、この限りでない。

　3　詐欺又は強迫によって、被相続人

が相続に関する遺言をし、撤回し、
取り消し、又は変更することを妨げ
た者
4　詐欺又は強迫によって、被相続人
に相続に関する遺言をさせ、撤回さ
せ、取り消させ、又は変更させた者
5　相続に関する被相続人の遺言書を
偽造し、変造し、破棄し、又は隠匿
した者

**（推定相続人の廃除）**
**第892条**　遺留分を有する推定相続人（相
続が開始した場合に相続人となるべき者を
いう。以下同じ。）が、被相続人に対し
て虐待をし、若しくはこれに重大な侮
辱を加えたとき、又は推定相続人にそ
の他の著しい非行があったときは、被
相続人は、その推定相続人の廃除を家
庭裁判所に請求することができる。

**（遺言による推定相続人の廃除）**
**第893条**　被相続人が遺言で推定相続人
を廃除する意思を表示したときは、遺
言執行者は、その遺言が効力を生じた
後、遅滞なく、その推定相続人の廃除
を家庭裁判所に請求しなければならな
い。この場合において、その推定相続
人の廃除は、被相続人の死亡の時にさ
かのぼってその効力を生ずる。

**（推定相続人の廃除の取消し）**
**第894条**　被相続人は、いつでも、推定
相続人の廃除の取消しを家庭裁判所に
請求することができる。
②　前条の規定は、推定相続人の廃除の
取消しについて準用する。

**（推定相続人の廃除に関する審判確定前
の遺産の管理）**
**第895条**　推定相続人の廃除又はその取
消しの請求があった後その審判が確定
する前に相続が開始したときは、家庭

裁判所は、親族、利害関係人又は検察
官の請求によって、遺産の管理につい
て必要な処分を命ずることができる。
推定相続人の廃除の遺言があったとき
も、同様とする。
②　第27条から第29条までの規定は、
前項の規定により家庭裁判所が遺産の
管理人を選任した場合について準用す
る。

# 第3章　相続の効力

## 第1節　総則

**（相続の一般的効力）**
**第896条**　相続人は、相続開始の時から、
被相続人の財産に属した一切の権利義
務を承継する。ただし、被相続人の一
身に専属したものは、この限りでない。

**（祭祀に関する権利の承継）**
**第897条**　系譜、祭具及び墳墓の所有権
は、前条の規定にかかわらず、慣習に
従って祖先の祭祀を主宰すべき者が承
継する。ただし、被相続人の指定に従
って祖先の祭祀を主宰すべき者がある
ときは、その者が承継する。
②　前項本文の場合において慣習が明ら
かでないときは、同項の権利を承継す
べき者は、家庭裁判所が定める。

**（共同相続の効力）**
**第898条**　相続人が数人あるときは、相
続財産は、その共有に属する。
**第899条**　各共同相続人は、その相続分
に応じて被相続人の権利義務を承継す
る。

☆**（共同相続における権利の承継の対抗
要件）**
**第899条の2**　相続による権利の承継は、
遺産の分割によるものかどうかにかか

第5編　相続

・183・

わらず、次条及び第901条の規定により算定した相続分を超える部分については、登記、登録その他の対抗要件を備えなければ、第三者に対抗することができない。

② 前項の権利が債権である場合において、次条及び第901条の規定により算定した相続分を超えて当該債権を承継した共同相続人が当該債権に係る遺言の内容（遺産の分割により当該債権を承継した場合にあっては、当該債権に係る遺産の分割の内容）を明らかにして債務者にその承継の通知をしたときは、共同相続人の全員が債務者に通知をしたものとみなして、同項の規定を適用する。

# 第2節 相続分

（法定相続分）

**第900条** 同順位の相続人が数人あるときは、その相続分は、次の各号の定めるところによる。

1 子及び配偶者が相続人であるときは、子の相続分及び配偶者の相続分は、各2分の1とする。

2 配偶者及び直系尊属が相続人であるときは、配偶者の相続分は、3分の2とし、直系尊属の相続分は、3分の1とする。

3 配偶者及び兄弟姉妹が相続人であるときは、配偶者の相続分は、4分の3とし、兄弟姉妹の相続分は、4分の1とする。

4 子、直系尊属又は兄弟姉妹が数人あるときは、各自の相続分は、相等しいものとする。ただし、父母の一方のみを同じくする兄弟姉妹の相続分は、父母の双方を同じくする兄弟姉妹の相続分の2分の1とする。

（代襲相続人の相続分）

**第901条** 第887条第2項又は第3項の規定により相続人となる直系卑属の相続分は、その直系尊属が受けるべきであったものと同じとする。ただし、直系卑属が数人あるときは、その各自の直系尊属が受けるべきであった部分について、前条の規定に従ってその相続分を定める。

② 前項の規定は、第889条第2項の規定により兄弟姉妹の子が相続人となる場合について準用する。

（遺言による相続分の指定）

**第902条** 被相続人は、前2条の規定にかかわらず、遺言で、共同相続人の相続分を定め、又はこれを定めることを第三者に委託することができる。

② 被相続人が、共同相続人中の1人若しくは数人の相続分のみを定め、又はこれを第三者に定めさせたときは、他の共同相続人の相続分は、前2条の規定により定める。

> 第902条 被相続人は、前2条の規定にかかわらず、遺言で、共同相続人の相続分を定め、又はこれを定めることを第三者に委託することができる。ただし、被相続人又は第三者は、遺留分に関する規定に違反することができない。
>
> ② 〔同〕

☆（相続分の指定がある場合の債権者の権利の行使）

**第902条の2** 被相続人が相続開始の時において有した債務の債権者は、前条の規定による相続分の指定がされた場合であっても、各共同相続人に対し、第900条及び第901条の規定により算定した相続分に応じてその権利を行使することができる。ただし、その債権

者が共同相続人の１人に対してその指定された相続分に応じた債務の承継を承認したときは、この限りでない。

**（特別受益者の相続分）**

**第903条** 共同相続人中に、被相続人から、遺贈を受け、又は婚姻若しくは養子縁組のため若しくは生計の資本として贈与を受けた者があるときは、被相続人が相続開始の時において有した財産の価額にその贈与の価額を加えたものを相続財産とみなし、第900条から第902条までの規定により算定した相続分の中からその遺贈又は贈与の価額を控除した残額をもってその者の相続分とする。

② 遺贈又は贈与の価額が、相続分の価額に等しく、又はこれを超えるときは、受遺者又は受贈者は、その相続分を受けることができない。

③ 被相続人が前２項の規定と異なった意思を表示したときは、その意思に従う。

④ 婚姻期間が20年以上の夫婦の一方である被相続人が、他の一方に対し、その居住の用に供する建物又はその敷地について遺贈又は贈与をしたときは、当該被相続人は、その遺贈又は贈与について第１項の規定を適用しない旨の意思を表示したものと推定する。

> 第903条 〔「第900条から第902条まで」は、改正法施行日前までは「前３条」〕
>
> ② 〔同〕
>
> ③ 〔「その意思に従う」は、改正法施行日前までは「その意思表示は、遺留分に関する規定に違反しない範囲内で、その効力を有する」〕
>
> 〔４項は新設規定〕

**第904条** 前条に規定する贈与の価額は、受贈者の行為によって、その目的である財産が減失し、又はその価格の増減があったときであっても、相続開始の時においてなお原状のままであるものとみなしてこれを定める。

**（寄与分）**

**第904条の2** 共同相続人中に、被相続人の事業に関する労務の提供又は財産上の給付、被相続人の療養看護その他の方法により被相続人の財産の維持又は増加について特別の寄与をした者があるときは、被相続人が相続開始の時において有した財産の価額から共同相続人の協議で定めたその者の寄与分を控除したものを相続財産とみなし、第900条から第902条までの規定により算定した相続分に寄与分を加えた額をもってその者の相続分とする。

② 前項の協議が調わないとき、又は協議をすることができないときは、家庭裁判所は、同項に規定する寄与をした者の請求により、寄与の時期、方法及び程度、相続財産の額その他一切の事情を考慮して、寄与分を定める。

③ 寄与分は、被相続人が相続開始の時において有した財産の価額から遺贈の価額を控除した残額を超えることができない。

④ 第２項の請求は、第907条第２項の規定による請求があった場合又は第910条に規定する場合にすることができる。

**（相続分の取戻権）**

**第905条** 共同相続人の１人が遺産の分割前にその相続分を第三者に譲り渡したときは、他の共同相続人は、その価額及び費用を償還して、その相続分を

第５編 相続

譲り受けることができる。

② 前項の権利は、1箇月以内に行使しなければならない。

## 第3節　遺産の分割

**（遺産の分割の基準）**

**第906条** 遺産の分割は、遺産に属する物又は権利の種類及び性質、各相続人の年齢、職業、心身の状態及び生活の状況その他一切の事情を考慮してこれをする。

☆**（遺産の分割前に遺産に属する財産が処分された場合の遺産の範囲）**

**第906条の2** 遺産の分割前に遺産に属する財産が処分された場合であっても、共同相続人は、その全員の同意により、当該処分された財産が遺産の分割時に遺産として存在するものとみなすことができる。

② 前項の規定にかかわらず、共同相続人の1人又は数人により同項の財産が処分されたときは、当該共同相続人については、同項の同意を得ることを要しない。

**（遺産の分割の協議又は審判等）**

**第907条** 共同相続人は、次条の規定により被相続人が遺言で禁じた場合を除き、いつでも、その協議で、遺産の全部又は一部の分割をすることができる。

② 遺産の分割について、共同相続人間に協議が調わないとき、又は協議をすることができないときは、各共同相続人は、その全部又は一部の分割を家庭裁判所に請求することができる。ただし、遺産の一部を分割することにより他の共同相続人の利益を害するおそれがある場合におけるその一部の分割については、この限りでない。

③ 前項本文の場合において特別の事由があるときは、家庭裁判所は、期間を定めて、遺産の全部又は一部について、その分割を禁ずることができる。

> 第907条 共同相続人は、次条の規定により被相続人が遺言で禁じた場合を除き、いつでも、その協議で、遺産の分割をすることができる。
>
> ② 遺産の分割について、共同相続人間に協議が調わないとき、又は協議をすることができないときは、各共同相続人は、その分割を家庭裁判所に請求することができる。
>
> ③ 前項の場合において特別の事由があるときは、家庭裁判所は、期間を定めて、遺産の全部又は一部について、その分割を禁ずることができる。

**（遺産の分割の方法の指定及び遺産の分割の禁止）**

**第908条** 被相続人は、遺言で、遺産の分割の方法を定め、若しくはこれを定めることを第三者に委託し、又は相続開始の時から5年を超えない期間を定めて、遺産の分割を禁ずることができる。

**（遺産の分割の効力）**

**第909条** 遺産の分割は、相続開始の時にさかのぼってその効力を生ずる。ただし、第三者の権利を害することはできない。

☆**（遺産の分割前における預貯金債権の行使）**

**第909条の2** 各共同相続人は、遺産に属する預貯金債権のうち相続開始の時の債権額の3分の1に第900条及び第901条の規定により算定した当該共同相続人の相続分を乗じた額（標準的な当面の必要生計費、平均的な葬式の費用の額その他の事情を勘案して預貯金債権の債務

者ごとに法務省令で定める額を限度とする。）については、単独でその権利を行使することができる。この場合において、当該権利の行使をした預貯金債権については、当該共同相続人が遺産の一部の分割によりこれを取得したものとみなす。

（相続の開始後に認知された者の価額の支払請求権）

第910条　相続の開始後認知によって相続人となった者が遺産の分割を請求しようとする場合において、他の共同相続人が既にその分割その他の処分をしたときは、価額のみによる支払の請求権を有する。

（共同相続人間の担保責任）

第911条　各共同相続人は、他の共同相続人に対して、売主と同じく、その相続分に応じて担保の責任を負う。

（遺産の分割によって受けた債権についての担保責任）

第912条　各共同相続人は、その相続分に応じ、他の共同相続人が遺産の分割によって受けた債権について、その分割の時における債務者の資力を担保する。

②　弁済期に至らない債権及び停止条件付きの債権については、各共同相続人は、弁済をすべき時における債務者の資力を担保する。

（資力のない共同相続人がある場合の担保責任の分担）

第913条　担保の責任を負う共同相続人中に償還をする資力のない者があるときは、その償還することができない部分は、求償者及び他の資力のある者が、それぞれその相続分に応じて分担する。ただし、求償者に過失があるときは、

他の共同相続人に対して分担を請求することができない。

（遺言による担保責任の定め）

第914条　前3条の規定は、被相続人が遺言で別段の意思を表示したときは、適用しない。

# 第4章　相続の承認及び放棄

## 第1節　総則

（相続の承認又は放棄をすべき期間）

第915条　相続人は、自己のために相続の開始があったことを知った時から3箇月以内に、相続について、単純若しくは限定の承認又は放棄をしなければならない。ただし、この期間は、利害関係人又は検察官の請求によって、家庭裁判所において、伸長することができる。

②　相続人は、相続の承認又は放棄をする前に、相続財産の調査をすることができる。

第916条　相続人が相続の承認又は放棄をしないで死亡したときは、前条第1項の期間は、その者の相続人が自己のために相続の開始があったことを知った時から起算する。

第917条　相続人が未成年者又は成年被後見人であるときは、第915条第1項の期間は、その法定代理人が未成年者又は成年被後見人のために相続の開始があったことを知った時から起算する。

（相続財産の管理）

第918条　相続人は、その固有財産におけるのと同一の注意をもって、相続財産を管理しなければならない。ただし、相続の承認又は放棄をしたときは、この限りでない。

② 家庭裁判所は、利害関係人又は検察官の請求によって、いつでも、相続財産の保存に必要な処分を命ずることができる。

③ 第27条から第29条までの規定は、前項の規定により家庭裁判所が相続財産の管理人を選任した場合について準用する。

**（相続の承認及び放棄の撤回及び取消し）**

**第919条** 相続の承認及び放棄は、第915条第1項の期間内でも、撤回することができない。

② 前項の規定は、第1編（総則）及び前編（親族）の規定により相続の承認又は放棄の取消しをすることを妨げない。

③ 前項の取消権は、追認をすることができる時から6箇月間行使しないときは、時効によって消滅する。相続の承認又は放棄の時から10年を経過したときも、同様とする。

④ 第2項の規定により限定承認又は相続の放棄の取消しをしようとする者は、その旨を家庭裁判所に申述しなければならない。

## 第2節 相続の承認

### 第1款 単純承認

**（単純承認の効力）**

**第920条** 相続人は、単純承認をしたときは、無限に被相続人の権利義務を承継する。

**（法定単純承認）**

**第921条** 次に掲げる場合には、相続人は、単純承認をしたものとみなす。

1 相続人が相続財産の全部又は一部を処分したとき。ただし、保存行為

及び第602条に定める期間を超えない賃貸をすることは、この限りでない。

2 相続人が第915条第1項の期間内に限定承認又は相続の放棄をしなかったとき。

3 相続人が、限定承認又は相続の放棄をした後であっても、相続財産の全部若しくは一部を隠匿し、私にこれを消費し、又は悪意でこれを相続財産の目録中に記載しなかったとき。ただし、その相続人が相続の放棄をしたことによって相続人となった者が相続の承認をした後は、この限りでない。

### 第2款 限定承認

**（限定承認）**

**第922条** 相続人は、相続によって得た財産の限度においてのみ被相続人の債務及び遺贈を弁済すべきことを留保して、相続の承認をすることができる。

**（共同相続人の限定承認）**

**第923条** 相続人が数人あるときは、限定承認は、共同相続人の全員が共同してのみこれをすることができる。

**（限定承認の方式）**

**第924条** 相続人は、限定承認をしようとするときは、第915条第1項の期間内に、相続財産の目録を作成して家庭裁判所に提出し、限定承認をする旨を申述しなければならない。

**（限定承認をしたときの権利義務）**

**第925条** 相続人が限定承認をしたときは、その被相続人に対して有した権利義務は、消滅しなかったものとみなす。

**（限定承認者による管理）**

**第926条** 限定承認者は、その固有財産

におけるのと同一の注意をもって、相続財産の管理を継続しなければならない。

② 第645条、第646条、第650条第1項及び第2項並びに第918条第2項及び第3項の規定は、前項の場合について準用する。

**（相続債権者及び受遺者に対する公告及び催告）**

**第927条** 限定承認者は、限定承認をした後5日以内に、すべての相続債権者（相続財産に属する債務の債権者をいう。以下同じ。）及び受遺者に対し、限定承認をしたこと及び一定の期間内にその請求の申出をすべき旨を公告しなければならない。この場合において、その期間は、2箇月を下ることができない。

② 前項の規定による公告には、相続債権者及び受遺者がその期間内に申出をしないときは弁済から除斥されるべき旨を付記しなければならない。ただし、限定承認者は、知れている相続債権者及び受遺者を除斥することができない。

③ 限定承認者は、知れている相続債権者及び受遺者には、各別にその申出の催告をしなければならない。

④ 第1項の規定による公告は、官報に掲載してする。

**（公告期間満了前の弁済の拒絶）**

**第928条** 限定承認者は、前条第1項の期間の満了前には、相続債権者及び受遺者に対して弁済を拒むことができる。

**（公告期間満了後の弁済）**

**第929条** 第927条第1項の期間が満了した後は、限定承認者は、相続財産をもって、その期間内に同項の申出をした相続債権者その他知れている相続債権者に、それぞれその債権額の割合に応じて弁済をしなければならない。ただし、優先権を有する債権者の権利を害することはできない。

**（期限前の債務等の弁済）**

**第930条** 限定承認者は、弁済期に至らない債権であっても、前条の規定に従って弁済をしなければならない。

② 条件付きの債権又は存続期間の不確定な債権は、家庭裁判所が選任した鑑定人の評価に従って弁済をしなければならない。

**（受遺者に対する弁済）**

**第931条** 限定承認者は、前2条の規定に従って各相続債権者に弁済をした後でなければ、受遺者に弁済をすることができない。

**（弁済のための相続財産の換価）**

**第932条** 前3条の規定に従って弁済をするにつき相続財産を売却する必要があるときは、限定承認者は、これを競売に付さなければならない。ただし、家庭裁判所が選任した鑑定人の評価に従い相続財産の全部又は一部の価額を弁済して、その競売を止めることができる。

**（相続債権者及び受遺者の換価手続への参加）**

**第933条** 相続債権者及び受遺者は、自己の費用で、相続財産の競売又は鑑定に参加することができる。この場合においては、第260条第2項の規定を準用する。

**（不当な弁済をした限定承認者の責任等）**

**第934条** 限定承認者は、第927条の公告若しくは催告をすることを怠り、又は同条第1項の期間内に相続債権者若しくは受遺者に弁済をしたことによって他の相続債権者若しくは受遺者に弁

済をすることができなくなったときは、これによって生じた損害を賠償する責任を負う。第929条から第931条までの規定に違反して弁済をしたときも、同様とする。

② 前項の規定は、情を知って不当に弁済を受けた相続債権者又は受遺者に対する他の相続債権者又は受遺者の求償を妨げない。

③ 第724条の規定は、前2項の場合について準用する。

（公告期間内に申出をしなかった相続債権者及び受遺者）

第935条 第927条第1項の期間内に同項の申出をしなかった相続債権者及び受遺者で限定承認者に知れなかったものは、残余財産についてのみその権利を行使することができる。ただし、相続財産について特別担保を有する者は、この限りでない。

（相続人が数人ある場合の相続財産の管理人）

第936条 相続人が数人ある場合には、家庭裁判所は、相続人の中から、相続財産の管理人を選任しなければならない。

② 前項の相続財産の管理人は、相続人のために、これに代わって、相続財産の管理及び債務の弁済に必要な一切の行為をする。

③ 第926条から前条までの規定は、第1項の相続財産の管理人について準用する。この場合において、第927条第1項中「限定承認をした後5日以内」とあるのは、「その相続財産の管理人の選任があった後10日以内」と読み替えるものとする。

（法定単純承認の事由がある場合の相続債権者）

第937条 限定承認をした共同相続人の1人又は数人について第921条第1号又は第3号に掲げる事由があるときは、相続債権者は、相続財産をもって弁済を受けることができなかった債権額について、当該共同相続人に対し、その相続分に応じて権利を行使することができる。

## 第3節 相続の放棄

（相続の放棄の方式）

第938条 相続の放棄をしようとする者は、その旨を家庭裁判所に申述しなければならない。

（相続の放棄の効力）

第939条 相続の放棄をした者は、その相続に関しては、初めから相続人とならなかったものとみなす。

（相続の放棄をした者による管理）

第940条 相続の放棄をした者は、その放棄によって相続人となった者が相続財産の管理を始めることができるまで、自己の財産におけるのと同一の注意をもって、その財産の管理を継続しなければならない。

② 第645条、第646条、第650条第1項及び第2項並びに第918条第2項及び第3項の規定は、前項の場合について準用する。

# 第5章 財産分離

（相続債権者又は受遺者の請求による財産分離）

第941条 相続債権者又は受遺者は、相続開始の時から3箇月以内に、相続人の財産の中から相続財産を分離するこ

とを家庭裁判所に請求することができる。相続財産が相続人の固有財産と混合しない間は、その期間の満了後も、同様とする。

② 家庭裁判所が前項の請求によって財産分離を命じたときは、その請求をした者は、5日以内に、他の相続債権者及び受遺者に対し、財産分離の命令があったこと及び一定の期間内に配当加入の申出をすべき旨を公告しなければならない。この場合において、その期間は、2箇月を下ることができない。

③ 前項の規定による公告は、官報に掲載してする。

**(財産分離の効力)**
**第942条** 財産分離の請求をした者及び前条第2項の規定により配当加入の申出をした者は、相続財産について、相続人の債権者に先立って弁済を受ける。

**(財産分離の請求後の相続財産の管理)**
**第943条** 財産分離の請求があったときは、家庭裁判所は、相続財産の管理について必要な処分を命ずることができる。

② 第27条から第29条までの規定は、前項の規定により家庭裁判所が相続財産の管理人を選任した場合について準用する。

**(財産分離の請求後の相続人による管理)**
**第944条** 相続人は、単純承認をした後でも、財産分離の請求があったときは、以後、その固有財産におけるのと同一の注意をもって、相続財産の管理をしなければならない。ただし、家庭裁判所が相続財産の管理人を選任したときは、この限りでない。

② 第645条から第647条まで並びに第650条第1項及び第2項の規定は、前

項の場合について準用する。

**(不動産についての財産分離の対抗要件)**
**第945条** 財産分離は、不動産については、その登記をしなければ、第三者に対抗することができない。

**(物上代位の規定の準用)**
**第946条** 第304条の規定は、財産分離の場合について準用する。

**(相続債権者及び受遺者に対する弁済)**
**第947条** 相続人は、第941条第1項及び第2項の期間の満了前には、相続債権者及び受遺者に対して弁済を拒むことができる。

② 財産分離の請求があったときは、相続人は、第941条第2項の期間の満了後に、相続財産をもって、財産分離の請求又は配当加入の申出をした相続債権者及び受遺者に、それぞれその債権額の割合に応じて弁済をしなければならない。ただし、優先権を有する債権者の権利を害することはできない。

③ 第930条から第934条までの規定は、前項の場合について準用する。

**(相続人の固有財産からの弁済)**
**第948条** 財産分離の請求をした者及び配当加入の申出をした者は、相続財産をもって全部の弁済を受けることができなかった場合に限り、相続人の固有財産についてその権利を行使することができる。この場合においては、相続人の債権者は、その者に先立って弁済を受けることができる。

**(財産分離の請求の防止等)**
**第949条** 相続人は、その固有財産をもって相続債権者若しくは受遺者に弁済をし、又はこれに相当の担保を供して、財産分離の請求を防止し、又はその効力を消滅させることができる。ただし、

相続人の債権者が、これによって損害を受けるべきことを証明して、異議を述べたときは、この限りでない。

**（相続人の債権者の請求による財産分離）**

**第950条** 相続人が限定承認をすることができる間又は相続財産が相続人の固有財産と混合しない間は、相続人の債権者は、家庭裁判所に対して財産分離の請求をすることができる。

② 第304条、第925条、第927条から第934条まで、第943条から第945条まで及び第948条の規定は、前項の場合について準用する。ただし、第927条の公告及び催告は、財産分離の請求をした債権者がしなければならない。

# 第6章　相続人の不存在

**（相続財産法人の成立）**

**第951条** 相続人のあることが明らかでないときは、相続財産は、法人とする。

**（相続財産の管理人の選任）**

**第952条** 前条の場合には、家庭裁判所は、利害関係人又は検察官の請求によって、相続財産の管理人を選任しなければならない。

② 前項の規定により相続財産の管理人を選任したときは、家庭裁判所は、遅滞なくこれを公告しなければならない。

**（不在者の財産の管理人に関する規定の準用）**

**第953条** 第27条から第29条までの規定は、前条第1項の相続財産の管理人（以下この章において単に「相続財産の管理人」という。）について準用する。

**（相続財産の管理人の報告）**

**第954条** 相続財産の管理人は、相続債権者又は受遺者の請求があるときは、その請求をした者に相続財産の状況を

報告しなければならない。

**（相続財産法人の不成立）**

**第955条** 相続人のあることが明らかになったときは、第951条の法人は、成立しなかったものとみなす。ただし、相続財産の管理人がその権限内でした行為の効力を妨げない。

**（相続財産の管理人の代理権の消滅）**

**第956条** 相続財産の管理人の代理権は、相続人が相続の承認をした時に消滅する。

② 前項の場合には、相続財産の管理人は、遅滞なく相続人に対して管理の計算をしなければならない。

**（相続債権者及び受遺者に対する弁済）**

**第957条** 第952条第2項の公告があった後2箇月以内に相続人のあることが明らかにならなかったときは、相続財産の管理人は、遅滞なく、すべての相続債権者及び受遺者に対し、一定の期間内にその請求の申出をすべき旨を公告しなければならない。この場合において、その期間は、2箇月を下ることができない。

② 第927条第2項から第4項まで及び第928条から第935条まで（第932条ただし書を除く。）の規定は、前項の場合について準用する。

**（相続人の捜索の公告）**

**第958条** 前条第1項の期間の満了後、なお相続人のあることが明らかでないときは、家庭裁判所は、相続財産の管理人又は検察官の請求によって、相続人があるならば一定の期間内にその権利を主張すべき旨を公告しなければならない。この場合において、その期間は、6箇月を下ることができない。

**（権利を主張する者がない場合）**

**第958条の2**　前条の期間内に相続人としての権利を主張する者がないときは、相続人並びに相続財産の管理人に知れなかった相続債権者及び受遺者は、その権利を行使することができない。

**（特別縁故者に対する相続財産の分与）**

**第958条の3**　前条の場合において、相当と認めるときは、家庭裁判所は、被相続人と生計を同じくしていた者、被相続人の療養看護に努めた者その他被相続人と特別の縁故があった者の請求によって、これらの者に、清算後残存すべき相続財産の全部又は一部を与えることができる。

②　前項の請求は、第958条の期間の満了後3箇月以内にしなければならない。

**（残余財産の国庫への帰属）**

**第959条**　前条の規定により処分されなかった相続財産は、国庫に帰属する。この場合においては、第956条第2項の規定を準用する。

# 第7章　遺言

## 第1節　総則

**（遺言の方式）**

**第960条**　遺言は、この法律に定める方式に従わなければ、することができない。

**（遺言能力）**

**第961条**　15歳に達した者は、遺言をすることができる。

**第962条**　第5条、第9条、第13条及び第17条の規定は、遺言については、適用しない。

**第963条**　遺言者は、遺言をする時においてその能力を有しなければならない。

**（包括遺贈及び特定遺贈）**

**第964条**　遺言者は、包括又は特定の名義で、その財産の全部又は一部を処分することができる。

> 第964条　遺言者は、包括又は特定の名義で、その財産の全部又は一部を処分することができる。ただし、遺留分に関する規定に違反することができない。

**（相続人に関する規定の準用）**

**第965条**　第886条及び第891条の規定は、受遺者について準用する。

**（被後見人の遺言の制限）**

**第966条**　被後見人が、後見の計算の終了前に、後見人又はその配偶者若しくは直系卑属の利益となるべき遺言をしたときは、その遺言は、無効とする。

②　前項の規定は、直系血族、配偶者又は兄弟姉妹が後見人である場合には、適用しない。

## 第2節　遺言の方式

### 第1款　普通の方式

**（普通の方式による遺言の種類）**

**第967条**　遺言は、自筆証書、公正証書又は秘密証書によってしなければならない。ただし、特別の方式によることを許す場合は、この限りでない。

**（自筆証書遺言）**

**第968条**　自筆証書によって遺言をするには、遺言者が、その全文、日付及び氏名を自書し、これに印を押さなければならない。

②　前項の規定にかかわらず、自筆証書にこれと一体のものとして相続財産（第997条第1項に規定する場合における同項に規定する権利を含む。）の全部又は一部の目録を添付する場合には、その目録に

ついては、自書することを要しない。この場合において、遺言者は、その目録の毎葉（自書によらない記載がその両面にある場合にあっては、その両面）に署名し、印を押さなければならない。

③　自筆証書（前項の目録を含む。）中の加除その他の変更は、遺言者が、その場所を指示し、これを変更した旨を付記して特にこれに署名し、かつ、その変更の場所に印を押さなければ、その効力を生じない。

> 第968条〔同〕
> 〔2項は新設規定〕
> ②　自筆証書中の加除その他の変更は、遺言者が、その場所を指示し、これを変更した旨を付記して特にこれに署名し、かつ、その変更の場所に印を押さなければ、その効力を生じない。〔③に繰下げ〕

**（公正証書遺言）**

**第969条**　公正証書によって遺言をするには、次に掲げる方式に従わなければならない。

1　証人2人以上の立会いがあること。
2　遺言者が遺言の趣旨を公証人に口授すること。
3　公証人が、遺言者の口述を筆記し、これを遺言者及び証人に読み聞かせ、又は閲覧させること。
4　遺言者及び証人が、筆記の正確なことを承認した後、各自これに署名し、印を押すこと。ただし、遺言者が署名することができない場合は、公証人がその事由を付記して、署名に代えることができる。
5　公証人が、その証書は前各号に掲げる方式に従って作ったものである旨を付記して、これに署名し、印を押すこと。

**（公正証書遺言の方式の特則）**

**第969条の2**　口がきけない者が公正証書によって遺言をする場合には、遺言者は、公証人及び証人の前で、遺言の趣旨を通訳人の通訳により申述し、又は自書して、前条第2号の口授に代えなければならない。この場合における同条第3号の規定の適用については、同号中「口述」とあるのは、「通訳人の通訳による申述又は自書」とする。

②　前条の遺言者又は証人が耳が聞こえない者である場合には、公証人は、同条第3号に規定する筆記した内容を通訳人の通訳により遺言者又は証人に伝えて、同号の読み聞かせに代えることができる。

③　公証人は、前2項に定める方式に従って公正証書を作ったときは、その旨をその証書に付記しなければならない。

**（秘密証書遺言）**

**第970条**　秘密証書によって遺言をするには、次に掲げる方式に従わなければならない。

1　遺言者が、その証書に署名し、印を押すこと。
2　遺言者が、その証書を封じ、証書に用いた印章をもってこれに封印すること。
3　遺言者が、公証人1人及び証人2人以上の前に封書を提出して、自己の遺言書である旨並びにその筆者の氏名及び住所を申述すること。
4　公証人が、その証書を提出した日付及び遺言者の申述を封紙に記載した後、遺言者及び証人とともにこれに署名し、印を押すこと。

②　第968条第3項の規定は、秘密証書による遺言について準用する。

第 970 条 〔同〕

② 第 968 条第 2 項の規定は、秘密証書による遺言について準用する。

**（方式に欠ける秘密証書遺言の効力）**

**第 971 条** 秘密証書による遺言は、前条に定める方式に欠けるものがあっても、第 968 条に定める方式を具備しているときは、自筆証書による遺言としてその効力を有する。

**（秘密証書遺言の方式の特則）**

**第 972 条** 口がきけない者が秘密証書によって遺言をする場合には、遺言者は、公証人及び証人の前で、その証書は自己の遺言書である旨並びにその筆者の氏名及び住所を通訳人の通訳により申述し、又は封紙に自書して、第 970 条第 1 項第 3 号の申述に代えなければならない。

② 前項の場合において、遺言者が通訳人の通訳により申述したときは、公証人は、その旨を封紙に記載しなければならない。

③ 第 1 項の場合において、遺言者が封紙に自書したときは、公証人は、その旨を封紙に記載して、第 970 条第 1 項第 4 号に規定する申述の記載に代えなければならない。

**（成年被後見人の遺言）**

**第 973 条** 成年被後見人が事理を弁識する能力を一時回復した時において遺言をするには、医師 2 人以上の立会いがなければならない。

② 遺言に立ち会った医師は、遺言者が遺言をする時において精神上の障害により事理を弁識する能力を欠く状態になかった旨を遺言書に付記して、これに署名し、印を押さなければならない。ただし、秘密証書による遺言にあっては、その封紙にその旨の記載をし、署名し、印を押さなければならない。

**（証人及び立会人の欠格事由）**

**第 974 条** 次に掲げる者は、遺言の証人又は立会人となることができない。

1 未成年者

2 推定相続人及び受遺者並びにこれらの配偶者及び直系血族

3 公証人の配偶者、4 親等内の親族、書記及び使用人

**（共同遺言の禁止）**

**第 975 条** 遺言は、2 人以上の者が同一の証書ですることができない。

## 第 2 款 特別の方式

**（死亡の危急に迫った者の遺言）**

**第 976 条** 疾病その他の事由によって死亡の危急に迫った者が遺言をしようとするときは、証人 3 人以上の立会いをもって、その 1 人に遺言の趣旨を口授して、これをすることができる。この場合においては、その口授を受けた者が、これを筆記して、遺言者及び他の証人に読み聞かせ、又は閲覧させ、各証人がその筆記の正確なことを承認した後、これに署名し、印を押さなければならない。

② 口がきけない者が前項の規定により遺言をする場合には、遺言者は、証人の前で、遺言の趣旨を通訳人の通訳により申述して、同項の口授に代えなければならない。

③ 第 1 項後段の遺言者又は他の証人が耳が聞こえない者である場合には、遺言の趣旨の口授又は申述を受けた者は、同項後段に規定する筆記した内容を通訳人の通訳によりその遺言者又は他の証人に伝えて、同項後段の読み聞かせ

に代えることができる。

④　前3項の規定によりした遺言は、遺言の日から20日以内に、証人の1人又は利害関係人から家庭裁判所に請求してその確認を得なければ、その効力を生じない。

⑤　家庭裁判所は、前項の遺言が遺言者の真意に出たものであるとの心証を得なければ、これを確認することができない。

**（伝染病隔離者の遺言）**

**第977条**　伝染病のため行政処分によって交通を断たれた場所に在る者は、警察官1人及び証人1人以上の立会いをもって遺言書を作ることができる。

**（在船者の遺言）**

**第978条**　船舶中に在る者は、船長又は事務員1人及び証人2人以上の立会いをもって遺言書を作ることができる。

**（船舶遭難者の遺言）**

**第979条**　船舶が遭難した場合において、当該船舶中に在って死亡の危急に迫った者は、証人2人以上の立会いをもって口頭で遺言をすることができる。

②　口がきけない者が前項の規定により遺言をする場合には、遺言者は、通訳人の通訳によりこれをしなければならない。

③　前2項の規定に従ってした遺言は、証人が、その趣旨を筆記して、これに署名し、印を押し、かつ、証人の1人又は利害関係人から遅滞なく家庭裁判所に請求してその確認を得なければ、その効力を生じない。

④　第976条第5項の規定は、前項の場合について準用する。

**（遺言関係者の署名及び押印）**

**第980条**　第977条及び第978条の場合

には、遺言者、筆者、立会人及び証人は、各自遺言書に署名し、印を押さなければならない。

**（署名又は押印が不能の場合）**

**第981条**　第977条から第979条までの場合において、署名又は印を押すことのできない者があるときは、立会人又は証人は、その事由を付記しなければならない。

**（普通の方式による遺言の規定の準用）**

**第982条**　第968条第3項及び第973条から第975条までの規定は、第976条から前条までの規定による遺言について準用する。

> 第982条　第968条第2項及び第973条から第975条までの規定は、第976条から前条までの規定による遺言について準用する。

**（特別の方式による遺言の効力）**

**第983条**　第976条から前条までの規定によりした遺言は、遺言者が普通の方式によって遺言をすることができるようになった時から6箇月間生存するときは、その効力を生じない。

**（外国に在る日本人の遺言の方式）**

**第984条**　日本の領事の駐在する地に在る日本人が公正証書又は秘密証書によって遺言をしようとするときは、公証人の職務は、領事が行う。

# 第3節　遺言の効力

**（遺言の効力の発生時期）**

**第985条**　遺言は、遺言者の死亡の時からその効力を生ずる。

②　遺言に停止条件を付した場合において、その条件が遺言者の死亡後に成就したときは、遺言は、条件が成就した時からその効力を生ずる。

**（遺贈の放棄）**

**第986条** 受遺者は、遺言者の死亡後、いつでも、遺贈の放棄をすることができる。

② 遺贈の放棄は、遺言者の死亡の時にさかのぼってその効力を生ずる。

**（受遺者に対する遺贈の承認又は放棄の催告）**

**第987条** 遺贈義務者（遺贈の履行をする義務を負う者をいう。以下この節において同じ。）その他の利害関係人は、受遺者に対し、相当の期間を定めて、その期間内に遺贈の承認又は放棄をすべき旨の催告をすることができる。この場合において、受遺者がその期間内に遺贈義務者に対してその意思を表示しないときは、遺贈を承認したものとみなす。

**（受遺者の相続人による遺贈の承認又は放棄）**

**第988条** 受遺者が遺贈の承認又は放棄をしないで死亡したときは、その相続人は、自己の相続権の範囲内で、遺贈の承認又は放棄をすることができる。ただし、遺言者がその遺言に別段の意思を表示したときは、その意思に従う。

**（遺贈の承認及び放棄の撤回及び取消し）**

**第989条** 遺贈の承認及び放棄は、撤回することができない。

② 第919条第2項及び第3項の規定は、遺贈の承認及び放棄について準用する。

**（包括受遺者の権利義務）**

**第990条** 包括受遺者は、相続人と同一の権利義務を有する。

**（受遺者による担保の請求）**

**第991条** 受遺者は、遺贈が弁済期に至らない間は、遺贈義務者に対して相当の担保を請求することができる。停止条件付きの遺贈についてその条件の成

否が未定である間も、同様とする。

**（受遺者による果実の取得）**

**第992条** 受遺者は、遺贈の履行を請求することができる時から果実を取得する。ただし、遺言者がその遺言に別段の意思を表示したときは、その意思に従う。

**（遺贈義務者による費用の償還請求）**

**第993条** 第299条の規定は、遺贈義務者が遺言者の死亡後に遺贈の目的物について費用を支出した場合について準用する。

② 果実を収取するために支出した通常の必要費は、果実の価格を超えない限度で、その償還を請求することができる。

**（受遺者の死亡による遺贈の失効）**

**第994条** 遺贈は、遺言者の死亡以前に受遺者が死亡したときは、その効力を生じない。

② 停止条件付きの遺贈については、受遺者がその条件の成就前に死亡したときも、前項と同様とする。ただし、遺言者がその遺言に別段の意思を表示したときは、その意思に従う。

**（遺贈の無効又は失効の場合の財産の帰属）**

**第995条** 遺贈が、その効力を生じないとき、又は放棄によってその効力を失ったときは、受遺者が受けるべきであったものは、相続人に帰属する。ただし、遺言者がその遺言に別段の意思を表示したときは、その意思に従う。

**（相続財産に属しない権利の遺贈）**

**第996条** 遺贈は、その目的である権利が遺言者の死亡の時において相続財産に属しなかったときは、その効力を生じない。ただし、その権利が相続財産

に属するかどうかにかかわらず、これを遺贈の目的としたものと認められるときは、この限りでない。

**第997条** 相続財産に属しない権利を目的とする遺贈が前条ただし書の規定により有効であるときは、遺贈義務者は、その権利を取得して受遺者に移転する義務を負う。

② 前項の場合において、同項に規定する権利を取得することができないとき、又はこれを取得するについて過分の費用を要するときは、遺贈義務者は、その価額を弁償しなければならない。ただし、遺言者がその遺言に別段の意思を表示したときは、その意思に従う。

☆ **（遺贈義務者の引渡義務）**

**第998条** 遺贈義務者は、遺贈の目的である物又は権利を、相続開始の時（その後に当該物又は権利について遺贈の目的として特定した場合にあっては、その特定した時）の状態で引き渡し、又は移転する義務を負う。ただし、遺言者がその遺言に別段の意思を表示したときは、その意思に従う。

（不特定物の遺贈義務者の担保責任）

第998条 不特定物を遺贈の目的とした場合において、受遺者がこれにつき第三者から追奪を受けたときは、遺贈義務者は、これに対して、売主と同じく、担保の責任を負う。

② 不特定物を遺贈の目的とした場合において、物に瑕疵があったときは、遺贈義務者は、瑕疵のない物をもってこれに代えなければならない。

**（遺贈の物上代位）**

**第999条** 遺言者が、遺贈の目的物の滅失若しくは変造又はその占有の喪失によって第三者に対して償金を請求する権利を有するときは、その権利を遺贈の目的としたものと推定する。

② 遺贈の目的物が、他の物と付合し、又は混和した場合において、遺言者が第243条から第245条までの規定により合成物又は混和物の単独所有者又は共有者となったときは、その全部の所有権又は持分を遺贈の目的としたものと推定する。

☆**第1000条** 削除

（第三者の権利の目的である財産の遺贈）

第1000条 遺贈の目的である物又は権利が遺言者の死亡の時において第三者の権利の目的であるときは、受遺者は、遺贈義務者に対しその権利を消滅させるべき旨を請求することができない。ただし、遺言者がその遺言に反対の意思を表示したときは、この限りでない。

**（債権の遺贈の物上代位）**

**第1001条** 債権を遺贈の目的とした場合において、遺言者が弁済を受け、かつ、その受け取った物がなお相続財産中に在るときは、その物を遺贈の目的としたものと推定する。

② 金銭を目的とする債権を遺贈の目的とした場合においては、相続財産中にその債権額に相当する金銭がないときであっても、その金額を遺贈の目的としたものと推定する。

**（負担付遺贈）**

**第1002条** 負担付遺贈を受けた者は、遺贈の目的の価額を超えない限度においてのみ、負担した義務を履行する責任を負う。

② 受遺者が遺贈の放棄をしたときは、負担の利益を受けるべき者は、自ら受遺者となることができる。ただし、遺言者がその遺言に別段の意思を表示し

たときは、その意思に従う。

**（負担付遺贈の受遺者の免責）**

**第1003条** 負担付遺贈の目的の価額が相続の限定承認又は遺留分回復の訴えによって減少したときは、受遺者は、その減少の割合に応じて、その負担した義務を免れる。ただし、遺言者がその遺言に別段の意思を表示したときは、その意思に従う。

# 第4節 遺言の執行

**（遺言書の検認）**

**第1004条** 遺言書の保管者は、相続の開始を知った後、遅滞なく、これを家庭裁判所に提出して、その検認を請求しなければならない。遺言書の保管者がない場合において、相続人が遺言書を発見した後も、同様とする。

② 前項の規定は、公正証書による遺言については、適用しない。

③ 封印のある遺言書は、家庭裁判所において相続人又はその代理人の立会いがなければ、開封することができない。

**（過料）**

**第1005条** 前条の規定により遺言書を提出することを怠り、その検認を経ないで遺言を執行し、又は家庭裁判所外においてその開封をした者は、5万円以下の過料に処する。

**（遺言執行者の指定）**

**第1006条** 遺言者は、遺言で、1人又は数人の遺言執行者を指定し、又はその指定を第三者に委託することができる。

② 遺言執行者の指定の委託を受けた者は、遅滞なく、その指定をして、これを相続人に通知しなければならない。

③ 遺言執行者の指定の委託を受けた者

がその委託を辞そうとするときは、遅滞なくその旨を相続人に通知しなければならない。

**（遺言執行者の任務の開始）**

**第1007条** 遺言執行者が就職を承諾したときは、直ちにその任務を行わなければならない。

② 遺言執行者は、その任務を開始したときは、遅滞なく、遺言の内容を相続人に通知しなければならない。

> 第1007条 〔同〕
> 〔2項は新設規定〕

**（遺言執行者に対する就職の催告）**

**第1008条** 相続人その他の利害関係人は、遺言執行者に対し、相当の期間を定めて、その期間内に就職を承諾するかどうかを確答すべき旨の催告をすることができる。この場合において、遺言執行者が、その期間内に相続人に対して確答をしないときは、就職を承諾したものとみなす。

**（遺言執行者の欠格事由）**

**第1009条** 未成年者及び破産者は、遺言執行者となることができない。

**（遺言執行者の選任）**

**第1010条** 遺言執行者がないとき、又はなくなったときは、家庭裁判所は、利害関係人の請求によって、これを選任することができる。

**（相続財産の目録の作成）**

**第1011条** 遺言執行者は、遅滞なく、相続財産の目録を作成して、相続人に交付しなければならない。

② 遺言執行者は、相続人の請求があるときは、その立会いをもって相続財産の目録を作成し、又は公証人にこれを作成させなければならない。

**（遺言執行者の権利義務）**

**第1012条** 遺言執行者は、遺言の内容を実現するため、相続財産の管理その他遺言の執行に必要な一切の行為をする権利義務を有する。

② 遺言執行者がある場合には、遺贈の履行は、遺言執行者のみが行うことができる。

③ 第644条、第645条から第647条まで及び第650条の規定は、遺言執行者について準用する。

> 第1012条 遺言執行者は、相続財産の管理その他遺言の執行に必要な一切の行為をする権利義務を有する。
> 〔2項は新設規定〕
> ② 第644条から第647条まで及び第650条の規定は、遺言執行者について準用する。
> 〔③に繰下げ〕

**（遺言の執行の妨害行為の禁止）**

**第1013条** 遺言執行者がある場合には、相続人は、相続財産の処分その他遺言の執行を妨げるべき行為をすることができない。

② 前項の規定に違反してした行為は、無効とする。ただし、これをもって善意の第三者に対抗することができない。

③ 前2項の規定は、相続人の債権者（相続債権者を含む。）が相続財産についてその権利を行使することを妨げない。

> 第1013条 〔同〕
> 〔2項・3項は新設規定〕

**（特定財産に関する遺言の執行）**

**第1014条** 前3条の規定は、遺言が相続財産のうち特定の財産に関する場合には、その財産についてのみ適用する。

② 遺産の分割の方法の指定として遺産に属する特定の財産を共同相続人の1人又は数人に承継させる旨の遺言（以下「特定財産承継遺言」という。）があったときは、遺言執行者は、当該共同相続人が第899条の2第1項に規定する対抗要件を備えるために必要な行為をすることができる。

③ 前項の財産が預貯金債権である場合には、遺言執行者は、同項に規定する行為のほか、その預金又は貯金の払戻しの請求及びその預金又は貯金に係る契約の解約の申入れをすることができる。ただし、解約の申入れについては、その預貯金債権の全部が特定財産承継遺言の目的である場合に限る。

④ 前2項の規定にかかわらず、被相続人が遺言で別段の意思を表示したときは、その意思に従う。

> 第1014条 〔同〕
> 〔2項～4項は新設規定〕

☆ **（遺言執行者の行為の効果）**

**第1015条** 遺言執行者がその権限内において遺言執行者であることを示してした行為は、相続人に対して直接にその効力を生ずる。

> （遺言執行者の地位）
> 第1015条 遺言執行者は、相続人の代理人とみなす。

☆ **（遺言執行者の復任権）**

**第1016条** 遺言執行者は、自己の責任で第三者にその任務を行わせることができる。ただし、遺言者がその遺言に別段の意思を表示したときは、その意思に従う。

② 前項本文の場合において、第三者に任務を行わせることについてやむを得ない事由があるときは、遺言執行者は、相続人に対してその選任及び監督についての責任のみを負う。

> 第1016条 遺言執行者は、やむを得ない事

由がなければ、第三者にその任務を行わせ
ることができない。ただし、遺言者がその
遺言に反対の意思を表示したときは、この
限りでない。

② 遺言執行者が前項ただし書の規定により
第三者にその任務を行わせる場合には、相
続人に対して、第105条に規定する責任を
負う。

**（遺言執行者が数人ある場合の任務の執行）**

**第1017条** 遺言執行者が数人ある場合
には、その任務の執行は、過半数で決
する。ただし、遺言者がその遺言に別
段の意思を表示したときは、その意思
に従う。

② 各遺言執行者は、前項の規定にかか
わらず、保存行為をすることができる。

**（遺言執行者の報酬）**

**第1018条** 家庭裁判所は、相続財産の
状況その他の事情によって遺言執行者
の報酬を定めることができる。ただし、
遺言者がその遺言に報酬を定めたとき
は、この限りでない。

② 第648条第2項及び第3項並びに第
648条の2の規定は、遺言執行者が報
酬を受けるべき場合について準用する。

> 第1018条 〔同〕
> ② 第648条第2項及び第3項の規定は、遺
> 言執行者が報酬を受けるべき場合について
> 準用する。

**（遺言執行者の解任及び辞任）**

**第1019条** 遺言執行者がその任務を怠
ったときその他正当な事由があるとき
は、利害関係人は、その解任を家庭裁
判所に請求することができる。

② 遺言執行者は、正当な事由があると
きは、家庭裁判所の許可を得て、その
任務を辞することができる。

**（委任の規定の準用）**

**第1020条** 第654条及び第655条の規
定は、遺言執行者の任務が終了した場
合について準用する。

**（遺言の執行に関する費用の負担）**

**第1021条** 遺言の執行に関する費用は、
相続財産の負担とする。ただし、これ
によって遺留分を減ずることができな
い。

# 第5節　遺言の撤回及び取消し

**（遺言の撤回）**

**第1022条** 遺言者は、いつでも、遺言
の方式に従って、その遺言の全部又は
一部を撤回することができる。

**（前の遺言と後の遺言との抵触等）**

**第1023条** 前の遺言が後の遺言と抵触
するときは、その抵触する部分につい
ては、後の遺言で前の遺言を撤回した
ものとみなす。

② 前項の規定は、遺言が遺言後の生前
処分その他の法律行為と抵触する場合
について準用する。

**（遺言書又は遺贈の目的物の破棄）**

**第1024条** 遺言者が故意に遺言書を破
棄したときは、その破棄した部分につ
いては、遺言を撤回したものとみなす。
遺言者が故意に遺贈の目的物を破棄し
たときも、同様とする。

**（撤回された遺言の効力）**

**第1025条** 前3条の規定により撤回さ
れた遺言は、その撤回の行為が、撤回
され、取り消され、又は効力を生じな
くなるに至ったときであっても、その
効力を回復しない。ただし、その行為
が錯誤、詐欺又は強迫による場合は、
この限りでない。

> 第1025条　前3条の規定により撤回された遺言は、その撤回の行為が、撤回され、取り消され、又は効力を生じなくなるに至ったときであっても、その効力を回復しない。ただし、その行為が詐欺又は強迫による場合は、この限りでない。

**（遺言の撤回権の放棄の禁止）**

第**1026**条　遺言者は、その遺言を撤回する権利を放棄することができない。

**（負担付遺贈に係る言の取消し）**

第**1027**条　負担付遺贈を受けた者がその負担した義務を履行しないときは、相続人は、相当の期間を定めてその履行の催告をすることができる。この場合において、その期間内に履行がないときは、その負担付遺贈に係る遺言の取消しを家庭裁判所に請求することができる。

## ☆第**8**章　配偶者の居住の権利

## ☆第**1**節　配偶者居住権

### ☆（配偶者居住権）

第**1028**条　被相続人の配偶者（以下この章において単に「配偶者」という。）は、被相続人の財産に属した建物に相続開始の時に居住していた場合において、次の各号のいずれかに該当するときは、その居住していた建物（以下この節において「居住建物」という。）の全部について無償で使用及び収益をする権利（以下この章において「配偶者居住権」という。）を取得する。ただし、被相続人が相続開始の時に居住建物を配偶者以外の者と共有していた場合にあっては、この限りでない。

1　遺産の分割によって配偶者居住権

を取得するものとされたとき。

2　配偶者居住権が遺贈の目的とされたとき。

② 居住建物が配偶者の財産に属することとなった場合であっても、他の者がその共有持分を有するときは、配偶者居住権は、消滅しない。

③ 第903条第4項の規定は、配偶者居住権の遺贈について準用する。

### ☆（審判による配偶者居住権の取得）

第**1029**条　遺産の分割の請求を受けた家庭裁判所は、次に掲げる場合に限り、配偶者が配偶者居住権を取得する旨を定めることができる。

1　共同相続人間に配偶者が配偶者居住権を取得することについて合意が成立しているとき。

2　配偶者が家庭裁判所に対して配偶者居住権の取得を希望する旨を申し出た場合において、居住建物の所有者の受ける不利益の程度を考慮してもなお配偶者の生活を維持するために特に必要があると認めるとき（前号に掲げる場合を除く。）。

### ☆（配偶者居住権の存続期間）

第**1030**条　配偶者居住権の存続期間は、配偶者の終身の間とする。ただし、遺産の分割の協議若しくは遺言に別段の定めがあるとき、又は家庭裁判所が遺産の分割の審判において別段の定めをしたときは、その定めるところによる。

### ☆（配偶者居住権の登記等）

第**1031**条　居住建物の所有者は、配偶者（配偶者居住権を取得した配偶者に限る。以下この節において同じ。）に対し、配偶者居住権の設定の登記を備えさせる義務を負う。

② 第605条の規定は配偶者居住権につ

いて、第605条の4の規定は配偶者居住権の設定の登記を備えた場合について準用する。

☆（配偶者による使用及び収益）

第1032条　配偶者は、従前の用法に従い、善良な管理者の注意をもって、居住建物の使用及び収益をしなければならない。ただし、従前居住の用に供していなかった部分について、これを居住の用に供することを妨げない。

②　配偶者居住権は、譲渡することができない。

③　配偶者は、居住建物の所有者の承諾を得なければ、居住建物の改築若しくは増築をし、又は第三者に居住建物の使用若しくは収益をさせることができない。

④　配偶者が第1項又は前項の規定に違反した場合において、居住建物の所有者が相当の期間を定めてその是正の催告をし、その期間内に是正がされないときは、居住建物の所有者は、当該配偶者に対する意思表示によって配偶者居住権を消滅させることができる。

☆（居住建物の修繕等）

第1033条　配偶者は、居住建物の使用及び収益に必要な修繕をすることができる。

②　居住建物の修繕が必要である場合において、配偶者が相当の期間内に必要な修繕をしないときは、居住建物の所有者は、その修繕をすることができる。

③　居住建物が修繕を要するとき（第1項の規定により配偶者が自らその修繕をするときを除く。）、又は居住建物について権利を主張する者があるときは、配偶者は、居住建物の所有者に対し、遅滞なくその旨を通知しなければならない。

ただし、居住建物の所有者が既にこれを知っているときは、この限りでない。

☆（居住建物の費用の負担）

第1034条　配偶者は、居住建物の通常の必要費を負担する。

②　第583条第2項の規定は、前項の通常の必要費以外の費用について準用する。

☆（居住建物の返還等）

第1035条　配偶者は、配偶者居住権が消滅したときは、居住建物の返還をしなければならない。ただし、配偶者が居住建物について共有持分を有する場合は、居住建物の所有者は、配偶者居住権が消滅したことを理由としては、居住建物の返還を求めることができない。

②　第599条第1項及び第2項並びに第621条の規定は、前項本文の規定により配偶者が相続の開始後に附属させた物がある居住建物又は相続の開始後に生じた損傷がある居住建物の返還をする場合について準用する。

☆（使用貸借及び賃貸借の規定の準用）

第1036条　第597条第1項及び第3項、第600条、第613条並びに第616条の2の規定は、配偶者居住権について準用する。

## ☆第2節　配偶者短期居住権

☆（配偶者短期居住権）

第1037条　配偶者は、被相続人の財産に属した建物に相続開始の時に無償で居住していた場合には、次の各号に掲げる区分に応じてそれぞれ当該各号に定める日までの間、その居住していた建物（以下この節において「居住建物」という。）の所有権を相続又は遺贈により

第5編　相続

取得した者（以下この節において「居住建物取得者」という。）に対し、居住建物について無償で使用する権利（居住建物の一部のみを無償で使用していた場合にあっては、その部分について無償で使用する権利。以下この節において「配偶者短期居住権」という。）を有する。ただし、配偶者が、相続開始の時において居住建物に係る配偶者居住権を取得したとき、又は第891条の規定に該当し若しくは廃除によってその相続権を失ったときは、この限りでない。

1　居住建物について配偶者を含む共同相続人間で遺産の分割をすべき場合　遺産の分割により居住建物の帰属が確定した日又は相続開始の時から6箇月を経過する日のいずれか遅い日

2　前号に掲げる場合以外の場合　第3項の申入れの日から6箇月を経過する日

②　前項本文の場合においては、居住建物取得者は、第三者に対する居住建物の譲渡その他の方法により配偶者の居住建物の使用を妨げてはならない。

③　居住建物取得者は、第1項第1号に掲げる場合を除くほか、いつでも配偶者短期居住権の消滅の申入れをすることができる。

☆（配偶者による使用）

**第1038条**　配偶者（配偶者短期居住権を有する配偶者に限る。以下この節において同じ。）は、従前の用法に従い、善良な管理者の注意をもって、居住建物の使用をしなければならない。

②　配偶者は、居住建物取得者の承諾を得なければ、第三者に居住建物の使用をさせることができない。

③　配偶者が前2項の規定に違反したときは、居住建物取得者は、当該配偶者に対する意思表示によって配偶者短期居住権を消滅させることができる。

☆（配偶者居住権の取得による配偶者短期居住権の消滅）

**第1039条**　配偶者が居住建物に係る配偶者居住権を取得したときは、配偶者短期居住権は、消滅する。

☆（居住建物の返還等）

**第1040条**　配偶者は、前条に規定する場合を除き、配偶者短期居住権が消滅したときは、居住建物の返還をしなければならない。ただし、配偶者が居住建物について共有持分を有する場合は、居住建物取得者は、配偶者短期居住権が消滅したことを理由としては、居住建物の返還を求めることができない。

②　第599条第1項及び第2項並びに第621条の規定は、前項本文の規定により配偶者が相続の開始後に附属させた物がある居住建物又は相続の開始後に生じた損傷がある居住建物の返還をする場合について準用する。

☆（使用貸借等の規定の準用）

**第1041条**　第597条第3項、第600条、第616条の2、第1032条第2項、第1033条及び第1034条の規定は、配偶者短期居住権について準用する。

# 第9章　遺留分

**（遺留分の帰属及びその割合）**

**第1042条**　兄弟姉妹以外の相続人は、遺留分として、次条第1項に規定する遺留分を算定するための財産の価額に、次の各号に掲げる区分に応じてそれぞれ当該各号に定める割合を乗じた額を受ける。

1 直系尊属のみが相続人である場合　3分の1

2 前号に掲げる場合以外の場合　2分の1

② 相続人が数人ある場合には、前項各号に定める割合は、これらに第900条及び第901条の規定により算定したその各自の相続分を乗じた割合とする。

> 第1028条　兄弟姉妹以外の相続人は、遺留分として、次の各号に掲げる区分に応じてそれぞれ当該各号に定める割合に相当する額を受ける。
>
> 　1　直系尊属のみが相続人である場合　被相続人の財産の3分の1
>
> 　2　前号に掲げる場合以外の場合　被相続人の財産の2分の1〔第1042条に繰下げ〕
>
> 〔2項は新設規定〕

### （遺留分を算定するための財産の価額）

**第1043条**　遺留分を算定するための財産の価額は、被相続人が相続開始の時において有した財産の価額にその贈与した財産の価額を加えた額から債務の全額を控除した額とする。

② 条件付きの権利又は存続期間の不確定な権利は、家庭裁判所が選任した鑑定人の評価に従って、その価格を定める。

> （遺留分の算定）
>
> 第1029条　遺留分は、被相続人が相続開始の時において有した財産の価額にその贈与した財産の価額を加えた額から債務の全額を控除して、これを算定する。〔第1043条に繰下げ〕
>
> ②　〔同〕

**第1044条**　贈与は、相続開始前の1年間にしたものに限り、前条の規定によりその価額を算入する。当事者双方が遺留分権利者に損害を加えることを知って贈与をしたときは、1年前の日より前にしたものについても、同様とする。

② 第904条の規定は、前項に規定する贈与の価額について準用する。

③ 相続人に対する贈与についての第1項の規定の適用については、同項中「1年」とあるのは「10年」と、「価額」とあるのは「価額（婚姻若しくは養子縁組のため又は生計の資本として受けた贈与の価額に限る。）」とする。

> 第1030条　〔第1044条に繰下げ〕
>
> 〔2項・3項は新設規定〕

**第1045条**　負担付贈与がされた場合における第1043条第1項に規定する贈与した財産の価額は、その目的の価額から負担の価額を控除した額とする。

② 不相当な対価をもってした有償行為は、当事者双方が遺留分権利者に損害を加えることを知ってしたものに限り、当該対価を負担の価額とする負担付贈与とみなす。

> ★（負担付贈与の減殺請求）
>
> 第1038条　負担付贈与は、その目的の価額から負担の価額を控除したものについて、その減殺を請求することができる。
>
> - - - - - - - - - - - - - - - - - - -
>
> （不相当な対価による有償行為）
>
> 第1039条　不相当な対価をもってした有償行為は、当事者双方が遺留分権利者に損害を加えることを知ってしたものに限り、これを贈与とみなす。この場合において、遺留分権利者がその減殺を請求するときは、その対価を償還しなければならない。〔②に繰下げ（1項は新設規定）〕〔第1045条に繰下げ〕
>
> ★（受贈者が贈与の目的を譲渡した場合等）
>
> 第1040条　減殺を受けるべき受贈者が贈与

第5編　相続

の目的を他人に譲り渡したときは、遺留分
権利者にその価額を弁償しなければならな
い。ただし、譲受人が譲渡の時において遺
留分権利者に損害を加えることを知ってい
たときは、遺留分権利者は、これに対して
も減殺を請求することができる。

② 前項の規定は、受贈者が贈与の目的につ
き権利を設定した場合について準用する。

★ （遺留分権利者に対する価額による弁償）

第1041条 受贈者及び受遺者は、減殺を受
けるべき限度において、贈与又は遺贈の目
的の価額を遺留分権利者に弁償して返還の
義務を免れることができる。

② 前項の規定は、前条第１項ただし書の場
合について準用する。

## ☆ （遺留分侵害額の請求）

**第1046条** 遺留分権利者及びその承継
人は、受遺者（特定財産承継遺言により財
産を承継し又は相続分の指定を受けた相続
人を含む。以下この章において同じ。）又は
受贈者に対し、遺留分侵害額に相当す
る金銭の支払を請求することができる。

② 遺留分侵害額は、第1042条の規定
による遺留分から第１号及び第２号に
掲げる額を控除し、これに第３号に掲
げる額を加算して算定する。

1 遺留分権利者が受けた遺贈又は第
903条第１項に規定する贈与の価額

2 第900条から第902条まで、第
903条及び第904条の規定により算
定した相続分に応じて遺留分権利者
が取得すべき遺産の価額

3 被相続人が相続開始の時において
有した債務のうち、第899条の規定
により遺留分権利者が承継する債務
（次条第３項において「遺留分権利者承
継債務」という。）の額

★ （遺贈又は贈与の減殺請求）

第1031条 遺留分権利者及びその承継人は、
遺留分を保全するのに必要な限度で、遺贈
及び前条に規定する贈与の減殺を請求する
ことができる。

## ☆ （受遺者又は受贈者の負担額）

**第1047条** 受遺者又は受贈者は、次の
各号の定めるところに従い、遺贈（特
定財産承継遺言による財産の承継又は相続
分の指定による遺産の取得を含む。以下こ
の章において同じ。）又は贈与（遺留分を
算定するための財産の価額に算入されるも
のに限る。以下この章において同じ。）の目
的の価額（受遺者又は受贈者が相続人であ
る場合にあっては、当該価額から第1042条
の規定による遺留分として当該相続人が受
けるべき額を控除した額）を限度として、
遺留分侵害額を負担する。

1 受遺者と受贈者とがあるときは、
受遺者が先に負担する。

2 受遺者が複数あるとき、又は受贈
者が複数ある場合においてその贈与
が同時にされたものであるときは、
受遺者又は受贈者がその目的の価額
の割合に応じて負担する。ただし、
遺言者がその遺言に別段の意思を表
示したときは、その意思に従う。

3 受贈者が複数あるとき（前号に規
定する場合を除く。）は、後の贈与に
係る受贈者から順次前の贈与に係る
受贈者が負担する。

② 第904条、第1043条第２項及び第
1045条の規定は、前項に規定する遺贈
又は贈与の目的の価額について準用す
る。

③ 前条第１項の請求を受けた受遺者又
は受贈者は、遺留分権利者承継債務に
ついて弁済その他の債務を消滅させる
行為をしたときは、消滅した債務の額

の限度において、遺留分権利者に対する意思表示によって第1項の規定により負担する債務を消滅させることができる。この場合において、当該行為によって遺留分権利者に対して取得した求償権は、消滅した当該債務の額の限度において消滅する。

④ 受遺者又は受贈者の無資力によって生じた損失は、遺留分権利者の負担に帰する。

⑤ 裁判所は、受遺者又は受贈者の請求により、第1項の規定により負担する債務の全部又は一部の支払につき相当の期限を許与することができる。

> ★（条件付権利等の贈与又は遺贈の一部の減殺）
> 第1032条 条件付きの権利又は存続期間の不確定な権利を贈与又は遺贈の目的とした場合において、その贈与又は遺贈の一部を減殺すべきときは、遺留分権利者は、第1029条第2項の規定により定めた価格に従い、直ちにその残部の価額を受贈者又は受遺者に給付しなければならない。

> ★（贈与と遺贈の減殺の順序）
> 第1033条 贈与は、遺贈を減殺した後でなければ、減殺することができない。

> ★（遺贈の減殺の割合）
> 第1034条 遺贈は、その目的の価額の割合に応じて減殺する。ただし、遺言者がその遺言に別段の意思を表示したときは、その意思に従う。

> ★（贈与の減殺の順序）
> 第1035条 贈与の減殺は、後の贈与から順次前の贈与に対してする。

> ★（受贈者による果実の返還）
> 第1036条 受贈者は、その返還すべき財産のほか、減殺の請求があった日以後の果実を返還しなければならない。

> ★（受贈者の無資力による損失の負担）
> 第1037条 減殺を受けるべき受贈者の無資力によって生じた損失は、遺留分権利者の負担に帰する。

## （遺留分侵害額請求権の期間の制限）

**第1048条** 遺留分侵害額の請求権は、遺留分権利者が、相続の開始及び遺留分を侵害する贈与又は遺贈があったことを知った時から1年間行使しないときは、時効によって消滅する。相続開始の時から10年を経過したときも、同様とする。

> （減殺請求権の期間の制限）
> 第1042条 減殺の請求権は、遺留分権利者が、相続の開始及び減殺すべき贈与又は遺贈があったことを知った時から1年間行使しないときは、時効によって消滅する。相続開始の時から10年を経過したときも、同様とする。〔第1048条に繰下げ〕

## （遺留分の放棄）

**第1049条** 相続の開始前における遺留分の放棄は、家庭裁判所の許可を受けたときに限り、その効力を生ずる。

② 共同相続人の1人のした遺留分の放棄は、他の各共同相続人の遺留分に影響を及ぼさない。

> 第1043条 〔第1049条に繰下げ〕
> ★（代襲相続及び相続分の規定の準用）
> 第1044条 第887条第2項及び第3項、第900条、第901条、第903条並びに第904条の規定は、遺留分について準用する。

## ☆第10章 特別の寄与

☆**第1050条** 被相続人に対して無償で療養看護その他の労務の提供をしたことにより被相続人の財産の維持又は増加について特別の寄与をした被相続人の親族（相続人、相続の放棄をした者及び

第891条の規定に該当し又は廃除によって
その相続権を失った者を除く。以下この条
において「特別寄与者」という。）は、相
続の開始後、相続人に対し、特別寄与
者の寄与に応じた額の金銭（以下この条
において「特別寄与料」という。）の支払
を請求することができる。
②　前項の規定による特別寄与料の支払
について、当事者間に協議が調わない
とき、又は協議をすることができない
ときは、特別寄与者は、家庭裁判所に
対して協議に代わる処分を請求するこ
とができる。ただし、特別寄与者が相
続の開始及び相続人を知った時から6
箇月を経過したとき、又は相続開始の
時から1年を経過したときは、この限
りでない。
③　前項本文の場合には、家庭裁判所は、
寄与の時期、方法及び程度、相続財産
の額その他一切の事情を考慮して、特
別寄与料の額を定める。
④　特別寄与料の額は、被相続人が相続
開始の時において有した財産の価額か
ら遺贈の価額を控除した残額を超える
ことができない。
⑤　相続人が数人ある場合には、各相続
人は、特別寄与料の額に第900条から
第902条までの規定により算定した当
該相続人の相続分を乗じた額を負担す
る。

# 改正附則

# 附 則 （平成29年6月2日法律第44号）

※本附則は、「債権法改正」に関する附則。

## （施行期日）

**第1条** この法律は、公布の日から起算して3年を超えない範囲内において政令で定める日〔平29政309により、2020.4.1〕から施行する。ただし、次の各号に掲げる規定は、当該各号に定める日から施行する。

1 附則第37条の規定 公布の日

2 附則第33条第3項の規定 公布の日から起算して1年を超えない範囲内において政令で定める日〔平29政309により、2018.4.1〕

3 附則第21条第2項及び第3項の規定 公布の日から起算して2年9月を超えない範囲内において政令で定める日〔平29政309により、2020.3.1〕

## （意思能力に関する経過措置）

**第2条** この法律による改正後の民法（以下「新法」という。）第3条の2の規定は、この法律の施行の日（以下「施行日」という。）前にされた意思表示については、適用しない。

## （行為能力に関する経過措置）

**第3条** 施行日前に制限行為能力者（新法第13条第1項第10号に規定する制限行為能力者をいう。以下この条において同じ。）が他の制限行為能力者の法定代理人としてした行為については、同項及び新法第102条の規定にかかわらず、なお従前の例による。

## （無記名債権に関する経過措置）

**第4条** 施行日前に生じたこの法律による改正前の民法（以下「旧法」という。）第86条第3項に規定する無記名債権（その原因である法律行為が施行日前にされたものを含む。）については、なお従前の例による。

## （公序良俗に関する経過措置）

**第5条** 施行日前にされた法律行為については、新法第90条の規定にかかわらず、なお従前の例による。

## （意思表示に関する経過措置）

**第6条** 施行日前にされた意思表示については、新法第93条、第95条、第96条第2項及び第3項並びに第98条の2の規定にかかわらず、なお従前の例による。

② 施行日前に通知が発せられた意思表示については、新法第97条の規定にかかわらず、なお従前の例による。

## （代理に関する経過措置）

**第7条** 施行日前に代理権の発生原因が生じた場合（代理権授与の表示がされた場合を含む。）におけるその代理については、附則第3条に規定するもののほか、なお従前の例による。

② 施行日前に無権代理人が代理人として行為をした場合におけるその無権代理人の責任については、新法第117条（新法第118条において準用する場合を含む。）の規定にかかわらず、なお従前の例による。

## （無効及び取消しに関する経過措置）

**第8条** 施行日前に無効な行為に基づく債務の履行として給付がされた場合におけるその給付を受けた者の原状回復の義務については、新法第121条の2（新法第872条第2項において準用する場合を含む。）の規定にかかわらず、なお従前の例による。

② 施行日前に取り消すことができる行為がされた場合におけるその行為の追

認（法定追認を含む。）については、新法第122条、第124条及び第125条（これらの規定を新法第872条第2項において準用する場合を含む。）の規定にかかわらず、なお従前の例による。

**（条件に関する経過措置）**

**第9条** 新法第130条第2項の規定は、施行日前にされた法律行為については、適用しない。

**（時効に関する経過措置）**

**第10条** 施行日前に債権が生じた場合（施行日以後に債権が生じた場合であって、その原因である法律行為が施行日前にされたときを含む。以下同じ。）におけるその債権の消滅時効の援用については、新法第145条の規定にかかわらず、なお従前の例による。

② 施行日前に旧法第147条に規定する時効の中断の事由又は旧法第158条から第161条までに規定する時効の停止の事由が生じた場合におけるこれらの事由の効力については、なお従前の例による。

③ 新法第151条の規定は、施行日前に権利についての協議を行う旨の合意が書面でされた場合（その合意の内容を記録した電磁的記録（新法第151条第4項に規定する電磁的記録をいう。附則第33条第2項において同じ。）によってされた場合を含む。）におけるその合意については、適用しない。

④ 施行日前に債権が生じた場合におけるその債権の消滅時効の期間については、なお従前の例による。

**（債権を目的とする質権の対抗要件に関する経過措置）**

**第11条** 施行日前に設定契約が締結された債権を目的とする質権の対抗要件については、新法第364条の規定にかかわらず、なお従前の例による。

**（指図債権に関する経過措置）**

**第12条** 施行日前に生じた旧法第365条に規定する指図債権（その原因である法律行為が施行日前にされたものを含む。）については、なお従前の例による。

**（根抵当権に関する経過措置）**

**第13条** 施行日前に設定契約が締結された根抵当権の被担保債権の範囲については、新法第398条の2第3項及び第398条の3第2項の規定にかかわらず、なお従前の例による。

② 新法第398条の7第3項の規定は、施行日前に締結された債務の引受けに関する契約については、適用しない。

③ 施行日前に締結された更改の契約に係る根抵当権の移転については、新法第398条の7第4項の規定にかかわらず、なお従前の例による。

**（債権の目的に関する経過措置）**

**第14条** 施行日前に債権が生じた場合におけるその債務者の注意義務については、新法第400条の規定にかかわらず、なお従前の例による。

**第15条** 施行日前に利息が生じた場合におけるその利息を生ずべき債権に係る法定利率については、新法第404条の規定にかかわらず、なお従前の例による。

② 新法第404条第4項の規定により法定利率に初めて変動があるまでの各期における同項の規定の適用については、同項中「この項の規定により法定利率に変動があった期のうち直近のもの（以下この項において「直近変動期」という。）」とあるのは「民法の一部を改正する法律（平成29年法律第44号）の施行後最

・211・

初の期」と、「直近変動期における法定利率」とあるのは「年3パーセント」とする。

**第16条** 施行日前に債権が生じた場合における選択債権の不能による特定については、新法第410条の規定にかかわらず、なお従前の例による。

**（債務不履行の責任等に関する経過措置）**

**第17条** 施行日前に債務が生じた場合（施行日以後に債務が生じた場合であって、その原因である法律行為が施行日前にされたときを含む。附則第25条第1項において同じ。）におけるその債務不履行の責任等については、新法第412条第2項、第412条の2から第413条の2まで、第415条、第416条第2項、第418条及び第422条の2の規定にかかわらず、なお従前の例による。

② 新法第417条の2（新法第722条第1項において準用する場合を含む。）の規定は、施行日前に生じた将来において取得すべき利益又は負担すべき費用についての損害賠償請求権については、適用しない。

③ 施行日前に債務者が遅滞の責任を負った場合における遅延損害金を生ずべき債権に係る法定利率については、新法第419条第1項の規定にかかわらず、なお従前の例による。

④ 施行日前にされた旧法第420条第1項に規定する損害賠償の額の予定に係る合意及び旧法第421条に規定する金銭でないものを損害の賠償に充てるべき旨の予定に係る合意については、なお従前の例による。

**（債権者代位権に関する経過措置）**

**第18条** 施行日前に旧法第423条第1項に規定する債務者に属する権利が生じた場合におけるその権利に係る債権者代位権については、なお従前の例による。

② 新法第423条の7の規定は、施行日前に生じた同条に規定する譲渡人が第三者に対して有する権利については、適用しない。

**（詐害行為取消権に関する経過措置）**

**第19条** 施行日前に旧法第424条第1項に規定する債務者が債権者を害することを知ってした法律行為がされた場合におけるその行為に係る詐害行為取消権については、なお従前の例による。

**（不可分債権、不可分債務、連帯債権及び連帯債務に関する経過措置）**

**第20条** 施行日前に生じた旧法第428条に規定する不可分債権（その原因である法律行為が施行日前にされたものを含む。）については、なお従前の例による。

② 施行日前に生じた旧法第430条に規定する不可分債務及び旧法第432条に規定する連帯債務（これらの原因である法律行為が施行日前にされたものを含む。）については、なお従前の例による。

③ 新法第432条から第435条の2までの規定は、施行日前に生じた新法第432条に規定する債権（その原因である法律行為が施行日前にされたものを含む。）については、適用しない。

**（保証債務に関する経過措置）**

**第21条** 施行日前に締結された保証契約に係る保証債務については、なお従前の例による。

② 保証人になろうとする者は、施行日前においても、新法第465条の6第1項（新法第465条の8第1項において準用する場合を含む。）の公正証書の作成を嘱託することができる。

③　公証人は、前項の規定による公正証書の作成の嘱託があった場合には、施行日前においても、新法第465条の6第2項及び第465条の7（これらの規定を新法第465条の8第1項において準用する場合を含む。）の規定の例により、その作成をすることができる。

**（債権の譲渡に関する経過措置）**

**第22条**　施行日前に債権の譲渡の原因である法律行為がされた場合におけるその債権の譲渡については、新法第466条から第469条までの規定にかかわらず、なお従前の例による。

**（債務の引受けに関する経過措置）**

**第23条**　新法第470条から第472条の4までの規定は、施行日前に締結された債務の引受けに関する契約については、適用しない。

**（記名式所持人払債権に関する経過措置）**

**第24条**　施行日前に生じた旧法第471条に規定する記名式所持人払債権（その原因である法律行為が施行日前にされたものを含む。）については、なお従前の例による。

**（弁済に関する経過措置）**

**第25条**　施行日前に債務が生じた場合におけるその債務の弁済については、次項に規定するもののほか、なお従前の例による。

②　施行日前に弁済がされた場合におけるその弁済の充当については、新法第488条から第491条までの規定にかかわらず、なお従前の例による。

**（相殺に関する経過措置）**

**第26条**　施行日前にされた旧法第505条第2項に規定する意思表示については、なお従前の例による。

②　施行日前に債権が生じた場合におけるその債権を受働債権とする相殺については、新法第509条の規定にかかわらず、なお従前の例による。

③　施行日前の原因に基づいて債権が生じた場合におけるその債権を自働債権とする相殺（差押えを受けた債権を受働債権とするものに限る。）については、新法第511条の規定にかかわらず、なお従前の例による。

④　施行日前に相殺の意思表示がされた場合におけるその相殺の充当については、新法第512条及び第512条の2の規定にかかわらず、なお従前の例による。

**（更改に関する経過措置）**

**第27条**　施行日前に旧法第513条に規定する更改の契約が締結された更改については、なお従前の例による。

**（有価証券に関する経過措置）**

**第28条**　新法第520条の2から第520条の20までの規定は、施行日前に発行された証券については、適用しない。

**（契約の成立に関する経過措置）**

**第29条**　施行日前に契約の申込みがされた場合におけるその申込み及びこれに対する承諾については、なお従前の例による。

②　施行日前に通知が発せられた契約の申込みについては、新法第526条の規定にかかわらず、なお従前の例による。

③　施行日前にされた懸賞広告については、新法第529条から第530条までの規定にかかわらず、なお従前の例による。

**（契約の効力に関する経過措置）**

**第30条**　施行日前に締結された契約に係る同時履行の抗弁及び危険負担については、なお従前の例による。

②　新法第537条第2項及び第538条第

２項の規定は、施行日前に締結された第三者のためにする契約については、適用しない。

**（契約上の地位の移転に関する経過措置）**

**第31条** 新法第539条の２の規定は、施行日前にされた契約上の地位を譲渡する旨の合意については、適用しない。

**（契約の解除に関する経過措置）**

**第32条** 施行日前に契約が締結された場合におけるその契約の解除については、新法第541条から第543条まで、第545条第３項及び第548条の規定にかかわらず、なお従前の例による。

**（定型約款に関する経過措置）**

**第33条** 新法第548条の２から第548条の４までの規定は、施行日前に締結された定型取引（新法第548条の２第１項に規定する定型取引をいう。）に係る契約についても、適用する。ただし、旧法の規定によって生じた効力を妨げない。

② 前項の規定は、同項に規定する契約の当事者の一方（契約又は法律の規定により解除権を現に行使することができる者を除く。）により反対の意思の表示が書面でされた場合（その内容を記録した電磁的記録によってされた場合を含む。）には、適用しない。

③ 前項に規定する反対の意思の表示は、施行日前にしなければならない。

**（贈与等に関する経過措置）**

**第34条** 施行日前に贈与、売買、消費貸借（旧法第589条に規定する消費貸借の予約を含む。）、使用貸借、賃貸借、雇用、請負、委任、寄託又は組合の各契約が締結された場合におけるこれらの契約及びこれらの契約に付随する買戻しその他の特約については、なお従前の例による。

② 前項の規定にかかわらず、新法第604条第２項の規定は、施行日前に賃貸借契約が締結された場合において施行日以後にその契約の更新に係る合意がされるときにも適用する。

③ 第１項の規定にかかわらず、新法第605条の４の規定は、施行日前に不動産の賃貸借契約が締結された場合において施行日以後にその不動産の占有を第三者が妨害し、又はその不動産を第三者が占有しているときにも適用する。

**（不法行為等に関する経過措置）**

**第35条** 旧法第724条後段（旧法第934条第３項（旧法第936条第３項、第947条第３項、第950条第２項及び第957条第２項において準用する場合を含む。）において準用する場合を含む。）に規定する期間がこの法律の施行の際既に経過していた場合におけるその期間の制限については、なお従前の例による。

② 新法第724条の２の規定は、不法行為による損害賠償請求権の旧法第724条前段に規定する時効がこの法律の施行の際既に完成していた場合については、適用しない。

**（遺言執行者の復任権及び報酬に関する経過措置）**

**第36条** 施行日前に遺言執行者となった者の旧法第1016条第２項において準用する旧法第105条に規定する責任については、なお従前の例による。

② 施行日前に遺言執行者となった者の報酬については、新法第1018条第２項において準用する新法第648条第３項及び第648条の２の規定にかかわらず、なお従前の例による。

**（政令への委任）**

**第37条** この附則に規定するもののほ

か、この法律の施行に関し必要な経過措置は、政令で定める。

# 附　則　〔抄〕（平成30年6月20日法律第59号）
※本附則は、「成年年齢改正」に関する附則。

**（施行期日）**

**第1条**　この法律は、平成34年4月1日から施行する。〔後略〕

**（成年に関する経過措置）**

**第2条**　この法律による改正後の民法（以下「新法」という。）第4条の規定は、この法律の施行の日（以下「施行日」という。）以後に18歳に達する者について適用し、この法律の施行の際に20歳以上の者の成年に達した時については、なお従前の例による。

②　この法律の施行の際に18歳以上20歳未満の者（次項に規定する者を除く。）は、施行日において成年に達するものとする。

③　施行日前に婚姻をし、この法律による改正前の民法（次条第3項において「旧法」という。）第753条の規定により成年に達したものとみなされた者については、この法律の施行後も、なお従前の例により当該婚姻の時に成年に達したものとみなす。

**（婚姻に関する経過措置）**

**第3条**　施行日前にした婚姻の取消し（女が適齢に達していないことを理由とするものに限る。）については、新法第731条及び第745条の規定にかかわらず、なお従前の例による。

②　この法律の施行の際に16歳以上18歳未満の女は、新法第731条の規定にかかわらず、婚姻をすることができる。

③　前項の規定による婚姻については、旧法第737条、第740条（旧法第741条において準用する場合を含む。）及び第753

改正附則

条の規定は、なおその効力を有する。

**（縁組に関する経過措置）**

**第4条**　施行日前にした縁組の取消し（養親となる者が成年に達していないことを理由とするものに限る。）については、新法第4条、第792条及び第804条の規定並びに附則第2条第2項の規定にかかわらず、なお従前の例による。

**附　則**〔抄〕（平成30年7月13日法律第72号）

※本附則は、「相続法改正」に関する附則。

**（施行期日）**

**第1条**　この法律は、公布の日から起算して1年を超えない範囲内において政令で定める日〔平30政316により、2019.7.1〕から施行する。ただし、次の各号に掲げる規定は、当該各号に定める日から施行する。

1　〔省略〕

2　第1条中民法第968条、第970条第2項及び第982条の改正規定並びに附則第6条の規定　公布の日から起算して6月を経過した日

3　第1条中民法第998条、第1000条及び第1025条ただし書の改正規定並びに附則第7条及び第9条の規定　民法の一部を改正する法律（平成29年法律第44号）の施行の日〔2020.4.1〕

4　第2条並びに附則第10条〔中略〕の規定　公布の日から起算して2年を超えない範囲内において政令で定める日〔平30政316により、2020.7.1〕

5　〔省略〕

**（民法の一部改正に伴う経過措置の原則）**

**第2条**　この法律の施行の日（以下「施行日」という。）前に開始した相続については、この附則に特別の定めがある場合を除き、なお従前の例による。

**（共同相続における権利の承継の対抗要件に関する経過措置）**

**第3条**　第1条の規定による改正後の民法（以下「新民法」という。）第899条の2の規定は、施行日前に開始した相続に関し遺産の分割による債権の承継がされた場合において、施行日以後にそ

の承継の通知がされるときにも、適用
する。

**（夫婦間における居住用不動産の遺贈又は贈与に関する経過措置）**

**第4条** 新民法第903条第4項の規定は、施行日前にされた遺贈又は贈与については、適用しない。

**（遺産の分割前における預貯金債権の行使に関する経過措置）**

**第5条** 新民法第909条の2の規定は、施行日前に開始した相続に関し、施行日以後に預貯金債権が行使されるときにも、適用する。

② 施行日から附則第1条第3号に定める日の前日までの間における新民法第909条の2の規定の適用については、同条中「預貯金債権のうち」とあるのは、「預貯金債権（預金口座又は貯金口座に係る預金又は貯金に係る債権をいう。以下同じ。）のうち」とする。

**（自筆証書遺言の方式に関する経過措置）**

**第6条** 附則第1条第2号に掲げる規定の施行の日前にされた自筆証書遺言については、新民法第968条第2項及び第3項の規定にかかわらず、なお従前の例による。

**（遺贈義務者の引渡義務等に関する経過措置）**

**第7条** 附則第1条第3号に掲げる規定の施行の日（以下「第3号施行日」という。）前にされた遺贈に係る遺贈義務者の引渡義務については、新民法第998条の規定にかかわらず、なお従前の例による。

② 第1条の規定による改正前の民法第1000条の規定は、第3号施行日前にされた第三者の権利の目的である財産の遺贈については、なおその効力を有す

る。

**（遺言執行者の権利義務等に関する経過措置）**

**第8条** 新民法第1007条第2項及び第1012条の規定は、施行日前に開始した相続に関し、施行日以後に遺言執行者となる者にも、適用する。

② 新民法第1014条第2項から第4項までの規定は、施行日前にされた特定の財産に関する遺言に係る遺言執行者によるその執行については、適用しない。

③ 施行日前にされた遺言に係る遺言執行者の復任権については、新民法第1016条の規定にかかわらず、なお従前の例による。

**（撤回された遺言の効力に関する経過措置）**

**第9条** 第3号施行日前に撤回された遺言の効力については、新民法第1025条ただし書の規定にかかわらず、なお従前の例による。

**（配偶者の居住の権利に関する経過措置）**

**第10条** 第2条の規定による改正後の民法（次項において「第4号新民法」という。）第1028条から第1041条までの規定は、次項に定めるものを除き、附則第1条第4号に掲げる規定の施行の日（以下この条において「第4号施行日」という。）以後に開始した相続について適用し、第4号施行日前に開始した相続については、なお従前の例による。

② 第4号新民法第1028条から第1036条までの規定は、第4号施行日前にされた遺贈については、適用しない。

改正附則

**附　則**〔抄〕（令和元年5月17日法律第2号）

※本附則は、民事執行法改正に伴う民法148条1項4号改正に関する附則。

**（施行期日）**

**第1条**　この法律は、公布の日から起算して1年を超えない範囲内において政令で定める日から施行する。ただし、次の各号に掲げる規定は、当該各号に定める日から施行する。

1・2　〔省略〕

3　附則第9条の規定　この法律の施行の日〔中略〕又は前号に定める日〔2020.4.1〕のいずれか遅い日

**附　則**〔抄〕（令和元年6月14日法律第34号）

※本附則は、「特別養子改正」に関する附則。

**（施行期日）**

①　この法律は、公布の日から起算して1年を超えない範囲内において政令で定める日から施行する。〔後略〕

**（経過措置）**

②　この法律の施行の際現に係属している特別養子縁組の成立の審判事件に関する養子となる者の年齢についての要件及び当該審判事件の手続については、なお従前の例による。

**新しい民法の全条文** 債権法・成年年齢・相続法・特別養子改正

2019 年 8 月 23 日　第 1 刷発行
2020 年 5 月 10 日　第 2 刷発行

編　者　三省堂編修所
発行者　株式会社　三省堂
代表者　北口克彦
印刷者　三省堂印刷株式会社
発行所　株式会社　三省堂
〒 101-8371　東京都千代田区神田三崎町二丁目 22 番 14 号
電話　編　集　(03) 3230-9411
営　業　(03) 3230-9412
https://www.sanseido.co.jp/

＜新しい民法の全条文・224pp.＞

Ⓒ Sanseido Co., Ltd. 2019　　　　　　　　　　Printed in Japan
落丁本・乱丁本はお取り替えいたします。
ISBN978-4-385-32253-7

本書を無断で複写複製することは、著作権法上の例外を除き、禁じられています。また、本書を請負業者等の第三者に依頼してスキャン等によってデジタル化することは、たとえ個人や家庭内での利用であっても一切認められておりません。

## 《三省堂の法令集》

**カッコ書きアミ掛け表示** # 模範六法 　判例六法編修委員会 編

判例付き六法のパイオニア！　実務家・研究者・企業法務に信頼の1冊!!

**カッコ書きアミ掛け表示** # 模範小六法 　判例六法編修委員会 編

『模範六法』とほぼ同等の判例件数を収録した小型携帯版！

# デイリー六法 　鎌田 薫 編修代表

丁寧に付された条文中注記が大好評！　法学部生に最適!!

**カッコ書きアミ掛け表示** # 三省堂 基本六法 　三省堂編修所 編

完全2色刷・大きな活字！　常時使用の法令を厳選収録した新型六法!!

**カッコ書きアミ掛け表示** # 司法書士合格六法 　森山和正 監修

素読みに便利な重要条文マーカー付！　完全2色刷・大きな活字！

# 公務員試験六法 　三省堂編修所 編

唯一の公務員試験特化型六法！　ズバリ出る判例Q&Aが大好評!!

# 解説 教育六法 　解説教育六法編修委員会 編

教員志望の学生、教育法制・教育行政の実務家、学校経営者必携！

# 判例付き 知的財産権六法 　角田政芳 編

弁理士試験・知財管理技能検定・司法試験受験者・知財実務家必携！

# コンサイス条約集 第2版 　位田隆一・最上敏樹 編修代表

国際法専攻者必携！　携帯に便利な薄型、読みやすいヨコ組。資料も充実!!

《必要な法令だけ、"薄く軽〜く"持ち歩きたい方に》

# 模範六法 POD 版

普通版（A5判）・拡大版（B5判）・書込版（B5判・書き込みスペースあり）の3種類！

完全受注生産：購入方法は ほうれいブックストア  で検索！（書店取扱いはありません）

---

「模範六法POD版」は、ご注文ごとに1冊ずつ製作してお届けします。法分野別に、**普通版**（A5判＝書籍と同サイズ）・**拡大版**（B5判＝122%拡大）・**書込版**（B5判・文字は書籍と同サイズ・書き込みスペースあり）の3種類をご用意しています。また、下記③を除くすべてのセットに、**判例索引**を設けました。

【セット種別及び明細】
　※下記種別・明細は2019年版のものです。最新年度版の詳細はHPでご確認ください。
①**基本3法セット**：憲法・民法・刑法／判例索引
②**民事法セット**：民法・区分所有法・被災地マンション再建特措法・工場抵当法・企業担保法・自動車抵当法・抵当証券法・仮登記担保法・利息制限法・供託法・供託規則・借地借家法・大規模被災地借地借家特措法・旧建物保護法・旧借地法・旧借家法／判例索引
③**民法（債権法改正前）**：民法（2017年版掲載分：参照条文・判例付）
④**商法会社法セット**：商法・商法施行規則・会社法・会社法整備法・会社法施行令・会社法施行規則・会社計算規則・電子公告規則／判例索引
⑤**登記法セット**：不動産登記法・不動産登記令・不動産登記規則・オンライン登記法・滞調法・登録免許税法・商業登記法・商業登記規則／判例索引
⑥**民事訴訟法セット**：民事訴訟法・民事訴訟規則・民事執行法・民事執行法施行令・民事執行規則・民事保全法・民事保全法施行令・民事保全規則・破産法・民事再生法・会社更生法／判例索引
⑦**刑事法セット**：刑法・自動車死傷行為処罰法・刑事訴訟法・刑事訴訟法施行法・刑事訴訟規則・通信傍受法・通信傍受規則・少年法・少年審判規則／判例索引
⑧**行政法セット**：行政手続法・国家賠償法・行政不服審査法・行政事件訴訟法・法務大臣権限法・行政代執行法・地方自治法／判例索引
⑨**労働法セット**：労働契約法・労働基準法・労働組合法・労働関係調整法・労働審判法・男女雇用機会均等法・育児介護休業法・パートタイム有期雇用労働法・会社分割労働契約承継法・労災保険法・労働者派遣法／判例索引

---

■発行：株式会社　三省堂　TEL 03-3230-9411
■製造・販売：大日本法令印刷株式会社　TEL 026-228-0611
　　　　☞ ほうれいブックストア で検索！